猎头之道

成长创业与事业长青

陈勇◎著

中国人民大学出版社
·北京·

谨以此书，感谢我的妻子何小静女士！感谢你的爱，激发了我，让我的人生更完整，也更有意义！

目　录

自序　谦卑中的价值与梦想
　　——"干得好，想得透，会教人"是不同的能力/1

推荐序 1　从《大猎论道》到《猎头之道》/6

推荐序 2　两次难忘的被"猎"经历与猎头顾问的价值/8

推荐序 3　十七年路云与月
　　——我眼中的陈勇与创新 FMC/11

推荐语　朋友们眼中的陈勇及他的思考/14

Part 1　猎头行业面面观

猎头行业的三座"大山"/39

猎头组织很难绕过的六大挑战/45

对中高端猎头业务的九个基本判断/52

中高端猎头能否像会计师事务所、律师事务所及房产
　　中介那样发展？/58

猎头生意"暴利"背后的正确成本计算/60

猎头公司之间，为何很难有持续高效的合作？/64

猎头公司的滚雪球原理与价值观的价值/66

猎头草根化可能是趋势，但肯定不是出路！/69

猎头顾问的职业归属在何处？/74

35岁以后的HR如何转型做猎头？/88

猎头的7个价值维度与32种用法/96

Part 2 猎头如何成长精进？

360度顾问、百万顾问与成熟顾问/111

好猎头的方向
——"五大"的专业懂行＋"草根"的坚韧实在/114

从顶级猎头公司那里，我们究竟可以学到什么？/116

猎头顾问的"护城河"及选择专注方向的三个原则/128

猎头面试的底层逻辑/133

个人参数系统
——一种被忽视的猎头成长工具/140

双轨闭环与精准勤奋/144

场景定式思维在猎头业务中的应用/152

易被忽略的常识：有关猎头成长与学习方法论的感悟/159

68猎头成长操作系统
——如何避免掉入"工龄长，资历浅"的陷阱？/172

目 录

Part 3 猎头公司怎么管?

值得推荐的猎头组织文化元素/187

猎头公司组织稳定的第一性原理/191

美军战斗力公式与猎头公司的组织能力/194

框架拼图思维与弹性育人系统/196

"吃亏定律"与猎头公司的治理/205

猎头薪酬机制与"软要素,硬结果"/207

与其纠结人性化还是狼性化,不如选择成年人化/212

职场友谊与公司家园的三重境界/217

用交集思维与长期主义做好"过客"管理/220

从分享资源到分享成长/224

猎头公司品牌建设的着力点/226

领导力的"八条鱼"/228

Part 4 猎头创业困境怎么破?

猎头创业门槛不高,但门槛都在门里头/239

猎头创业的常见误区/245

猎头公司发展的一般顺序与"最优"顺序/254

猎头公司合伙人机制的基本原理/261

猎头公司股权结构的观察与思考/268

"创始人财务利益最大化"与"公司生命力最大化"/271

创业者的动力管理系统/273

经营一家体面的、小的却能赚钱的猎头公司，是否离幸福生活更近？/275

管理的基本追求与猎头组织创新的突破方向/278

上不了市，也卖不掉，猎头公司的出路在哪里？/284

Part 5　猎头业务模式如何创新？

弹道交集原理与 PS 模式的精髓/303

"一对多"与"多对多"
　　——猎头平台价值趋势分析/309

从"大数据与泛协同"到"深度数据与精准协同"/318

从打杂、配角到基石
　　——猎头组织的中后台支持系统建设/326

猎头生意原理与"成长连接"的价值/343

猎头成单原理与最优猎头模式/347

"咨询—PS—单边机会"与猎头业务模式突破的猜想/357

面向未来的猎头平台应该是什么样的？/362

结束语　人生下半场的认知与起点/374

附录1　你所知道的猎头可能都做错了/382

附录2　测测你的猎头功力/396

附录3　常用猎头学习资源/411

致　谢/422

自序

谦卑中的价值与梦想
——"干得好,想得透,会教人"是不同的能力

感谢 62 位同行和朋友对本书的推荐,感谢戴科彬先生、陈坤志先生及潘丽华女士为本书写了推荐序。我在此先对本书做大体介绍,以便读者能快速、整体地了解本书。

作为一个有着超过 20 年行业经验的猎头创业者,尽管我所创立的 FMC 已被证明是一家有旺盛生命力的企业,但如果仅仅以规模及单产论商业成就,FMC 与顶尖同行暂时还有相当大的距离!以 FMC 目前的商业成就来看,作为创始人,我是否有资格写一本有关"猎头之道"的书,来分享关于猎头成长、组织管理、猎头创业以及业务模式创新的观念、思路和方法?这样是否会显得太夸夸其谈、好为人师了?

针对以上问题,我纠结了好长一段时间,直到我的同事 FMC 合伙人石磊(Luke)鼓励我说,"世界上最优秀的游泳教练还有不会游泳的呢!"我认真研究了一下,发现确有其人:谢曼·查伏尔(Sherm Chavoor)。他所执教的游泳队,曾 74 次打破奥运会纪录,创造了 80 次美国全国游泳纪录,62 次打破世界游泳纪录……他应该是史上成就最大的游泳教练了,但他自己却不会游泳。在那之后,我跟沙晓娟老师[满安仕(中国)联合创始人和首席咨询顾问]讨论培训者的资历

问题时豁然开朗，意识到"干得好，想得透，会教人"这三者有很多的关联，但本质上属于不同的能力！干得好，往往针对的是单一的具体目标；想得透，需要的是从多项具体事务中萃取提炼出具有普适性的规律；而会教人，则需要有启发激励并使他人干好的能力。

谢曼·查伏尔教出了数十位游泳冠军，他自己却不会游泳；管理学之父彼得·德鲁克（Peter F. Drucker）可能是世界上把"管理"想得最透彻的人，却没有显赫的大公司高管或创业经历；史蒂夫·乔布斯（Steve Jobs）创立了赫赫有名的苹果公司，却未必能像查伏尔一样教出那么多厉害的徒弟，也未必能像德鲁克一样写出一部管理学领域的传世之作。"干得好的人才有资格去带领别人，他/她说的话才更有影响力。"这是管理实践中的常态，虽然有极大的合理性，却也有着巨大的误区！

以上感悟让我意识到：我最擅长的维度是把事情想得比较透彻，但在干得好、会教人这两个维度上，还需要有极大的提高。这个认知，让我能谦卑地看到自己的局限，同时也让我很有信心地看到自己对猎头成长、组织管理、猎头创业、业务模式创新等所做的深度思考的价值，于是才有了本书的问世！

在构思本书的过程中，我曾经想过把它写成类似于教科书的猎头创业手册，这样销量与影响力可能会更大一些，但最后还是抵御住了这样的诱惑。核心原因在于：第一，考虑到猎头企业的多样性，看似普遍适用的操作手册，未必具有普遍适用的价值；第二，本书的核心内容是关于"成长与创业"的观念、思路、方法，而非相对容易标准化的流程与技能；第三，本书的很多内容未必那么"主流"，而是带有笔者鲜明的个人色彩。所以，本书的基本定位是：扎根实践，对可持续的猎头成长与创业的深度思考。在这个容易浮躁的时代，爱学习的

自序 谦卑中的价值与梦想

人很多，爱学习且善于深度思考的人不多，深度思考之后又付诸实践的人就更少了。所以实践中的深度思考，尽管没有操作手册那样完备、系统，但对激发读者的思考与探索，也许有更大的价值！

能够有今天这本书，很大程度上得益于我在2013年到2015年期间担任《大猎论道》的首任主编，这段经历使我有机会深度接触到中国猎头行业中非常优秀的猎头公司，以及这些公司的创始人与核心管理层。我担任主编期间的文章于2015年汇集成《大猎论道——真实世界的猎头艺术》一书。这本书长销至今，是中国猎头行业最有影响力的专著之一。《大猎论道》专栏的主编，后来由比我更有影响力的庄华先生（中国顶尖猎头公司CGL的创始人）担任，对促进中国猎头行业同行之间的交流起到非常积极的推动作用。

卸任《大猎论道》主编之后，我对猎头成长、组织管理、猎头创业、业务模式创新等问题仍然保持着深度研究的兴趣，甚至在2020年初，开设了公众号"猎头顾问成长与创业思考"来承载、汇集围绕这些主题的研究。这次出版的新书，不但集结了我2013年以来的所有重要文章，还包含20多篇特地为本书而写的专题文章！《大猎论道——真实世界的猎头艺术》有20多位作者参与，视野开阔，更加多元。而本书中的50多篇文章都由我亲自执笔，期望在系统性及思考深度上比前一本书有更大的突破。

本书的每一篇文章，都针对一个特定的主题写就，如《猎头创业的常见误区》《猎头生意"暴利"背后的正确成本计算》《猎头顾问的职业归属在何处？》等。每篇文章都独立成篇。这样的编排，更有利于读者灵活地、各取所需地阅读。但由于文章内容的内在联系无法简单分割，所以有些观点及内容会在多篇文章中重复出现。这一点，请读者朋友包容，把它们当作重要的内容反复加深印象好了。

本书既是我创业 20 多年的总结,更是我对创业下半场的展望。

对于创业,尤其是猎头创业,我的一些看法可能貌似"小众",却符合现实"主流"。比如,上市或卖掉,可能是大部分创业者追求的最终出路,而现实情况是,绝大部分创业公司没有这样的出路,只是上市或卖掉这两种具有致富效应的光环太过耀眼,以至于很多人误以为这是"主流"!但更深层地思考一下,把创业放到整个人生的大背景下来看,对于绝大部分创业者来说,踏踏实实地经营一家体面的(Decent)、小的(Small)但赚钱(Profitable)的公司(theDSPway®),可能离幸福生活更近!

theDSPway®——经营一家令人幸福感较高的、体面的、小的但赚钱的公司——美好却知易行难,核心原因是一家独立的 DSP 公司很难解决"可持续性"问题。如果没有"可持续性",theDSPway® 只是昙花一现。

这种看似"小众"但符合现实"主流"的看法,在创业过程中,曾困扰我很久。在 FMC 的创业过程中,我们有过多次潜在的变现机会,但都在犹豫中浅"谈"辄止。因为在我内心深处,我确实想尝试其他出路。在创业的第二个十年中,这个出路逐渐清晰起来,对于靠核心顾问而非资本驱动的猎头业务而言,"传承制"创业可能是值得尝试的出路。

创业,尤其是猎头创业所需的基本元素大体类似。我把它们归结为六个核心元素,即 TENMIC®:Technology/科技 + Entrepreneurship/企业家精神 + Network/人脉 + Management/管理 + Investment/投资 + Culture/文化。

"传承制 + TENMIC®"的结合使我意识到,FMC 的创业实践有可能走出一条真正"主流"的创新道路:无论是主动选择还是被迫接受不上市或者不卖掉创业公司(尤其是猎头公司),以传承的方式实现

自序　谦卑中的价值与梦想

永续经营，创业者有更多终局选择的可能性，创业公司往往也能前行得更远。在传承的同时或之后，经验更丰富的创业者可以通过深度支持年轻创业者成长的方式来丰富自己的人生，或成就更大的事业。

基于这样的思考与认知，五年前，我开始逐步把 FMC 在各地公司的所有权大部分转让给各地的合伙人，让实际经营业务的合伙人在自己所负责的业务上有序地在经营权、收益权及所有权方面处于主导地位，而我自己的关注点从业务营运转移到以 TENMIC® 的各个元素为核心的基础工作上，并成立了一家名为腾米克（TENMIC®）的平台性公司，专注于为更多的猎头创业者提供成长与创业支持，以便更多的 DSP 类型的创业公司，通过与基础平台深度合作的方式，解决可持续发展的难题。

过去五年，尤其在 2020 年新冠肺炎疫情期间，FMC 从北京、上海、广州三个核心城市快速扩展到深圳、成都、天津、苏州等十个城市并很快实现了成长与盈利，初步验证了这种创新模式的可行性！这些成功的尝试，也成为我写书的推动力，促使我较为系统、深入地整理自己在这个过程中的经验教训与思考，希望能够激发更多的同行者！

在 50 岁生日时，我写过一篇纪念文章《人生下半场的认知与起点》，记录了我人生下半场的创业梦想：以成年人的态度，把友谊与成长转化成赏心悦目的成功创业！猎头创业是个很好的载体，让我们有机会把友谊、成长、信任等看上去比较虚的价值，转化成有实在商业价值的创业探索。

我是一个爱思考，在一定程度上也擅长深度思考的创业者。我知道深度思考的价值，也知道自己的局限，因为"干得好，想得透，会教人"是不同的能力。我期待这本书能够连接更多如我一样拥有"小众"思维的"主流"创业者，大家取长补短，共同探索成长与创业之路。

推荐序 1

从《大猎论道》到《猎头之道》

猎聘创始人、CEO 戴科彬

陈勇先生（Charles）1997 年进入猎头行业，1999 年底创立 FMC，算是国内比较早的猎头顾问及猎头创业者。2013 年，陈勇先生开始作为首任主编，在猎聘主持《大猎论道》这个栏目，我们因此有了更深入的沟通与了解。

中国猎头行业有近 30 年的历史，早期的猎头大都比较低调，甚至有点神秘。直到十年前，尽管中国猎头行业已经有了相当规模的发展，但猎头同行之间的沟通其实并不多。在一定程度上，猎聘的《大猎论道》栏目对促进猎头同行之间的沟通，尤其是严谨且具有深度的交流起到了积极的推动作用。从栏目创立到 2015 年初，《大猎论道》邀请了 20 多位中国最成功的猎头公司创始人及资深人士，奉献了近 30 篇堪称经典的文章，以较为严谨的态度梳理了猎头业务模式、人员发展、猎头公司治理等关键维度。这些文章，由陈勇先生作为主编，汇集成一本专著《大猎论道——真实世界的猎头艺术》。在过去五年里，靠口碑传播，这本书一直是颇受欢迎的猎头行业经典著作。2020 年 6 月，这本书还推出了修订版。

最近十年，猎头行业在中国发展很快。通过猎头渠道招人或通过猎头渠道换工作，都越来越普遍。在这个快速发展的过程中，猎头行业存在的一些问题相继凸显。2019年，针对猎头行业，猎聘曾做过一些调研，当被问及国内猎头行业存在的最大问题是什么时，46.63%的受访者认为是猎头顾问的质量参差不齐。长远来看，这些问题会影响猎头作为一个行业的持续健康发展。

猎头业务是一项容易从内部不断分裂的业务。所以，尽管猎头作为一个行业，其规模在逐步扩大，但单个猎头公司的规模较难持续增长。这个行业缺乏市场占有率超过1%的大型猎头公司，甚至市场占有率超过0.1%的公司都不多，因此也较难吸引到管理学领域的专家学者来深入研究，而深入的行业研究又恰恰是猎头行业长期健康发展所需要的。

猎聘作为猎头行业重要的工具性平台，使我有机会认识并了解到很多猎头从业人员。在我所知的猎头创业者中，陈勇先生是少有的同时在创业、研究、分享这几个维度都有深度探索的人。猎头顾问是对持续成长能力要求极高的职业，同时，猎头也是个非常适合创业的行业。陈勇先生的新作《猎头之道》，聚焦于猎头顾问的成长与创业、猎头组织管理及业务模式创新这几个方面，相信会给猎头行业的从业人员带来非常有益的启发，进而助力猎头行业的发展。

我也期待陈勇先生的新作能够激发更多人一起来探索，让猎头成为一个越来越健康美好的行业。

推荐序 2

两次难忘的被"猎"经历与猎头顾问的价值

Vexos 集团高级副总裁、亚洲区总经理　陈坤志

算了一下,认识陈勇先生(Charles)的时间居然是 22 年前的 1999 年!当年我还是一个意气风发、终日为了某美国大公司在中国的新工厂早日投产而忙碌的技术主管,日子忙碌且充实,只是隐约觉得自己在职业发展上也许可以尝试一个新的高度。在那个炎热的夏天,我接到了 Charles 的电话,说另外一家鼎鼎有名的美国五百强公司要招一个工程部经理,而且是该公司的管理层在中国招的第一个部门经理。虽然我跃跃欲试,但对当时才 29 岁的我来说,这难免令人忐忑。

见到 Charles 后,他自信满满的笑容让我稍微放心了一些。接下来,他如数家珍地把我的经历回顾了一番,时不时地问几个我刚开始不觉得,但事后想想却发现很关键的问题。每问完一个问题,他都会看看我的反应,以确认我是否为合适的人选。在交谈中,他告诉我他把多如牛毛的潜在候选人都好好地分析研究了一番,而我是他打算推荐的唯一一个候选人。坦白说,猎头我认识不少,但如此自信,又把事前研究分析做得如此细致的猎头,我还是第一次见到。后面自然一切顺利,29 岁的我很快就进入了美国五百强公司高管的行列,我和 Charles 也就成了朋友。

推荐序2 两次难忘的被"猎"经历与猎头顾问的价值

后来,我又在职业阶梯上经历了一些磨练,在不同的公司承担了更多的管理工作。在此期间,Charles和我亦师亦友。我好奇地了解着他的猎头世界,他也关注着我职业发展的每一步脚印。

我以为我们的合作也就这样安静地进行下去,直到几年后,Charles的又一个电话再一次改写了我的职业轨迹和高度。他告诉我一家美国制鞋公司要招一个工程开发经理,远在外地。我听完有些不高兴,说:"Charles,你是不是觉得我的职业发展在走下坡路了?以至于要我去如此无趣的行业,应聘比我现在还低一级的岗位?"

等我和Charles面谈的时候,仍然带着自信笑容的他告诉了我这个顶级运动鞋品牌令人骄傲的市场地位和产品,以及它在中国面临的挑战。更重要的是,Charles敏锐地察觉到,该公司应该考虑调整其亚洲区的管理层。但这又是一个极其敏感的议题,作为外部猎头顾问,他不方便去提这样的建议。如果现实条件下有非常合适的候选人,有可能会帮助客户加速做出这个决定。Charles觉得我完全可以担任这个年销售额达20亿美元的公司的亚洲区总经理。他建议我跟该公司的美国高层以正常面试的方式认真接触一下,看看是否存在这样的可能性。

后面的情节,惊奇地按照Charles的判断发展:对方和我沟通几次后,确定了更换亚洲区总经理的决心,但又怕风险太大,想让我以中层的身份进入后再找机会调整。Charles花费了大量的时间,提供了很多的分析、建议,最后打消了该公司所有的顾虑,辞退了在任的总经理,而我也在34岁就走上了跨国公司亚洲区总经理的位置。据Charles说,这也是他猎头生涯中最有成就感的案例之一——他以积极主动的精神完成了一个客户没有直接委托的重要职位的招募。

回顾这些,我深刻地意识到,好的猎头顾问,是对业务、人性、才能,甚至客户公司的策略发展有深刻洞察力的,而不是简单地让双方见面、促成招聘。对于客户公司或者有职业追求的候选人来说，有 Charles 这样的猎头顾问，是一种幸运。我很高兴 Charles 把他这些年来猎头生涯中的所思所想无私地出书分享，这也是职业经理人和公司管理者的一大福音。

推荐序 3

十七年路云与月

——我眼中的陈勇与创新 FMC

FMC 合伙人　潘丽华

2004 年春天，我几次踏入上海力宝广场，经历了一家民营小公司的层层筛选。其难度和专业度完全不亚于同期面试的外企，尤其在见到陈勇（Charles）时，我能深深地感受到他极强的战略思考能力和真诚。最后，我坚定地选择加入 FMC，成为 FMC 史上的首批管培生之一，哪怕当时 FMC 在上海只有四名员工。

谁也没想到在这浮躁的时代和行业，我在 FMC 一待就是 17 年，并且还充满着对未来的憧憬。究其原因，Charles 和他所凝聚的一群志同道合的战友是根本。

在我眼里，Charles 首先是一位非常值得信赖的兄长和创业伙伴。从 17 年前的面试之初，到这些年我们在 FMC 经历的起起伏伏，信任持续加深，这得益于 Charles 的极度坦诚和透明。这一点，从他五十岁生日时，在公众号"猎头顾问成长与创业思考"发表的《人生下半场的认知与起点》一文中可见一斑。信任，也源于他的言行一致和对人性的尊重。"双赢基础上的合作"是 Charles 常挂在嘴上的话。当我已成为合伙人，计划再到北美去读 MBA 时，他创新性的安排在现实中成为"双赢"的最好注脚。他既认同和支持了我持续发展的需求，又让公司业务顺畅开展，还顺势实践了机制创新，这是难得的智慧。

这些年，我因工作也接触了不少高管，但至今仍认为Charles的战略思考能力和自我迭代能力首屈一指。FMC之所以近两年能逐渐绽放和实现机制创新，是因为其内核17年前就已在Charles的脑海里成形。前些年，从外显性指标来看，FMC可能发展得不算快，但我们内部坚定、持续地建设着近年才开始流行的"群岛型组织"与"中后台赋能"。入职17年来，FMC没有过"推倒重来""塌方"等猎头行业常见的现象，似慢实快。当市场开始探讨"阿米巴""合伙人制""平台"等概念时，我们已稳稳地打下了基础，形成了独特的"护城河"。

Charles不像"商人"，却非常像一位"老师"。从他在管培项目中手把手地传授我们时间管理、动力管理和猎头知识时，我就惊叹于他的结构性思维和高效的"个人操作系统"，没想到这些年他迭代得越来越快。我曾开玩笑称，Charles就像练着"吸星大法"，吸收外界力量的速度越来越快，我们只能在后面望洋兴叹。强大的结构性、系统性思维，加上如村上春树般的自律，使得这本书也真正做到了厚积薄发，以猎头行业为载体输出了适用于更多行业的深度思考。除了自身高速成长，更难得的是，Charles满怀带动周围人进步的真正的热忱。虽然时常"抱怨"他关于"成长"的唠叨让人听得耳朵起茧，但其实我们内心非常珍惜：出了校园后，在风雨兼程的职场上，还有人真正关心我们的成长，真正身体力行地激发我们成为更好的自己！

就这样，我们凝聚着一群追求价值、健康、友谊的同行者，以及愿意从"公司生命力最大化"而非"股东利益最大化"出发的

"现实"的理想主义者。近两年,FMC又很荣幸地吸引来了志同道合的前同事和优秀的同行们,真正实现连接的"群岛"开始形成。面向未来,我们为助力更多人成功创业、支持更多人实现丰富美满的职业生涯、携手一群"胜则举杯相庆,败则拼死相救"的真正合伙人而激动不已!

推荐语[*]

朋友们眼中的陈勇及他的思考

热烈祝贺 Charles 新书的出版,非常荣幸有机会为本书写推荐语。

据 Charles 讲,我是他 1997 年进入猎头行业时,第一个客户委托中第一个正式见过的候选人。虽然这次推荐没成功,但他后来还是把我从日化行业推荐进了连接器行业,改变了我大半生的职业生涯轨迹。后来,我也理所当然地成了他的客户。20 多年里,我们成为相互鼓励的朋友,两家人还有很多来往,我也亲眼见证了 Charles 是如何带领 FMC 一步一步稳健成长,最终成为猎头行业的领导者。Charles 是一个非常善于思考、总结的人,将很多平时吸收的"营养"应用于实践中,相信他的书定能带给更多人启发和思考。再次恭喜!

安弘晟(Gary) 安费诺集团全球商用产品事业群总经理

我和 Charles 相识于 2012 年。当时,在一次分享讲座上,我演示 TheBrain 这款软件如何帮助猎头顾问进行高效的知识整理与关联。Charles 对这款软件非常感兴趣,我们因此结缘并有了多次交流,进而成了忘年交。多年后,我非常开心地听到 Charles 告诉我,这款软件对

---

[*] 按推荐者中文姓氏的首字母排序。

推荐语　朋友们眼中的陈勇及他的思考

他的帮助极大。

我非常佩服 Charles 的求知欲和对各行各业的思考与洞察,并将相关的思考和经验凝结成对猎头行业非常有用的真知灼见。

无论你是职场新人还是职场老兵,只要细细品读,相信都能从这本书中得到不一样的收获。

柏永辉　资深职业规划师,《我的第一本人生规划手册》作者

猎头生意的独特性,决定了它是很难做大的"小生意",所以很难得到管理学领域专家学者的关注,市面上有深度、有见地的文章很少。但这个行业的从业人员并不少,需要有人指点迷津。

陈勇先生在猎头行业服务多年,对业务模式的原理有很多思考与研究,并且喜欢总结、归纳、提高。我常看他发在公众号上的文章,总会有所启发。对于猎头从业者来说,有这么乐于分享的前辈,是一件幸事。

曹朴(Paul)　普利咨询公司合伙人

和 Charles 结缘,是因几年前他负责《大猎论道》栏目时与他的多次文章合作。他当时就给我留下了热心和真诚的深刻印象。这些年见证 Charles 持续输出,深度分享或成功或失败的实战经验和精彩洞见,赋能了很多猎头企业的经营者和顾问。特别高兴看到这些宝贵的案例和心得浓缩成本书,真是行业幸事。本书非常值得一读,期待它帮助大家成就更棒的猎头生涯。

陈功(Victor)　爱猎(iHunter)咨询创始人

初识Charles是在2010年，当时他已创业十余年，而我还只有一间上海办公室。记得我们当时聊的话题是关于米高蒲志（Michael Page）和华德士（Robert Walters）在前一年大张旗鼓的扩张。转眼十年过去了，市场依然精彩，Charles仍然在为他热爱的事业奔忙。我羡慕他乐在其中，更欣赏他笔耕不辍，时不时与大家分享他的见解。很难得他将感悟和心得结集出版，这也为后来者提供了方便。正如Charles所言，猎头是一项"很苦，但很幸福"的事业。我的观察是，长跑的决心是一个重要的门槛。在长跑的过程中，每家公司都形成了自己的特色文化和发展路径。Charles肯定算是一个长跑者。在此谨祝本书成功，也希望中国的猎头事业越来越兴旺！

陈亮（Kevin） MGA创始人

真诚、热情、幸福、正能量——这就是我对Charles的印象。

初识Charles要追溯到20多年前，他给我的第一印象就是"舒服"：真诚、热情、有度。20多年后的今天，他依然葆有当初的真诚、热情、有度。同时，我又感受到了他满满的正能量：事业有成，家庭幸福，充满朝气。

作为中国改革开放后第一代与国际接轨的猎头人，Charles的事业已经横跨了祖国的大江南北，成为中国猎头行业著名的人力资源专家。每每在朋友圈看到他在北上广等地不断出现的身影，看到他与各地的FMC员工一起合影时那自然的笑容，不用身临其境也能感受到FMC的工作氛围多么令人向往。我记得很多年前，一个全球500强企业的亚太区高级副总裁对我说过：好老板的标准是严格和关心。工作上的高标准、严要求不仅能保证公平和高效，而且是员工职业成长最好的保障；而工作和生活上的关心和激励，则是员工幸福和进步的源泉。

推荐语　朋友们眼中的陈勇及他的思考

我想，FMC的小伙伴们一定对这两点有更深刻的感受。

有这样一位老板是幸运的，有这样一位朋友同样是幸运的。此时，我脑海中浮现出Charles与儿子跑步的身影，他们一家人在一起的幸福场景，他与朋友开心聚会的画面……这些都是幸福！有人说家庭幸福的人，事业一定有成。这句话我信，Charles就是这样的人。与幸福的人在一起，你会感受到满满的正能量。

关于猎头，我所知不多。也许是为了让更多的人（包括我）了解他的事业，仿佛一夜之间Charles就鼓捣出了这洋洋洒洒的一部著作。大家还是通过读他的这本书来读他这个人吧！

丛明　陈勇的多年好友

FMC创始人Charles毋庸置疑是最关心国内猎头行业发展的人，同时，他也以身作则。本书中，Charles亲笔写下的每一篇原创文章都值得推荐、值得细品。

高翔（Jet）　中国人才交流协会高级人才寻访专委会副秘书长、杰特思哲咨询创始人

猎头行业的整体健康发展离不开一个多方共赢的生态。希望Charles的书能够激发猎头顾问、候选人、客户对这个行业进行更多的思考！

高勇　科锐国际董事长

我和Charles相识超过十年。作为猎头同行创业者，Charles是为数极少的、擅长在实践中进行深度思考并能写成精彩文章分享给大家的人。这些年，他写的每篇文章我都必读，并从中感受到了他独特的

17

思考与专业认知。他的这本原创著作必将给猎头行业的从业者带来高价值的智慧启迪！

郭展序　展动力人才集团创始人兼首席执行官

我看一本书，最大的收获通常不是简单学习具体的方法，而是看作者得出方法论背后独特的个人思维方式及其为人处世的观念。成熟而持正的观念会帮助个人和公司走得更远。与 Charles 相识 20 载，我发现，正是他一直秉承的与人共享、共同成长的观念，才让他在猎头行业有了今天的影响力和号召力。通过这本书，可以学习做事的艺术，更可以学习做人的智慧。

洪晓（Joe）　xLab 学习实验室创始人

Charles 是中国猎头行业极具前瞻性的专家，也是行业内公认的高产作家。他的文章我都读过，其睿智的思想对于推动猎头行业的前进尤为珍贵！

黄小平（Steven）　锐仕方达创始人

源于美国的猎头服务，在不同的社会及市场环境中，会显现出不一样的价值理念。在猎头行业，一些创业者一直追根溯源，以期回归它最本质的服务理念。抱有情怀的探索与尝试，甘愿付出的进阶与创新，也正是真正猎头人的境界。Charles 就是这样，他在 20 多年的猎头服务生涯中不断思考和升华，最终写就了这本《猎头之道》。这本凝聚 Charles 20 多年猎头行业洞见的书，为猎头人和未来者架起了坚实的阶梯，指明了方向。

纪云　北京泰来猎头咨询事务所（国内第一家猎头公司）创始人

推荐语　朋友们眼中的陈勇及他的思考

论中国猎头行业的先驱，陈勇先生只能位列其一。但若论中国猎头行业最乐于分享的创业者，那么陈勇先生当之无愧是唯一。我在陈勇前辈的身上看到了很多美好的品质：谦虚、敢言、正直、友善以及思想工作者最需要的严谨和勤思。相信他的这本《猎头之道》会让细心研读的人常读常新，感怀在心。

　　　　　　蒋倩　《百万猎头从入门到精通》作者，资深猎头培训师

发展猎头顾问，是猎头公司过去 20 多年来怎么都绕不开的痛点和难点。Charles 对猎头事业始终如一的专注和激情让人敬佩。阅读本书开卷有益。

　　　　　　康兵（Steven）　大瀚联合创始人、董事长及 CEO

国内猎头行业发展 20 余年，但截至目前，还没有真正做到从无序到有序的健康发展。陈勇先生作为较早的猎头从业者，通过自身的案例和思考总结，为猎头行业的发展提出了很多建设性意见。期待这本书能为更多的猎头从业者打开新的局面，帮助他们结合工作实际，在做中学，在错中学，多复盘，多总结，不断推动猎头行业有序发展。

　　　　　　库尔特　职海领航创始人，《非你莫属》人力资源专家

从 1997 年初识 Charles 至今，我看到他一如既往地保持着当年的积极、坚韧和自省，以严谨的思考、专注的深耕把事情做到极致。他坚持用长期主义去学习、去实践，将 20 多年积累的成功经验以及背后的商业逻辑浓缩到这本人才顾问行业教科书级的经营实学和哲学书中。

Charles 真诚分享了他的创业经历和人生体验，书中没有抽象的概

念，在直率叙述和反思中展现着他的经营智慧。经营非易事，创业者一路走来都会遇到坎坷与挑战。书中的经验教训，本人在创办斯坦达（Standard）和万宝盛华（中国）（Manpower China）的过程中亦有同感。

本书能为读者带来很棒的阅读体验，包含作者从初入行到成长为行业"大咖"的真知灼见。所有读者，尤其是希望提升自我价值和影响力的从业者，都能通过阅读本书获得启迪和价值指引。

兰斌　斯坦达创始人，万宝盛华（中国）前副董事长

我与陈勇先生相识多年，他不仅是猎头行业的资深创业者，更是行业的思想者和探索者。他对很多前沿问题有自己独到的见解，也很乐于与同行分享，希望共同推动行业进步。

当今，优秀企业作为人才服务业未来持续增长的动力源泉，对猎头从业者提出了更高的要求。要赢得一流客户的尊重，猎头顾问们急需升级自己的能力组合：不仅要懂专业，还要懂生意；不仅要懂人才，还要懂产生人才需求的体系；不仅要帮客户满足当下的需求，还要帮客户为明天的战略做好人才布局。

相信陈勇先生的这本书，必将推动猎头顾问的自我提升与迭代，为猎头成为真正受人尊敬的职业贡献一份力量！

兰刚　私董功场创始人

从我在世界500强企业从事HR工作15年，到担任华为全球人力资源总监，再到担任创业公司中国人力资源智库的CEO，在这20多年的HR工作中，我见过很多猎头公司老板，Charles是非常值得尊重的一位！最让我欣赏的是，Charles不但对猎头公司的创业营运有非常深

入的实践与研究，而且在 20 多年深厚的历练及行业挑战中，仍然不失诗和远方的情怀与博大心胸。

李嘉彤（Vivian） 中国人力资源智库（HRflag）前 CEO

如果只用三个标签概括 Charles，那就是开放、分享和长期主义。我们像忘年交一般讨论商业模式、组织创新，乃至最前沿的科技将给行业带来的影响。他见证了中国招聘市场 20 余年的变迁史，相信这本融汇精华的《猎头之道》会对猎头行业的未来大有裨益。

李松毅（Larry） 倍罗创始人兼 CEO

我认识 Charles 已经有 10 多年了。2004 年左右我们第一次见面，之后大多数时候都是在网上沟通。在少有的几次见面沟通中，他毫不吝啬，尽情分享。他的建议能让我更深刻地了解如何让人力资源创业者保持创业激情，如何看待组织文化，如何裂变式发展……在彼此的沟通中，我的收获更多。我对他的关注主要源自他的微信公众号。他是猎头行业里我最尊敬的伙伴之一。借此机会，我谈谈对他的印象：

首先，他创立 FMC 超过 20 年，是一位对猎头事业有热爱、有情怀的创始人，皮实，有韧劲。他的确是这一行的"珍稀动物"，一如他坚持跑步一样，激情满满，充满正能量。更让我羡慕的是，从朋友圈能感知他与各地的合伙人、战友保持着非常深厚的友谊，彼此鼓励，在家庭和工作中保持平衡，塑造出非常有温度的组织。

其次，我也曾偶遇"毕业"于 FMC 的几个同学，他们都对 Charles 赞誉有加，充满感激。从与他们的沟通中，我非常佩服 Charles 具有前瞻性的做法：

首先，FMC 是我了解到的最早启动管培生制度的人力资源公司，比大部分外资猎头公司还早,目前FMC的大部分核心团队成员也是从这个培养体系中成长起来的。其次,Charles很注重对系统的投入和对数据的运用。再次,是他对合伙人制度的创新和迭代。从这一点中,你能感受到Charles对FMC的深厚期望以及他对创业者长期主义思维模式的坚持不懈,这在浮躁的猎头行业中的确是少有的坚持。最后,更让我佩服和尊敬的是,Charles是一位颇受欢迎的传道授业者。通过他在公众号上定期发布的内容,我们可以洞察猎头行业的发展趋势,国内外人力资源的从业状况、问题和挑战,了解到如何将科技融入猎头行业,以及他个人的创新性思考和建议。每期的内容发布都让我收获满满。有几次我们见面交流组织文化、业务模式和系统的创新问题,他每次都是毫无保留地分享。

很幸运我能与Charles成为朋友,期待他能保持创业的初心和激情,与团队一起经营FMC,实现基业长青。更期待Charles能一如既往地保持对人力资源行业的思考、总结和分享,让更多的人力资源从业者受益。

廖继斌(Patrick)　赛睿人力资源创始人

Charles近年来带领FMC快速拓展业务,对猎头顾问的培养及公司创业有着深刻的见解。这本书总结了他20多年来对猎头顾问成长及创业、猎头组织管理和业务模式创新的思考,是中国猎头界少有的集理论与实操精华于一体的佳作之一,值得猎头公司老板及合伙人精读。

刘红　第一资源创始人、董事长

从撰写原创文章《当猎头公司的老板可能是天下最郁闷的事》,到主编《大猎论道》,感恩Charles在猎头行业的立功、立言、立德!这

推荐语　朋友们眼中的陈勇及他的思考

本新出版的《猎头之道》更是作者经过20多年猎头实战后深思熟虑的精华，真诚推荐给猎头顾问和猎头企业的老板们！

刘军　汉普猎头创始人，成猎会会长

"但开风气不为师"。作为与陈总同时代的创业者，我见证了猎头行业在中国的整个发展历程，也感受到了陈总的睿智、豁达，更见识了他收集信息、归纳总结的能力和不吝分享的精神。因此我更愿意称他为行业的"陈教授"，一个被猎头耽误的"学者"。也可以说，是猎头行业成就了他的"学者气质"。从他身上，我能感受到"水唯善下方成海，山不矜高自及天"的情怀。

刘汪洋　斯科、冰鉴人才创始人

认识 Charles 的时候，他还是我好友 Jennifer 的男朋友。当时我就觉得，能让 Jennifer 这个美女兼才女看上的男生一定不错！的确，两人结婚之后，我们两家成了朋友，我有幸见证了 Charles 事业的一步步发展。令我感动的是，在建立一个美满家庭的同时，Charles 也把珍视友谊、看重成长的价值观贯彻到了他的事业和公司发展中。他曾就公司愿景和价值观跟我探讨过，我发现这与夫妻两人用心经营一个美满家庭的想法如出一辙。很高兴 Charles 不仅能把公司做大做强，而且能把自己多年摸索的心得和经验结集成书，分享给更多的人。猎头犹如伯乐，Charles 的经验可以帮助更多的伯乐相马，也能惠及众多职场中的千里马。我以朋友和职业经理人的身份，为 Charles 喝彩！

刘小卫　壳牌亚太地区公共事务副总裁（新加坡）

和 Charles 一起创立经营 FMC 的十多年里，我们一起成长并经历了书中提及的大部分历程和困惑。可以说，这是一本猎头公司创业发展的经典著作，也是猎头从业者职业发展的"葵花宝典"！Charles 是中国猎头行业难能可贵的可以将理论和实践相结合的思想家。他对生意和人性的洞察，以及常年孜孜不倦的无私分享，实乃中国猎头行业之大幸！

卢俭敏　DMC 创始人，FMC 前合伙人

陈勇（Charles）——中国猎头行业的纯粹布道者！

20 世纪 90 年代初外资猎头企业雷文顾问管理公司（Norman Broadbent）、优异人力资源顾问公司（Sterling）、北京首要资源商务咨询有限公司（EL Consult）进入中国本土市场，使这个外来的专业服务行业在中国生根发芽。而今天中国的猎头行业被估算有上千亿人民币的市场，移动互联网等新技术手段也给猎头行业注入了新的活力。但作为世界第二大经济体，中国直到今天还没有出现全球范围内有规模的猎头企业，也没有出现在人才招聘领域有影响力的猎头顾问。

陈勇（Charles）作为中国猎头行业的布道者，深知这个行业的发展不但需要依靠猎头顾问自身能力的持续提升，而且需要猎头企业的领导者扩大自身的经营格局，完善并创新适合本土市场的业务流程和体系。他的《猎头之道》是这些年针对猎头顾问发展和猎头企业发展的最具有洞察力的归纳和总结。

强烈推荐希望在猎头行业长期耕耘的从业者们阅读这本《猎头之道》。期待更多像 Charles 这样的实践者和纯粹布道者在追求商业价值提升的同时，将中国猎头行业的整体水平继续推高。

罗群（Train）　仍然活跃在一线的中国本土第一代猎头顾问

推荐语　朋友们眼中的陈勇及他的思考

非常荣幸受邀为 Charles 的新书写推荐语。Charles 是我认识的在猎头行业最睿智和最擅长深度思考，同时又最具有情怀的中国猎头领军人物。我阅读过 Charles 的每一篇文章，它们凝结了 Charles 在 20 多年创业历程中获取的经验，以及他对猎头行业不同模式的深度钻研。作为猎头行业的中层管理者，我在业务实操、选人、育人等方面经常会有一些困惑。通过阅读 Charles 的文章，我感觉有一位导师在指导自己前行，也会促使我从另一个高度去看待遇到的问题，从而进行更深刻的自我反思并获得一些力量。阅读 Charles 的新书《猎头之道》，你一定会觉得"干货"满满！

罗冉（Tracy）　FMC 合伙人

过去的 8 年，陈老师一直与我分享他对猎头行业变化的探索，交流对猎头行业的洞见和对猎头行业未来的期盼。陈老师谦虚、文雅和大儒的风范，每次都让我等晚辈感到如沐春风。陈老师在对猎头公司 20 多年持续经营的沉淀中淬炼出来的对团队以及高管的信任传递和复制，更是令我为之一振！复制团队易，复制信任难，复制相互之间的信任更难！让我们静下心来，细细品味书中的精髓，让其指引我们猎头持续前进的方向，达成我们不断超越的目标！

马雄二（Mark）　猎上网联合创始人，猎上学园校长

在猎头行业，Charles 是一位经验丰富的创业者，也是一位坚守使命的"传教士"，更是一位知行合一的实干家。和 Charles 及 FMC 深度接触的十年里，我有幸成为 Charles 思考的探讨者、受益者和见证者。正是 Charles 孜孜不倦分享给行业的这些思想，让 FMC 保持着旺盛的生命力。即使在疫情期间，FMC 仍然实现了令人瞩目的健康增长。在个人成长及创业教育严重匮乏的猎头行业，《猎头之道》对猎头顾问的

成长与创业，以及猎头组织的管理及业务模式创新来说，无疑是最佳的教科书，强烈推荐每一位猎头从业者反复研读！

孟凡超（Vincent） 实战派猎头培训及咨询专家，凡超咨询创始人

我与 Charles 相识十余年，见证了他对 FMC 猎头事业的步步规划及一一实现。他很稳健，可以将 FMC 经营 21 年。作为国内少数有品质、有规模的公司的卓越代表，他很开放，在国内最早提出和践行合伙人机制，真正让利于团队，调动了组织力量，保证了公司既稳健又有活力。他非常擅长开放式学习，勇于接纳新事物，但又不会被流行趋势左右，知道哪些是自己和组织真正需要的。他是擅长赋能他人的良师益友，培养了"FMC 系"的接班人们。他长期无私分享自己对猎头行业的洞见，并且将之有条理地沉淀成文章，助力了我及身边很多人的成长。祝贺他的《猎头之道》问世，这本饱含资深猎头对人才圈深刻解读的专著能让更多做猎头和用猎头的朋友受益，少走弯路，加速猎头行业的发展！

宁晋 RECC（中国）招聘联盟联合发起人

作为一名误打误撞进入科技猎头行业的创业者，认识 Charles 这位中国猎头界的前辈和专家让我受益匪浅。我记得当时在硅谷参加猎头行业交流会，虽然和 Charles 是第一次见面，但我们一见如故。他无私的分享和挚友般的鼓励让我对这个行业的理解更为深刻！Charles 的很多思考睿智超前、发人深省，让我少走了很多弯路。希望 Charles 通过本书的总结，能让猎头界的更多朋友，以及更多的创业者和领导者学到"伯乐相马"的本领，从而实现事业成功！再次祝贺！

任成明（Alex） 硅谷科技猎头公司 TalentSeer 创始人，风险投资基金 Fellows Fund 创始人与管理合伙人

推荐语　朋友们眼中的陈勇及他的思考

认识 Charles 之前，我对他创立的猎头公司 FMC 已经耳熟能详。这几年有缘结识他，我不禁被他在猎头行业的坚持和情怀打动，被他的无私分享感动，也被他的梦想感染。中国的企业家开始意识到人才的价值，这是一个好的开始，也让猎头行业的从业者们看到了更多的可能性，其中一个就是 Charles 的梦想会成真！

　　　　沙晓娟（Violet）　满安仕（中国）联合创始人、首席咨询顾问

在压力大、节奏快的猎头行业中，Charles 是我认识的为数不多的能够静下心来，把事情做专业、把道理琢磨透、把系统建设全、把人培养好的老板。FMC 二十几年的扎实发展是 Charles 坚持长期主义的巨大回报。

谦和、真诚、关注人、有格局和不断学习及复盘，使 Charles 身边聚拢了一大批志同道合、一起坚定向前走的伙伴。这种宝贵的人力资源财富，需要长期坚定的陪伴和发自内心的深度信任。这样的人格魅力和开放心态，貌似看不到摸不着，却体现在他的每篇文章里，细细品味，总有很多收获。

　　　　商未弘（Anita）　医药行业知名猎头公司 DOX（道翔）前 CEO

作为曾经的 HR，我认识很多猎头行业的创业者。Charles 是最特别的一位，没有之一。他的特别之处在于：特别爱学习、爱思考、爱实践。在我们这行，爱学习的人很多，可是深度思考的人很少，能够深度思考后再付诸实践的人就更少了。这本书是 Charles 近 30 年职业生涯中"知行合一"的见证，相信对身处各个阶段的职场人士都会有所启发。

　　　　邵琦（Maggie）　STORYWAY 创始合伙人

猎头行业不乏精英与领袖，但能称为"文化人"的长期学习者非 Charles 莫属。他通过 20 多年的践行与思考，促进了行业分享、交流与传承。他提炼出"PS 模式""猎头的 8 个能力框架""猎头成长的 6 个层次"等行业内耳熟能详的概念与理论，支持并引导了不同阶段的同行破浪前行。他的每一篇文章都不失为猎头顾问成长道路上的精神养料！

沈嘉（Steve）　赋猎咨询管理合伙人

在我从事猎头行业的这 15 年间，我结识了数以万计的猎头顾问及创业者。Charles 是其中少有的长期站在行业角度完整思考猎头顾问成长方向以及创业路径的一位好友。本书凝聚了 Charles 20 多年的实践经验及理论认知。对猎头行业而言，它的推出是一件令人激动和值得庆贺的事情。

施润春（Kevin）　谷露软件创始人

我很荣幸收到 Charles 的邀请，帮他的新书《猎头之道》写推荐语。记得我第一次跟 Charles 见面是在 2011 年，转眼已 10 年过去了。在一次猎头公司会议上，我演讲结束后，Charles 走上前跟我握手，说最近在市场上听到我跟我司的动作比较多，想互相认识一下。那一次交流后，Charles 给我留下了如下印象：对人力资源和猎头行业很有热忱；人很积极，很想多探讨和发掘这个行业的潜力；为人有气度，认为这个行业足够大，不应视同行如敌人。十年之后，我依然保持着第一眼见到 Charles 时的感觉。Charles 从业 20 多年，经历过 1997 年的亚洲金融风暴、2000 年起大量国际知名且极具规模的猎头公司涌入中国市场、2003 年的非典、2008 年的雷曼事件以及 2020 年的新冠肺炎疫情……到今天，FMC依然屹立不倒、继续成长，而且FMC还是国内最早一家提倡合伙人制的猎头公司。这本书的含金量之高，大家可想而知。

施勇健（Kensy）　AMS中国区总经理

《猎头之道》是Charles精心写就的猎头经典著作，不仅是猎头行业专业人员的成长与创业指南，而且是猎头组织及行业研究者的理论范本。这部书汇集作者多年的工作体悟，很值得猎头行业人士和正待从业的大学生用心研读。

史娜　猎头研究与培训中心执行主任，中山大学南方学院公共管理学院副院长

陈勇和我是同学，他和我时不时地讨论生意和管理的话题。我负责任地把此书推荐给任何对成长、职业、工作和创业严肃认真的人，不限于猎头相关人士。陈勇的书源于他的实践和经历，他是一个善于观察和总结、能洞察本质及因果关系、能精准表达和阐述的思考者与实践者。如果你正在寻找有关自我成长和职业未来发展的相关书籍，那么中国猎头行业杰出人物之一陈勇的书将会缩短你探索答案的时间。

石代伦　复旦大学管理学院前教授，多家公司的创始人和管理者

陈勇先生是中国猎头界最杰出的思想领袖和行业先驱之一，本书汇集了他数十年来的心得体会、宝贵经验和珍贵实践。这些真知灼见是行业最宝贵的财富。这些来自陈勇先生亲身实践的洞察和警诫，字字是珠玑，句句乃箴言！猎头行业和人力资源服务行业的企业家、从业者都应该认真阅读这本书，从中汲取的思想精华必定能让你获益匪浅！

唐秋勇　法国里昂商学院全球人力资源与组织研究中心联席主任

有些文章有很多大词、金句,乍一看特别有启发,但看完之后你会很快忘记,真的没什么养分。陈勇写的文章我看了不少,开始觉得真看不下去,太平实、太晦涩——内行人看点门道,外行人真看不了热闹。不过你钻进去看,发现其实是很有启发的。你不需要全部赞同他的观点,但他的文章真的是花时间写的,而且也真没浪费你的时间!

王洪浩　科特杰首席合伙人

我会给Charles贴上这几个标签:探索、思考、总结、突破、迭代。

Charles对猎头行业的管理有着深刻的认识,对公司发展与人际关系之间的平衡有着独到的解法,对身边的人怀有一颗真诚和分享的心。

王忆民　晟仕咨询创始人兼CEO

Charles在我认识的众多猎头从业者里,有着难得一见的学者风范。他思考问题偏重系统化,善于总结并能把实践理论化后有效输出。

在猎头企业的经营方面,他是一个不折不扣的长期主义者。他对这个行业有许多高屋建瓴但又很接地气的思考,为这个行业培养了许多脚踏实地但又不失雄心的人才。更难得的是,他对这个行业有着一种舍我其谁的责任感。

Charles这次把他多年的思考和沉淀结集成书,实乃业界幸事。这本书无论是对想拓宽眼界的读者来说,还是对期待提升的从业者而言,都是值得开卷一阅和掩卷深思的。

萧东楼　《猎头局中局》作者

Charles是我在招聘领域尤其是猎头圈中难得一见的智者。每次和他的沟通,都是在Charles谦逊的征询和提问中启动的,每次回答他的问题也是一次考验：让我自己再次验证如何恰当闭环，回答本质。沟通结束后我们彼此均受益良多，正所谓"好的问题胜过好的答案"。我拜读Charles的每一篇文章时也有同感，比如吃亏定律对人性的挑战，长期主义的慢和稳等。Charles探索的这些问题与他本人的风格完美契合。他既是实干派，也是理想家。他所探索的组织中台建设就是实干与理想完美结合的产物。猎头既是为人提供服务的业务，也是助人成长的事业。在这背后，我们的确需要思考自己如何沉淀，如何更好地服务客户。这一点，在即将到来的智能时代，显得尤为迫切。

邢志明（Frank）　THANK星球创始人

Charles既是我的导师，也是与我一起在猎头行业奋斗的战友。他是我从业十几年来遇到的少有的既对猎头行业有深入研究和实践，又洞悉组织和个人成长与发展密码的"大咖"。我相信这本《猎头之道》会像指南针一样，既能指引猎头行业的顾问和创业者前进，又能启发其他行业的创业者，从而更好地促进个人成长和组织发展，让自己成为终身学习者，让企业成为充满生命力的学习型组织！

闫培杰（Amos）　北京烁程董事总经理

我认识Charles老师源于《大猎论道》栏目。作为首任及终身荣誉主编，他致力于探索如何帮助猎头企业及顾问更好地成长。Charles沉淀了一套清晰实用的方法论，可以帮助猎头企业的管理者更好地制定企业成长战略。对想要探索猎头企业运营模式和想要赋能顾问成长的管理者而言，《猎头之道》是一本必读书。它能帮你发掘蕴藏于猎头企业内部的成长力量，带你冲向行业前锋！

杨嘉璇　首席组织官高级运营经理，猎聘集团原运营专家写书是一件苦差事，对我这种提笔忘字的人来说，想想都是一种自虐。Charles 居然还写第二本，这一定是真爱：爱行业，爱行业中的人和事；爱思考，思考的不只是生意的兴衰，而是行业的底层逻辑和基本价值。关键是，他还闭关爬格子，一字一句把 20 多年的沉淀凝结起来，毫无保留地呈现给大家。这是分享，也是自信，更是一种通达！

杨希宏　锐旗人力集团创始人

创业需要通过感召他人一起实现一个既定目标。对"自己"干活、"自己"实现的理念已深植于基因的猎头来讲，创业与经营似乎是难以如专业技巧般可以被模仿练习的。与陈勇先生认识多年，他既是猎头行业的创业前辈之一，亦是对行业保持大爱与反思的持续分享者。书中总结了许多的经验与洞察，它们将为当下和未来的创业者们提供一幅有价值的蓝图。于众多的创业者而言，这既是学习成长之路，也是蜕变赋能之路。

杨莹（Echo）　RECC 招聘研习院联合发起人兼企业教练、培训师

在超过 25 年的人力资源从业经历中，我认识和合作过的猎头同行可以说不少了，包括早期随着外资进入中国市场的西方猎头公司，还包括过去 20 年随着中国经济腾飞如雨后春笋般快速成立并日益壮大的本土猎头公司。其中，我有幸目睹陈勇先生创立并发展 FMC。在我的眼中，他不仅是一位热爱生活、真诚待人的好朋友，更是经验丰富的猎头顾问、充满激情的猎头公司创业者、思想与温度兼备的猎头顾问成长导师，以及猎头公司发展机制的探索者和引领者。很高兴看到他这些年在猎头公司创业过程中的独到思考与真知灼见能结集出版，相

信本书不仅可以帮助更多在成长道路上的猎头顾问们，而且可以给猎头公司的创业者们带来颇多启示。

杨正瑞（Robert）　资深人力资源管理专家，华纳糖果亚洲区前人力资源总监，通力电梯（中国）人力资源副总裁

人力资源是现代经济发展的关键要素，而人力资源行业的高质量发展离不开优秀的从业人员。作为一名猎头行业的老兵，Charles 总结并分享其丰富的从业经验，对整个行业人才的提升和赋能有着重要的推动作用。商业时代需要这本具有哲学高度的行业战略和行动指南。

叶琼亚　《人力资本管理》主编

猎头顾问是人力资源服务业中最能体现"物竞天择"的从业者，从来都不缺能言善辩的"风云人物"和甚嚣尘上的"华丽思想"。但是如我认识十余年的友人 Charles 这般朴实认真的授业解惑者却实属稀缺。更难得的是，他对从业者一贯的"授人以渔"的坚持。愿读者能体察他的用心，并从中受益。

袁建华（Danny）　万宝盛华（Manpower）大中华区 CEO

Charles 积 20 余年的猎头经验，是中国猎头行业从萌芽到快速成长的见证者，对猎头顾问的成长、猎头公司的经营和管理、猎头行业的发展趋势都有独到的见解。阅读 Charles 的文章，发人深思，给人启迪。

余仲望　仲望咨询董事长

我与陈勇神交已久，从他培养出的一些年轻有为的顾问团队了解到了

FMC 的质量和品牌。做一家猎头公司的老板不容易，做一家有生命力的猎头公司的老板更不容易。陈勇在 20 多年的时间里建立了一支在中国猎头行业有影响力的精英团队，现在他的目标是希望帮助更多的猎头顾问和创业者打造面向未来的猎头平台。相信他的创业下半场会更加精彩！

　　翟斌　深圳人才集团总经理，蔚来汽车全球用户信托理事会理事长，公益组织"雨亭行动"发起人，中国"猎投模式"开创者

　　陈勇兄是业界不多见的深度思考者和锐意践行者，也是我非常尊敬的一位智者，亦师亦友。从业 20 年有余，陈勇兄在猎头这片沃土和热土上进行了非常多的探索与尝试。他的执着、睿智、开放和长期主义都给我留下了深刻的印象，并让我慨叹吾道不孤！

　　欣闻陈勇兄的新书《猎头之道》即将问世，此为他多年思考和实践的一次集成汇总。强烈推荐之余，也期望能一睹为快！

　　　　　　　　　　　　　张皓凡（Kevin）　招蜜创始合伙人

　　2014 年，我在北京和乔大厦与 Charles 相识的场景仍然历历在目。Charles 是一个内心有大爱的人。他爱这个行业，爱他的同行，爱他的公司合伙人，爱他的员工，同样非常爱他的家人！这是特别打动我的地方。招聘，不仅仅是猎头公司的事情，也是每个企业管理者的"刚需"。《猎头之道》这本书，汇集了 Charles 20 多年的行业发展智慧、企业管理智慧、团队建设智慧，推荐大家认真研读！

　　张丽俊　创业酵母创始人，知名组织创新专家，阿里巴巴集团原组织发展专家

　　我和 Charles 相识于 1997 年的北京。他那时刚做猎头顾问不久，我

推荐语　朋友们眼中的陈勇及他的思考

也刚踏上人力资源职业跑道。随后的 24 年间，作为朋友，我亲见 Charles 从一名猎头顾问成长为一名猎头创业者，其间他经历了创业、英国求学和个人生活的一系列变化。旅居海外多年的我和 Charles 见面不多，有机会聊天时，Charles 依然会热情满满地同我分享他对国内猎头行业和自己公司发展的想法与反思。20 多年的时光把 Charles 打磨成一个正直、真诚且勤于思考的人。他把自己对人生和人性的思考与领悟融入对猎头顾问的无私培养，以及与客户的长期合作共赢中。我很欣赏他对 FMC 的管理理念和价值观的定义。收放取舍之间，可见他心态的宽容和智慧的增长。期待 Charles 继续分享他的下一个 10 年、下一个 20 年的思考与心得。

张豫吉（Jessie）　不凡帝范梅勒亚太区人力资源总监

如果要用几个关键词来形容 Charles，我会用"爱思考""爱分享""前瞻性思维"。作为 FMC 中后台的一员，我跟 Charles 共事了 20 年，很感谢他一直带领我们共同学习成长。看 Charles 写的书，你会觉得他是一个严谨思考的人；跟他本人接触后，你会发现他会开自己的玩笑，说自己的情商忽高忽低，偶尔有"惊人之语"。那一刻，你会开怀一笑：这个老板很有趣。

钟珍莲（Jenny）　与陈勇先生共事 20 年的 FMC 同事

很荣幸能为 Charles 的新书《猎头之道》写几句话。我和 Charles 相识于 20 年前，在他的帮助下，我做了职业生涯的第一个重要且正确的决定。据 Charles 说，我也是 FMC 第一个成功推荐的候选人，从此我与他成了好友，也有幸目睹了 FMC 这些年来的发展壮大。工作 20 多年，我认识与接触过的猎头不少，成为朋友的却只有 Charles 一个。

我一直敬佩 Charles 对生活的热爱、对人的坦诚、对行业的思考，特别是对事业进取有追求却不功利，着实难能可贵。这些年来我一直阅读 Charles 的文章，折服于他的洞见。FMC 也在他富有远见和格局的带领下不断创新和发展。听到他把自己多年从业的思考、分析结集成书，我由衷地替他高兴。因为我知道，对 Charles 来说，这本书的意义不在于彰显个人成就，而在于成就他人。不管是对这个行业的新兵还是老将而言，相信这本书都能带来难得的启发。

周洁（Janette）　某知名食品公司质量副总裁

我认识 Charles 20 多年了，不只因为他是我的校友，更因为他是我的同行，所以我们交流起来有更多的共同话题。我俩都比较早地做了猎头顾问，共同经历了这个行业的不同发展阶段和市场的各种变化。20 多年来，他创立的 FMC 已经成为行业翘楚之一，颇受好评。

Charles 作为猎头行业的管理者，有着非常鲜明的个人特色，或者说差异化的核心能力。第一，他有非常出色的深度思考能力，对猎头公司的业务战略、运营和团队管理拥有结构化思维，既能从商业逻辑的角度进行分析，也可以细致入微地解析猎头行业的特殊情况。第二，Charles 非常注重猎头顾问团队的文化和愿景打造，倡导了很多美好组织的内涵和概念，这不仅让 FMC 成为一家有着令人赞赏的工作环境和发展文化的猎头企业，还帮助和启发了更多的同行，让猎头行业成为更多优秀人才和年轻人的选择。

Charles 是一位值得信赖的老友，也是一位睿智的对话者。他的文章和书我必看，因为其中闪烁着他独特思想的光芒。

庄华（Pierre）　CGL 创始人兼 CEO

Part 1
猎头行业面面观

猎头行业的三座"大山"

从我 1997 年进入猎头行业到现在已有 20 多年。在这 20 多年的从业生涯中,我发现猎头行业有三座很难翻越的"大山",分别是:"工龄长,资历浅"(从人员成长的角度),"友军难容"(从内部协同的角度)与"易分难长"(从组织发展的角度)。

第一座"大山":工龄长,资历浅

2018 年初,在北京,我谢绝了一位大概率能够为 FMC 赚钱的猎头顾问。

这位顾问有 13 年的猎头经验,经历过 4 家猎头公司——2 家内资,2 家外资,大体上算是经验丰富;能够独立拓展客户、独立对接客户,也能带来客户;2017 年的个人业绩在 70 万元左右;此人是由公司内部同事推荐的,对 FMC 的文化也比较认同,甚至暗示愿意降薪加入……

面谈了 90 分钟之后,我建议北京的同事放弃。

大家有点疑惑:为什么我会放弃一个看起来有文化认同,也大概率能为公司赚钱的顾问?原因有很多,但核心原因只有一点:这位顾问干了十多年猎头,只是把从业 2~3 年的经验重复了几遍,以至于我们很难恰如其分地按照她的从业年资,给她安排一个令她自己也心悦诚服的职位。

我从1997年开始做猎头，20多年里我见过很多猎头顾问，但没有见过任何一个猎头顾问，主观上愿意干十年猎头，只是把从业2～3年的经验重复几遍，因为每个人的内在都有渴望成长的天性。然而，现实的情况往往是：刚入行的前两年，很多顾问觉得自己进步很快；两年之后，进步越来越缓慢，很多时候只是每年服务的客户不同，见的候选人不同，做的单子不同，而自己的能力与上一年相比没有实质性的提升，不知不觉就掉入了"工龄长，资历浅"的陷阱！

理论上来讲，猎头顾问可以是个越"老"越值钱的职业，但现实的情况却有可能是：做了十年的猎头工作，只是把从业两三年的经验重复了几遍，有价值的资历并未随着从业年限的增长而不断深化。大部分猎头顾问并未形成一套适合自己的可持续的"个人成长操作系统"，以便让自己的成长能够跟上客户及候选人的成长！具体的表现是：没有在一个清晰定义的专注方向上摸索出系统的方法，循序渐进地让自己的知识与人脉的广度、深度、高度随着年资的增长而持续拓展。

在猎头团队的管理实践中，刚入行两三年的顾问，业绩超过从业八年、十年的老顾问的情况经常发生，并非少见的个案。排除运气的成分，我们大体可以这样推论：从业十年的经验值，未必比从业三年的经验值高出很多；而年轻的新顾问用更大的热情、干劲、冲劲弥补经验值上的差距，业绩高于"工龄长，资历浅"的老顾问也算正常。这也反向证明了打算长期发展的猎头顾问构建可持续的"个人成长操作系统"的必要性，毕竟，每个职场人士都期望自己"工龄越长，资历越深"。

第二座"大山":友军难容

据乐观估计,中国猎头行业会有过千亿人民币的市场容量。按照这个估计,99.9%的猎头公司的市场份额连0.1%都不到,中国的猎头公司数量应该是过万家的数量级。在如此分散的市场格局下,每个猎头都明白竞争对手是在公司外部,而实际的情况却是,对于外部对手的强烈竞争,大部分人能够非常坦然地接受,但如果公司内部有跟自己竞争的团队,或者存在有竞争关系的同事,"友军"往往会很难相处。这种自己人限制自己人的情况,成了猎头公司管理上的痼疾与业务规模持续发展的瓶颈。

理性来看,"友军难容"的现象确实有点不合逻辑。然而,这样的情况之所以在猎头行业普遍存在,确实有符合人类天性的合理性。这种合理性主要表现为以下三点:

1. 人的感受往往取决于人与人之间的比较,而参照系通常是身边最近的人。比如,一个乞丐会嫉妒旁边比他要到更多钱的乞丐,而不会嫉妒英国女王,尽管女王比旁边的乞丐有钱多了。同理,公司里的友军容易相互比较,公司外的竞争对手离得远,暂时可以"视而不见"。

2. 人容易把小概率的负面事件在心理感受层面放大。在一定程度上,保险公司销售产品的原理就是放大小概率的负面事件在潜在客户心理上的感受。公司内部的友军,其实可以相互借力,但天性使然,人们往往容易将注意力聚焦到潜在的冲突上。尽管这些冲突本身可能不大,但被放大后的心理感受却会导致我们采取很多防御性的行为选择。

3. 人们在认知上的"惰性",可能会扩大友军之间知识与资源的交集,从而增大发生冲突的概率。大部分人倾向于选择容易走的路,获取公司内部友军的行业知识、客户及候选人资源:处理好了,这是相互借力;处理不好,则容易提高冲突的发生概率。

一家猎头公司,如果不能有效解决好"友军难容"的问题,会从内部制约组织成长的可能性,这是巨大的遗憾。随着客户需求的多样化、跨界化,单纯地从分工规则的细化上去解决"友军难容"的难题,会越来越乏力,甚至有时会适得其反。从分工规则、协同机制、公司文化、同事间友谊等多个维度共同入手,尽管显得复杂些,但往往能实现更长远的发展。

第三座"大山":易分难长

猎头业务是一项很容易从内部分裂的生意。不断分裂的基本逻辑为:猎头业务大体上是关系型生意,生意容易跟人走;就人性而言,在通过群体努力才能达成的结果中,每个人都会有放大个人贡献比例的倾向,进而在利益分配中觉得自己吃亏了;猎头业务的排他性较低,同时有结果才付费的做法越来越普遍,在多家猎头服务商的竞争中客户也能短期获益,这些因素极大地降低了新创猎头公司的获客难度;有经验的顾问从前一家公司带走高质量的资源,低成本运作,前期往往获利快且利润丰厚⋯⋯

"能带走生意+觉得不公+启动难度低+获利快且高",这几个因素交织在一起,使猎头公司不断分裂的内在动力很难改变。

全球很多顶级的猎头公司也是在这样的分裂中产生的:宝鼎(Boyden)、海德思哲(Hedrick & Struggle)、史宾沙(Spencer

Stuart)、安立国际（Amrop International）……这几家大名鼎鼎的公司据说都前后发源于博思艾伦（Booz Allen Hamilton）；浩华国际（Ward Howell）从麦肯锡剥离；亿康先达（Egon Zehnder）的创始人Egon Zehnder曾经是史宾沙的顾问；光辉国际（Korn Ferry）的创始人Lester Korn和Richard Ferry曾经就职于毕马威（KPMG）的猎头部门；罗盛咨询（Russell Reynolds）的创始人Russell Reynolds曾经就职于普华永道（PWC）的猎头部门；华德士（Robert Walters）的创立者Robert Walters曾经就职于米高蒲志……

很多在中国市场上活跃的猎头公司如伯乐、CGP、CGL、科锐、ManGo等，包括FMC本身，其创始人以前都曾就职于其他公司。而且曾在这些公司就职过的顾问，现在也有很多都在独立创业。

从国外到国内，从过去到现在，从高端到中低端，猎头公司在持续的裂变中发展。如无意外，将来的情形也会如此。

分裂出去的新公司也许刚开始的业绩增长很快，但除极少数优秀的范例外，大部分公司却很难持续成长。很多时候，情况往往是：猎头顾问们分裂出去之后，发现在原公司令自己痛心疾首的问题，那些原来的老板解决不了的问题，到了新公司后同样解决不了，于是新的公司几年之后再次分裂。同样的故事，不断循环上演。据估计，英国伦敦地区的猎头公司有上万家，中国猎头行业肯定也有上万家公司，如此庞大的公司数量是猎头公司"易分难长"最有力的注解。尽管"易分难长"是现实中真实存在的趋势，但显然不是猎头组织的出路所在。

我曾经调侃说："做猎头公司的老板是天下最郁闷的事。"郁闷的核心原因，就是猎头组织很容易分裂。在不断的组织塌方中，猎头公司发展组织的难度极大。多次轮回之后，猎头创业者的创业热情会逐步枯竭。

猎头行业在中国已经有超过 30 年的发展。对单个顾问而言，如何从新手成长为一个高绩效的百万顾问，已经有非常多的实践及较为透彻的总结，但对于如何翻越上述的三座"大山"，大家都还在努力探索中。从这个角度来说，对未来的猎头组织而言，能够有效翻越这三座"大山"的公司，肯定会前行得更远。

猎头组织很难绕过的六大挑战

在我从事猎头行业的 20 多年里，经历过很多次"跨界打劫"式的行业挑战。比如，2004 年前程无忧在纳斯达克上市，让人感受互联网招聘可能会颠覆传统猎头；移动互联网兴起后，2013 年人人猎头采用"众包招聘"，让每个人都可以成为猎头，虽然其注入巨资，准备颠覆传统猎头，但结果 2015 年就破产了；之后，拉勾网 CEO 马德龙说"拉勾要走猎头的路，让猎头无路可走"，最后拉勾却投入传统招聘网站前程无忧的怀抱中；创新的猎头平台（如猎聘、猎上、猎萌等）吸引了很多猎头在平台上做单，但离颠覆传统的猎头还很遥远；很多猎头服务需求量较大的客户自建猎头团队，给传统猎头公司带来了很大的冲击；最近两年，"互联网＋大数据＋AI 科技"给传统猎头行业注入了很多新元素，但却远远没有达到"颠覆"的程度……

我也多次听说过某些"专家"的类似建议：猎头公司可以借鉴律师事务所、会计师事务所、房产中介的商业模式来发展壮大。但实践证明，这些建议都似是而非（具体分析可以参考《中高端猎头能否像会计师事务所、律师事务所及房产中介那样发展？》一文）。

中高端猎头业务的三个核心要素——客户需求、候选人需求及匹配两端需求的猎头顾问——彼此之间的互动机制非常具有猎头行业的特殊性。而承载猎头业务的猎头组织，自然会面临这些特殊性带来的种种挑战。深刻理解这些挑战，可能是猎头组织创新的前提。

基于本人的实践、观察与研究，我总结了以下六个猎头组织很难绕过的挑战。

挑战一：内在的动力会使传统猎头组织持续分裂

猎头行业的发展史，大体上就是猎头公司不断裂变的历史。不论国内还是国外，不论大公司还是小公司，皆是如此。驱动这种裂变的内在动力包括两点：人性与资源控制格局。

猎头公司的核心能力在于：对客户及候选人的知识与关系的掌握，以及匹配客户与候选人的技能。这些知识、关系、技能与顾问而非公司更紧密，生意自然也就跟着顾问走，而不是跟着公司走。由于人的天性及受限的感知能力，在通过群体努力达成的结果中，人往往会倾向于夸大自己的贡献比例。当有能力的顾问觉得分配不均、自己吃亏了，而自己又能轻松带走客户与生意时，加入出价更高的公司或出走创业就成了最自然的选择。

只要这样的人性与资源控制格局存在，分裂就还会源源不断地持续下去。

挑战二：流程化与标准化未必是出路

人的天性难以改变，很多猎头公司的老板尝试改变资源控制格局。其中最多的尝试可能就是如何把猎头业务流程化、标准化，减少对人的依赖，并将此作为把生意做大的基础。就像很多人指出的，中餐馆的生意之所以做不大，是因为没有像麦当劳一样实现业务的流程化、标准化。然而极少有人会去思考麦当劳的业务能够实现流程化、标准化的基础是什么。

西式快餐真正的革新是把传统意义上的厨师的作用降到了零。没有这一点创新，其业务的高度流程化、标准化是不可能实现的。在猎头业务上，如果我们不能大幅降低顾问个体在掌握客户与候选人信息及精准匹配双方上的作用，简单的流程化及标准化可能会适得其反。

挑战三：猎头公司的内部系统及数据对猎头顾问的黏性越来越弱

传统上，猎头顾问个体很难拥有一套强大的系统及丰富的数据资源，这些都是猎头公司的优势所在。在几家非常知名的英国猎头公司，猎头顾问只能用公司提供的台式电脑，电脑上只能安装公司指定的几款软件，离开办公室就不能登录公司系统，离职时公司严格监视员工是否带走公司的数据信息……公司想了很多办法，让猎头顾问无法获得可以与公司相比拟的系统与数据，因为这是公司能够黏住顾问最重要的手段之一。

信息科技驱动下的招聘产业的发展，将迅速削弱公司的传统优势。第三方开发商提供的猎头招聘系统，往往比公司的内部系统更强大且更便宜。各类社交网站、招聘网站、第三方候选人数据服务商提供的候选人基础信息往往比公司数据库更全面、更及时，而对猎头业务价值最高的动态信息（如客户、候选人需求的变化）本来就掌握在猎头顾问的手里。

在这个信息技术快速创新的时代，通过系统与数据来控制顾问的想法将越来越不靠谱。

挑战四：猎头公司的品牌原来并没有想象的那么重要

猎头公司最难被复制的优势之一是品牌。品牌在很多行业会成为公司竞争优势的"护城河"，但在猎头行业，"品牌护城河"的效应不太显著。以下几点决定了猎头公司的品牌并没有想象中的那么重要：

就像律师即使把官司打输了也能收律师费，管理顾问即使方案失败了也能收顾问费，顶级猎头公司之所以能采用预付费（Retainer-based）模式收费，是因为它们有强大的品牌支撑。中高端的猎头公司很难做到这一点，因此按结果收费（Contingency-based）将成为更主流的做法。既然有结果才收费，那么品牌的重要性自然就降低了许多。"按结果收费"使得客户的试错成本不高，非品牌供应商获客的门槛大大降低。

猎头的绩效很容易测量，小品牌的高能顾问将很容易胜过大品牌的低能顾问。是否找到了人？多久找到的？收了客户多少服务费？推荐的人在客户公司绩效如何？……在很容易就能清晰量化结果的情况下，过度依赖品牌的公司是很难在猎头行业成功立足和持续发展的。

对于关系型生意，客户可能看人而不看品牌。猎头业务是典型的关系型业务，有结果才收费，而且结果又很容易量化，因此对有良好声誉的顾问而言，要想在客户那里获得一张入场券，即使没有品牌的支持，难度也不大。

对于正在创业的顾问来讲，他们看重的往往是实惠，而非虚名。没有品牌，也不太妨碍猎头顾问保持与现有客户的关系，把生意做好，从而获得更多的收益。对有创业意愿的顾问来说，公司品牌的黏性其实不太强。

挑战五：360度职能专注发展趋势使顾问对核心资源的控制力越来越强

专业细分无疑会是猎头业务的主流发展方向。猎头的专业细分大体上是围绕职能（Function）、行业（Industry）、地域（Location）、级别（Level）这四个维度进行的。大多数候选人在跳槽时，行业、地域、级别都可能会发生变化，而职能则相对稳定，所以猎头顾问选择专注于职能维度，总体来看这也是对候选人资源利用得最充分的方式。这里说的360度是指，客户拓展、候选人开发、完成实际的客户委托这一整套流程都由同一个顾问来承担。这样的运作方式，有利于猎头顾问快速地把握动态变化的候选人及客户需求，进而促成双方的配对，从而完成招聘。

一个猎头顾问在细分的职能领域有200～500个候选人及客户关系，并且拿单、做单全部由自己承担。毫无疑问，业务核心资源将更多地被掌控在顾问手中。在公司与顾问的博弈中，天平将越来越偏向顾问一方。

挑战六：信息科技将改变客户的招聘行为，进而倒逼猎头顾问提高成单效率

信息科技，尤其是"互联网与社交网站＋大数据＋AI"的发展使客户更容易获得候选人信息并便捷地与候选人互动。这使得传统的猎头操作给客户带来的价值降低，因为很多猎头公司为客户提供的价值主要表现在提供候选人简历与流程性的沟通上。很多客户都在尝试招聘流程内包（Recruitment Process Insourcing，RPI），即招聘猎头顾问到公司内部任职，以便利用猎头的方式自己操作招聘。招聘流程内包、招聘流程外包（Recruitment Process Outsourcing，RPO）、企业内推系统、悬赏招聘等方式，无疑都会快速地侵蚀传统猎头的领地，不能为客户提供深度价值的猎头顾问将逐渐被淘汰。

由于"有结果，才收费"的服务模式，客户还是愿意使用猎头公司，但对猎头途径的依赖程度将会大大降低，有时甚至只是把猎头顾问当免费的信息提供者使用。对猎头顾问而言，唯有提高效率及工作有效性才能确保生存，并且生存得好。效率的提高使猎头顾问能在有限的时间精力内覆盖更多的客户委托，当成单率（如接10单，成3单）相对固定时，只有提高效率多接单，才能提高营业额；工作有效性的提高使猎头顾问在同样的时间精力投入下，通过降低失败率，也能提高营业额。

从以上的种种挑战中我们不难看出，在某项具体的知识（如对某个客户的动态了解）及资源（如与某个具体客户及候选人的关系）上，个体比组织更有优势；甚至在具体的客户项目操作上，如果顾问—客户、顾问—候选人两端都熟悉，少些中间的协同环节，效率反而会更高。猎头组织如果按照通常的思路来对知识与资源进行控制，路会越走越窄。如果拓宽一些范围来看，客户可能会有很多不同类型的职位需求，需要多个顾问一起协同支持。同时在大多数情况下，猎头顾问获得的往往是窗口期很短的"单边需求"（客户招聘需求或候选人求职需求），要实现高效的匹配，天然需要在更大范围内有多个顾问一起协同。从以上角度看，面对前述的六项挑战，猎头组织的突破方向大概率在协同上！

猎头业务是一项既需要高效协同，也需要独立行事的业务。这意味着在猎头组织的设计上，需要包容这两种看似矛盾的特性：在彼此不需要协同时，能够独立行事而不会对他方形成干扰；而当双方（多方）需要协同的时候，又有很好的机制，能让大家以较低的成本，很快地组合到一起工作！从这个意义上看，猎头组织将来发展的趋势之一，应该是包容两个极端：能够满足个体完全不需要协同的便捷，同时又有非常高效的整体协同机制！

对中高端猎头业务的九个基本判断

在过去的20多年里,我见证了猎头行业波澜壮阔的变化:公司的起落,人的起落,新技术的应用,新模式的开发……应接不暇,眼花缭乱!

把握住变化中相对稳定的部分,往往是应对变化最好的方法。

如下总结的对中高端猎头业务的九个基本判断,是快速变化的猎头业务中相对稳定的部分。期望它们对想进入猎头行业、想在猎头行业长期发展,以及考虑离开猎头行业的朋友,都能有所启发。

判断一:中高端猎头业务有助于实现工作与生活的良性循环

很多工作,可能需要我们投入时间、精力来换取收入,以支持我们更好地生活。这就导致工作与生活相对割裂,失去了平衡。中高端猎头业务面向的人与公司大体上都很有意思,同时猎头顾问所处的人际环境往往比律师、会计师所处的人际环境更友善,因为猎头顾问在匹配客户与候选人的过程中,做的往往是对双方都有利的事情。在猎头业务上,通常是公司花钱让你去交朋友。如果你对人际交往有热情的话,那么很容易体会到在工作中享受友谊的感受,同时友谊又进一步促进业务的发展,进而促成工作和生活良性互动的正向循环。

判断二：中高端猎头业务的"护城河"宽且深，使得工作与职业的安全性相对较高

无论是哪个时代、何种组织，招到好的人都是"刚需"：就招聘而言，主流的趋势是外包，在分工协同中，专业的人做专业的事效率更高，因而更具有竞争力。在互联网、大数据、AI等新科技的发展突飞猛进的时代，未来职业会发生大变迁，大致的趋势是：很多工作，机器会比人干得更好！中高端猎头业务的两端都是不断变化的人，而决定招聘或跳槽的深度敏感数据需要通过人际接触、人际信任的方式获取，这使得中高端猎头可能是最难被技术替代的职业之一。同时，猎头顾问的核心竞争力在于：针对特定领域，知识与人脉是需要长时间的沉淀与积累的。所以从面向未来的角度看，中高端猎头业务的"护城河"宽且深，同时可持续性较高，因此工作与职业的安全性相对较高。

判断三：中高端猎头业务是资深经理人职业转型的好方向之一

35岁之后，如果不能在原有的职业轨道上更进一步，大多数经理人都会遭遇职业瓶颈，甚至在"箱型徘徊"中逐渐丧失锐气与生命力，工作的动力往往来自保住目前的职位，而非成就感。蓝领失业关系到生存问题，进而影响社会稳定，因而格外受重视；而白领失业或就业不充分，因为大体上不会影响生存或者当事人碍于情面不愿张扬等原因，受重视的程度可能偏低，但随着经济、社会、技术的大变革，白

领失业或就业不充分的情况会越来越严重。

利用在原来的职业领域积累的知识与人脉转行做猎头，对其中的部分经理人而言可能是很好的方向：用上了曾经的资源积累，开启了新的成长轨道，同时相较于行业客户端工作经验不足的老猎头而言，这批转型人士基于行业及客户端认知的优势，有可能走得更远。

判断四：从事猎头业务在收入上达到小康易，赚到大钱难

猎头业务的收费大体上是候选人年薪的20%～30%。成功推荐一个年薪100万元的候选人，猎头收费20万～30万元，成功完成客户委托的单笔利润较高。对有经验的个体顾问而言，在收入上达成小康生活的难度不大；但猎头业务大概率赚不到大钱，核心原因是猎头是个较难实现规模化的劳动密集型行业。

能赚到大钱的基本方法论，大体上都是能在扩大规模的同时控制好成本。猎头业务中最有价值的是保持与客户与候选人的黏性，而其往往依赖于顾问个体，这决定了高额提成是猎头行业的必然趋势，而且提成有可能越来越高，人力成本很难简单控制。尽管猎头工作本身需要很多的知识与智慧，但从投资的角度看，猎头本质是个劳动密集型行业。同时，由于最赚钱的那部分业务天然具有分裂出去的趋势，所以猎头业务很难实现规模化扩张。

人工成本高与很难实现规模化，决定了猎头业务很难赚到大钱。

判断五：中高端是猎头业务的主战场

什么是猎头业务的高端、中端、低端，这是个见仁见智的模糊概

念。我个人倾向于按单笔服务费的收费标准进行一个简单的分类：单笔收费 5 万元以下为中低端；单笔收费 5 万～40 万元为中高端；单笔收费 40 万元以上为高顶端。

分类的目的在于更好地理解业务。猎头业务的核心特征是招聘方主动联系候选人，而非被动等待候选人来申请工作机会。

越往低端走规模越大，流程标准化程度越高，科技应用的机会越多，更容易灵活用工，甚至是实行业务流程外包，与其他人力资源服务融为一体。这是真正能赚到钱的生意，但其发展趋势会严重偏离以"猎头"为核心的业务。

高顶端猎头业务，绝对是单笔利润丰厚的业务，但曲高和寡，从业务经营的角度而言，很难放量。

中高端猎头业务有较高的单笔利润，也有较大的市场需求，天然会成为猎头业务的主战场。其核心考验是如何持续把组织和业务做大的能力。

判断六：在中高端猎头业务上，单纯的财务投资最终可能导致双输的局面

猎头业务中最有价值的是对客户与候选人的认知和与他们的关系，这跟顾问个体的相关程度远高于跟公司组织的相关程度。因此，猎头本质上是核心顾问驱动的业务，而非投资资金驱动的业务。

创业初期，猎头顾问出于减轻风险压力并获得心理安全感等因素，可能需要部分财务投资。不太了解猎头业务的投资者，由于猎头业务的高毛利及不切实际的想象，可能也愿意投点钱，而演进的结局极有可能是：在初期不赚钱的阶段，投资人觉得不值，因为猎头公司除了

几个核心的顾问之外，较难创造出其他价值；而度过初期阶段开始赚钱后，顾问团队有可能觉得投资人的作用不大，但分得的权益反而较多。除非猎头创业者和投资者在事前已经商定好明确的资金进入及退出机制，否则容易形成一个彼此都很尴尬的局面。

判断七：猎头业务是一项很难管，同时又很好管的业务

猎头业务很难管，是因为猎头的生意容易跟着人走。猎头业务的核心资源，是对客户及候选人的认知以及与他们的关系。相比公司的品牌和数据库，这往往与有经验的顾问的相关度更高。这使得猎头公司在与有经验的顾问博弈时往往处于弱势，当顾问们觉得付出多而收益少时，公司就开始不断地分裂。然而，在通过群体努力达成的结果中，每个人都倾向于放大自己的贡献比例，进而会觉得自己分少了，别人分多了，这是人性使然，所以猎头组织的稳定性通常较差。从这个角度来看，猎头业务可能是最难管理的生意之一。

与此同时，猎头业务又很好管，这是因为结果与原因很容易测量。有经验的顾问大体上可以从客户拓展、交付到收款，相对独立地360度地负责业务的完整流程，业务过程中的 KPI 及最终的财务结果一目了然。猎头顾问干得好或干得差，没有太多可以彼此推诿的灰色地带。从这个角度看，猎头业务其实是最好管理的生意之一。

判断八：中高端猎头"孤岛化"创业的尴尬很难破除

在较大型的猎头组织中，有经验的中高端猎头顾问往往觉得组织对他们的帮助不大。其独立创业，经过一段"兴奋期"后，才会真正

意识到"孤岛化"创业存在的潜在问题：解决长期可持续发展的难度极大。而这一点，对自己及自己所带领的团队而言，又是一个绕不开的关键问题。

"孤岛化"的猎头创业组织在"可持续性"探索中往往会发现两点难破除的尴尬：易分难长——之前公司解决不了的问题，自己同样解决不了；合作不易——猎头业务天然有合作的需求，但独立的猎头公司之间，可能由于协同成本太高而无法长期、稳定、持续地合作。

最终，很多"孤岛化"的猎头创业者都会面临这样的考问：独立发展，长期可持续不易；如果上不了市，又没人买，公司的结局会如何？

判断九：组织创新是中高端猎头业务最需要突破的方向

中国猎头行业近30年的发展，对如何发展业务、如何完成客户委托、如何培养顾问等战术战法的研究，已经非常透彻。而在如何进行组织创新，以应对猎头业务内生的矛盾方面，大家都还在摸索，还有很多值得探索的空间。

探索的方向大体应该是：如何顺应猎头业务容易分裂的特点？如何绕开"孤岛化"猎头创业的尴尬？如何更好地激发猎头业务促进美好生活的潜力？

以上九个基本判断，是基于我个人的主观体验认识到的关于中高端猎头业务的"现实"！当我们越接近现实的时候，往往会越"真实"地接近理想。猎头可以是一个美好的职业！无论你只是对猎头行业感到好奇而考虑进入，还是想要在这个行业长期发展，抑或是打算离开这个行业，希望我的主观感受都能对你有所启发。

中高端猎头能否像会计师事务所、律师事务所及房产中介那样发展？

会计师事务所、律师事务所给人的感觉是专业。房产中介给人的感觉是有规模、有速度。如果猎头组织能够有效整合专业性、速度与规模，那该多好啊！无论是猎头行业内的从业者，还是外部想要改造猎头行业的创新者，很多人都这样琢磨过。

我个人的看法是：由于中高端猎头业务本身的独特性，这样的想法有点似是而非、一厢情愿，有时甚至会产生误导。理由如下：

首先，猎头业务对品牌的依赖度，远不如会计师事务所那么高！比如，在知名会计师事务所负责一家世界500强公司的审计业务的合伙人，离开原来的事务所独立创业后，大多数情况下，尽管他能做同样的审计工作，却拿不到这家世界500强公司的业务，因为他的新创公司缺少原公司的品牌与商誉。然而，一名在知名猎头公司负责世界500强公司猎头业务的资深顾问，在独立创业之后，大多数情况下，却可以延续与该客户的业务往来，而且相比原公司新接手该公司业务的顾问，往往更有竞争力。

其次，猎头业务没有律师业务那样的排他性。例如，我们请A律师帮我们打官司，对同一案件就不能再请B律师，而且即使A律师把官司打输了，多半也还是要支付律师费的。而猎头业务则往往没有这样的排他性,而且通常是有了结果才能收费。从客户的角度看,有多家猎头公司为同一个职位竞争会对自己更有利。

最后,中高端猎头业务对客户的重复性依赖度较高。房产中介主要通过线上广告或线下门店的方式获取客户,客户资源的重复利用率不高。而对优质的中高端猎头业务来说,客户往往是重复的。对有重复性需求的优质客户而言,猎头公司的品牌也许会在获得与客户面谈的机会时有所帮助,但实际的获客结果及客户的维护则更多地依赖于猎头顾问的个人能力!

综上所述,在市场上很难再找到与按结果收费的中高端猎头业务模式相近的另一项生意,顾问个人对生意的影响是如此直接、纯粹!中高端猎头业务确实有其独特性:公司的品牌作用较弱、业务不具有排他性、客户资源可重复利用等要素综合作用,决定了猎头业务不能简单地模仿会计师事务所、律师事务所及房产中介。

猎头生意"暴利"背后的正确成本计算

18年前,我曾为一家民营制造企业提供猎头服务并很快赚到了这笔佣金,过程中的种种体验,让我对如何正确计算猎头的成本有了较深的感悟。

客户公司计划在香港上市,但启动计划之后发现,在公司任职多年的财务总监无法胜任,急需找一位有过香港联交所上市经验的财务总监加入,于是客户公司主动找到了我。我到客户公司跟董事长沟通了两个多小时,更深入地了解了客户对该职位人选的显性要求及隐性需求之后,便签好合同,立即开工!

委托进行得异常顺利:刚签完合同,就有一位资深的财务人士主动来找我寻求新的机会。尽管候选人的综合经历跟客户预期的有所出入,但我判断这位候选人对该职位的综合适配度较高,同时,客户的用人成本也可以大幅节省。在简短的沟通建议之后,我安排了候选人与客户见面。双方一拍即合,客户决定聘用这位候选人。

对于这家主动上门的客户来说,一周内我只推荐了一位主动寻求机会的候选人就完成了他们的委托,还大幅降低了其预期的薪酬成本。同时,候选人也很满意。一切皆大欢喜之际,在支付猎头费用的环节却出现了点意外——客户觉得猎头服务是"暴利"服务,以至于想要"创造性"地考虑如何节省招聘成本。

客户公司第一次用猎头,觉得猎头服务是"暴利"服务是有一定道理的:来了一个人,谈了两个多小时,推荐了一个人,安排了一场面试,收费居然近15万元!在非常重视控制成本的民营制造业老板看来,猎头服务除了花点时间聊了聊天之外,几乎不需要什么成本,而利润却如此之高。经过很多周折,我总算让客户接受了猎头生意看似"暴利"背后的道理:"聊天不一定值钱,但有能力找到合适的人,用合适的方法聊天才值钱!"服务费最后勉强如数收回,但因此事而激发的我对猎头生意"暴利与成本"的思考却从未停止:

1. "暴利"背后的"积累"成本。在某个具体的成功客户委托上,猎头顾问的工作通常表现为:找了个人,聊了个天,做了个推荐,跟进了一下……然后收费几万元、十几万元、几十万元,甚至上百万元。如果把猎头的成本聚焦在实际推荐成功的候选人身上,自然会形成猎头是"暴利"服务的错觉。产生这样的错觉是因为忽略了猎头的积累成本:花大量的时间接触、了解数量庞大的潜在候选人,跟他们建立联系并维护关系,研究行业的相关动态。只有建立在这些积累的基础上,猎头才能持续成功地推荐候选人,而积累是要花费巨大成本的,当我们把这些积累成本分摊到每单成功的委托上,猎头是"暴利"服务的错觉自然会消失。

2. 必要的"浪费"成本。由于供需关系博弈格局的变化,在猎头服务中,按过程收费的预付费业务的比例越来越低,有结果才付费的后付费业务的比例越来越高。这样的变化,表面上看是猎头顾问获取客户委托的成本大幅降低,但综合成本却大幅上升,因为成单率会大幅下降。尽管顾问的能力高低、与客户关系的深浅等会导致各家公司的成单率差异很大,但在后付费模式下,客户可以接近零成本地使用猎头服务,这会从总体上导致成单率的极大下降。对大部分顾问而言,每月有十个单子做不难,保持每月做成一个以上的单子却不容易。在成单率较低的背景下,大部分客户的单子是在"害"你。从能否成单的视角来看,每一个新单子大概率上是在浪费你的时间、精力,增加你的机会成本。但浪费又是必要的,因为你不尝试,就没有成单的机会。那些浪费的机会成本,最后也只能通过成功的那些单子的服务费来分摊。这样计算,做猎头的成本其实不低。

3. 赢者通吃的"陪跑"成本。有结果才付费的做法,有利于客户一单多放,在多家猎头公司的竞争中获益。同一个单子,在极端的情况下,客户有可能告知十家以上的猎头公司,于是有 15 个以上的猎头顾问同时在做这一单生意。成功之前,客户基本上是不用承担成本的。但 15 个顾问在同时工作,是要有工资、社保、福利等人工成本以及房租、水、电、通信等运营成本的。博弈的结果是,猎头供应商先承担了成本风险。15 个顾问可能推荐 100 个人选(据说在一些大公司,猎头推荐 100 人只聘用一人的情况时有发生),而在 15 个顾问、100 个候选人中,最终只有一个顾问推荐的一个候选人成单。服务费由赢家通吃,服务费减去赢家的成本,剩余应该较多。但服务费减去 15 人的总成本,是否还有盈余就不一定了。如果把猎头公司之间由于竞争而产生的彼此"陪跑"的成本整体考虑进去,猎头业务被误解为充满"暴利"的业务,实在是冤屈。

4. "高"收益与猎头顾问长期职业发展的"机会"成本。约 20 年前,我在英国读过一篇法国人写的关于猎头顾问的收入调研文章。调研发现:两个综合素质相当的人,总体来说,在猎头公司工作的那位收入会更高。为何如此?调研的基本结论是:猎头顾问的高收入才能对冲猎头职业的机会成本。因为,十年后单纯的猎头经验很难支持一个人较快地转型到企业的中高层管理职位。相对而言,有企业中高层管理经验的人转型来做猎头的难度就低很多。这虽然是约20年前法国人的调研结果,但对当下的中国猎头市场也有一定的适用性:在按结果而非资历取酬的猎头业务上,职场经验很少但综合素质高的有拼劲的年轻人,其收入有极大概率会比去其他企业工作要高。但这样的高收入,在一定程度上也是以将来的"职业适应性缩窄"为机会成本而达成的。如果再把这一层职业机会成本考虑进去,猎头有可能只是微利行业了。

从聚焦到放大视野看待猎头成本,对猎头从业人员而言,其中有两点启示值得我们关注:

一是过程资源的浪费是最大的浪费。不管是最终成功还是失败的单子,在执行过程中,我们都会获得高价值资源,如候选人的积累与知识见解的积累。而这些资源本身不会成为猎头顾问排他性的自身专有资源,如果用不上或被其他竞争对手用上,这些高价值的积累基本不会产生什么业绩价值。因此,如何重复利用这些过程资源,尤其是通过大规模的高效协同来变现这些资源,是经营好猎头业务的战略性要点。

二是猎头顾问如何避免跌入"职业困境"。对年轻的猎头顾问而言,应当尽早清晰定位猎头工作在自己职业生涯中的阶段性作用,避免在阶段性的高收入工作中将路越走越窄。对确定长期从事猎头工作的人而言,应当考虑如何建立起一套支持自己可持续成长的操作系统,避免做十年猎头只是把入行2~3年的经验不断重复,最终遭遇"工龄长,资历浅"的窘境。

猎头公司之间，为何很难有持续高效的合作？

有的猎头公司客户拓展能力较强，交付能力不足。而有的猎头公司交付能力较强，客户拓展能力相对不足。与此同时，不同的猎头公司，其专注方向也各有不同……猎头公司似乎天然存在着合作的基础与需求，互惠双赢应该是一件非常美好的事情。但这样自然、美好的事情，就我个人的观察而言，不是猎头行业的常态。相反，在大多数情况下，两家独立的猎头公司之间，其实很难建立起持续有效的合作关系。

导致这种局面的原因有很多，但归结起来只有一点：合作的综合成本太高了！基本分析如下：

两家猎头公司的老板，如果在资源上互补，彼此信任，就能很自然地达成合作意向。但在实际业务上，往往是各自公司的业务团队来负责具体操作，团队之间想要做到彼此信任、配合默契，则需要很长时间的磨合。在合作过程中，负责与客户沟通的一方（拓展方），大体上不太乐意负责做单的一方（交付方）接触客户，以避免客户知道自己只是中间环节，这样不但容易沟通不畅、增大做单难度，而且也不利于建立信任。即使双方克服万难、全力以赴，也很难保证做成单子，获得收益。对于这种相对松散的合作关系，第一次合作没有结果，再次合作的积极性就会极大地降低。即便双方的努力幸运地产生了结果，

猎头公司之间，为何很难有持续高效的合作？

候选人顺利地从原公司辞职并入职了新公司，合作的两家猎头公司也从客户那里收到了佣金，但其实离皆大欢喜的结局还有很长的距离——交付方接单、推人、面试、辞职、到岗、到款，可能忙了好几个月，急迫地期望早点分到钱，而负责跟客户签合同的一方，即拓展方，由于需要承担过保证期的风险，未必愿意在过保证期前把钱分给交付方，而且很多保证期往往需要半年，甚至有退款条款……看起来自然、双赢的合作却如此煎熬，因此很多公司都觉得还是独立自主、自力更生来得爽快！

猎头是一项流程长、环节多、不确定性大的业务，真正持续有效的合作不仅仅是要在客户资源与候选人资源上互通有无，更多的还需要在业务系统、公司品牌、财务机制、人员磨合等诸多维度上进行协同。而合作中的协同是需要成本的，当协同的综合成本高于产生的收益时，不合作不是心胸狭隘，而是更符合经济学常理的选择。由此推论，资源分享可以作为猎头公司之间合作的前期推力，但能否成就持续高效的合作关系的关键，则更多地取决于协同的综合成本是否足够低。

猎头公司的滚雪球原理与价值观的价值

找到机制性滚大雪球的办法,是生意快速发展的不二法门。但很多公司都是在滚大雪球、快速扩展的过程中遇到大问题,甚至溃散。其中的原因有很多,但核心原因之一,就是雪球的内核不够稳定。

在滚大雪球的过程中,球体越大,内核的受力往往也会更大。如果内核有太多裂缝、不够稳定,雪球往往就会从内部散掉。反之,如果内核稳定,外部的压力反而能使内核更加坚固。

中高端猎头业务是典型的关系型业务。比起公司品牌,资深顾问对客户及候选人的黏性往往更强,生意容易跟人走。再加上在通过群体努力达成的结果中,每个人都有夸大自己贡献比例的天性,容易觉得"自己的贡献被低估了,钱分少了",所以,猎头公司天然容易分裂,很难滚大雪球。从事猎头行业20多年来,我认真地观察过这个行业的组织形态,发现很多能把雪球滚大的公司,其核心成员往往是夫妻、兄弟、家族成员。因为这样的组织,其内核具有天然的稳定性。

很多人在谈到某公司是一家夫妻公司、兄弟公司或者家族公司时,往往暗含贬义,其实是没学会欣赏这种稳定的内核对公司的积极意义。用人唯亲同时也能用人唯贤的组织,其生命力往往更强大。用人唯亲,组织有稳定性;用人唯贤,组织有成长性;亲贤并举,才是长久之道。

夫妻公司、兄弟公司或者其他家族公司的夫妻、兄弟或家族成员有内核稳定的优势，但是这一类公司极大地受限于良好亲属关系的稀缺性。有这样的牢固关系，同时有能力、有意愿一起共事的亲属，实在是少之又少。很多时候，创业者以同学、前同事、老乡、战友等关系为纽带，以适度降低稳定性为代价，在一定程度上缓解了亲属关系的稀缺性问题，但仍然遵循了同样的逻辑：特殊关系的稳定性受制于特殊关系的稀缺性。

当我们突破亲友关系的限制，转而强调利益连接时，我们获得了新的突破。共同的利益是一个很好的连接纽带，有效地解决了合适的亲友连接的稀缺性问题，具有非常好的可拓展性。但由于利益容易受到很多因素的影响而动态变化，因此利益连接具有天然的不稳定的缺陷。

一旦明白了适合共事的亲友的稀缺性与动态变化的利益的不稳定性后，我们自然就会懂得价值观的价值：价值观连接[①]不受亲友良好关系的稀缺性限制，同时也极大地缓解了利益连接的不稳定性。

价值观连接的问题在于：它是一剂有长效但见效较慢的药。首先，一个商业组织形成稳定的价值观需要时间，很多商业组织的行为驱动力，本质上属于对现实刺激的机会主义，而非稳定的价值观。其次，一个商业组织清晰准确地传播自己的价值观，吸引有相似价值观的人加入，也需要时间。最后，人与人之间的价值观很难完全吻合，组织中的关键成员在磨合中扩大彼此的价值观交集也需要时间。价值观连接起作用较慢，但确实有长效。很多组织最后的胜利，本质上都是价值观连接的胜利。

[①] "价值观连接"是作者的创新性表达，意思是用相同或相近的价值观来连接人与组织，实现共同创业，将组织发展壮大。

亲友连接、利益绑定、价值观相容，从不同的维度、不同的角度、不同的时长来看，各有利弊。三者之间的交集，是一个组织最值得珍惜的财富。作为一名创业者，我对FMC的长期信心，就是源于核心团队在不断扩大以上三者的交集。FMC从1999年创立至今，我们沉淀了20多位平均共事时长超过10年的合伙人及核心团队成员。大家既有如家人般的深厚情谊，也有实际业务经营者在"经营权、收益权、所有权"三个维度上逐步获取主导地位的利益连接，更有从分享资源到分享成长的价值认同。

猎头草根化可能是趋势，但肯定不是出路！

2001年9月12日——"9·11"事件发生后的第二天，尽管我纠结万分，但还是启程去英国留学。这么大的动力，很大程度上源于我对一个猎头顾问"应该"具备的标准条件的认知：40岁以上，有丰富的人生阅历，以便能够真正深入地理解资深候选人；有客户公司的管理经验，以便能够真正懂客户；最好读过MBA，有广博的商业知识，以此奠定快速了解新事物的认知基础；还要有跨文化的工作及生活经历，英文要讲得流利，以便适应全球化的需求。

我很想成为一名优秀的猎头顾问，强烈的动机使我按上述标准去发展自己。2001年，我30岁出头；拥有近5年的管理经验，在创业发展中可以继续学习；去英国留学一年，既可以高效地获得MBA学位，还可以积累跨文化经历，提高英文水平。尽管我那时创业才不到两年，儿子还不到一岁，而且"9·11"事件之后世界存在巨大的不确定性，但心怀志忑的我还是勇敢地迈出了去英国的这一步。

在那个年代，当我跟客户及候选人说"我是一名猎头顾问"时，内心对自己从事的这份职业是满怀敬畏之心的。那个年代流传的猎头事迹都是这样的：猎头顾问把卖饼干的郭士纳挖到IBM，进而拯救了这个摇摇欲坠的蓝色巨人。那时的我坚信，猎头顾问通过自己的才智可以为候选人的职业发展、客户公司的业务发展创造出巨大的价值。

而到了 2020 年末，我在微信朋友圈读到这样一段"刷屏"的话："猎头的上限很高，是行业资源整合者，能够实现'1＋1＋1＝111'。但它的下限很低，就是 Call Center（呼叫中心），是个人就能干，现在 95％的猎头实质上就是电话销售员，没什么前途，最大的理想就是去甲方做招聘……"最近这几年，我还听说越来越多猎头公司的电话被标记为骚扰电话，也亲眼见证了很多的猎头顾问转做保险销售。

过去 20 年，猎头这个行业，走出了一个从高端到"草根化"的强劲趋势。所谓"草根化"，是指对猎头从业人员的基本素质与经验资历的要求越来越低。尽管对此我唏嘘不已，但就猎头顾问、猎头公司、客户和候选人之间的博弈而言，却有非常深刻的内在合理性。

过去 20 年，猎头业务从传统的按流程预付费模式逐步发展为按结果后付费模式；从客户－猎头彼此信任度很高的"独家排他"委托模式，发展为客户－猎头彼此信任度较低的"多家放单"的委托模式。这样的变化，对客户来说可能是实实在在的价值——有结果才付费，成本风险由猎头公司承担，客户有了更多甲方的优越感。同时，无论是高端资深顾问，还是低端"草根"顾问，都无法自己制造"产品"——候选人，二者推荐的往往都是同样的候选人，替客户解决同样的问题。尽管顾问在交付过程中的专业度和带给客户的体验有所不同，但这两类顾问的综合成本差异极大。面对最终的相同结果，如何权衡这两类顾问服务下的体验差异和成本差异，就见仁见智了。

对猎头公司，尤其是新成立的、"草根"色彩浓一些的、客户资源相对匮乏的猎头公司而言，不排他的按结果付费的模式，尽管显得姿态低些，但获取客户的难度极大地降低了，突破了业务发展过程中最大的瓶颈之一，猎头公司是完全可以接受的。另外，资历不深、经验不多的新人顾问的用人成本会很低，但他们的成单率未必就低，在不排他的后付费模式下，客户降低一些服务体验上的期望值，是合理并且可以接受的。尽管这种模式下猎头顾问的服务水准可能降低了一些，但用人成本降得更多，猎头公司的老板也乐于接受。

对猎头顾问，尤其是经验不多的"草根"猎头顾问而言，尽管在后付费模式下猎头这份工作变得很辛苦，有很大的压力，多数时候自己就像个碰运气的"简历搬运工"，但工作本身会拓宽自己的人脉、增长自己的见识，而且收入相较于自己的资历与机会成本而言，大体上还算不错，因此也是可以接受的。

对候选人而言，真正有价值的是客户公司有优质的、合适的工作机会，至于推荐他的猎头顾问资历如何、是否专业，并不是他们最关心的问题。尽管有些热门候选人有被猎头顾问骚扰之嫌，但大部分接到猎头电话的候选人都还是挺开心的。而且通过不见面的浅沟通，候选人通常也分辨不出，甚至也没有必要分辨猎头顾问的资深程度。我见过不少候选人成功跳槽之后甚至记不住推荐过他的猎头公司及猎头顾问的名字的案例。

尽管真正资深的猎头顾问能够给候选人及客户带来额外的咨询顾问的价值，但猎头顾问的核心价值仍然在于帮公司找人、帮候选人找工作。很多较为资深的顾问一厢情愿地期待"咨询顾问"胜过"找人顾问"，但这就跟现实需求相悖了。因为绝大部分情况下，客户来找猎头顾问不是因为他们不知道要找什么人，或者分辨不出哪个候选人更合适，而是他们不能又快又多地找到可能适合客户公司并且又对客户公司感兴趣的候选人罢了。候选人来找猎头顾问，本质上也是他们没有好的工作机会可以挑选，而不是眼花缭乱、判断不了。事实上，简要回顾一下猎头发展史，我们就会发现很多知名的猎头公司就是从管理咨询业务中分离出来的，比如宝鼎、海德思哲、史宾沙、安立国际。

这几家大名鼎鼎的国际猎头公司据说都前后发源于博思艾伦。又如，浩华国际是从麦肯锡剥离的；光辉国际的创始人 Lester Korn 和 Richard Ferry 曾经就职于毕马威……这些相关公司的演进，一定程度上印证了"猎头跟咨询有关联，但确实是不同业务"的观点。

咨询能力强的顾问，在获取客户、与客户建立信任上占有优势，但在猎头业务可测量的绩效指标（收了客户多少钱，多快帮客户找到人，找来的人在客户这里干得如何）上，"咨询型猎头顾问"未必比"找人型猎头顾问"要强。对客户而言，前者的综合成本往往会比后者要高。

在客户、猎头公司、猎头顾问、候选人之间的博弈过程中，猎头业务从高端到"草根"的趋势有其内在的合理性，但这个趋势对各方来说肯定不是一个好的出路。

对于绝大多数所谓的管理问题，在关键的位置上配一个合适的人，不需要复杂的咨询，问题往往就可迎刃而解。对客户而言，不断找到合适的人，长期来说是个"刚需"。但客户若过度使用供需关系中的甲方优势来"压榨"猎头公司，就很难与猎头供应商形成相互信任的长期伙伴关系，进而错失优秀的猎头供应商本可带来的价值。对猎头公司而言，在互联网、大数据、AI 快速发展、信息越发透明的大背景下，简单依赖低成本的规模优势，长远来看在中高端猎头业务上的可持续性会较差，除非向招聘流程外包、人力外包或其他人力资源服务转型。对猎头顾问而言，若只做"草根"型电话销售与"简历搬运工"，他们将很快步入"工龄长，资历浅"的成长陷阱，最终可能是做了十年的猎头，只是把入行 2~3 年的经验不断重复而已。他们无法在特定的领域建立起自己的人脉与能力"护城河"，长远职业发展潜力堪忧。对候选人而言，由于猎头行业的"草根化"趋势，他们对猎头顾问可能怀有偏见，因此可能错失优秀猎头顾问能为其带来的职业发展上的价值，从而错失很多职业成长机会。

那么，出路在哪里？

对客户、猎头公司、猎头顾问和候选人而言，出路见仁见智、因人制宜、因地制宜。

对猎头行业整体而言，出路也许在于要跟时间做朋友。行业的利益各方不断纠偏博弈，在时间的流逝中自我完善。猎头是个市场份额非常分散、行业竞争非常充分的行业。在充分竞争的市场中，容易激发创新，各种创新会带动猎头行业逐步走出"草根化是趋势，但不是出路"的尴尬境地。跟时间做朋友，作为有过20多年猎头从业经验的实践者与观察者，对此，我满怀信心。

猎头顾问的职业归属在何处？

猎头顾问的职业发展困惑

作为猎头顾问，我们都不同程度地扮演了候选人职业发展顾问的角色。面对候选人时，我们努力把自己塑造成专业的职业发展顾问，为候选人答疑解惑。但当我们面对自己的职业发展时，却往往找不到人为我们解惑：

·持续做猎头还是去客户端做 HR 会更好？如果往客户端转，是尽快转，还是在猎头行业积累更多经验后再转？什么时候转比较合适？

·尽管客户的品牌较大，一个很有经验的猎头顾问到客户公司后，往往要从较初级的职位开始做起，这样究竟值不值？

·我所在的猎头机构太小，成长空间虽然大，但船小易翻。去一些大的猎头机构，就综合的个人收益来看，是否真的就会更好？

·我所在的猎头机构太大，顾问很多，分工很细，成长空间太小。去一些小的猎头公司虽然有更大的成长空间，但离开大公司的平台，自己是否真的能行？

·目前的公司在收益分配上不公正，如果自己独立创业，综合的收益是否真的就更好？

・独立创业身心都很累，很想找一些合伙人相互支持一起干。但做朋友易，与朋友合伙做生意很难。与人合伙是否真的就比个人单干会更好？

・我现在30多岁，还可以工作30年左右，继续"猎"下去，将来会如何？

这些问题也许实实在在地困扰着你。又或许因为忙于日常工作，你还没来得及被这些问题困扰。大部分猎头顾问在职业发展上遇到的问题都比较类似，只是在不同的阶段，遇到的困惑不一样而已。如果我们能够从别人的经历与思考中吸收营养，降低自己的试错成本，那么这将是一件很有意义的事情。

猎头工作是很好的职业发展平台

在你的职业发展早期，尤其是大学刚毕业时，有过一段从事猎头工作的经历无疑是幸运的。你如果用心去感悟，将会发现猎头工作能够给你的职业发展带来多方面的价值。

1. 获得一份不错的工作与收入，在这个竞争激烈的社会中，务实地开始或继续自己早期的职业旅程。

2. 猎头顾问需要大量地与比自己更为资深的人打交道，这种与外界的广泛接触所带来的广阔视野，有利于帮助你尽快找到适合自己的职业发展方向。比起很多工作十年后还不清楚自己职业方向的人，年轻的猎头们更有可能成为职场的幸运者。

3. 猎头工作锤炼出的积极主动、能承受压力、快速学习、快节奏高效率地工作等职业品质，无论你将来从事何种工作，于你而言都是一笔宝贵的财富。

4. 快速地建立自己的人脉，猎头工作使你能够有正当理由用公司的钱高效而深入地去与更多人交朋友。可能没有一个行业，能够像猎头行业这样，是公司付钱让你去建立属于自己的人际网络的。

5. 猎头工作让你有机会去接触更多的职业，掌握更多找工作的技巧，让你在职业发展上更有机会"近水楼台先得月"。

如果你从事着猎头工作，而内心又很不喜欢这份工作，请认真看看上面的五点价值。在多数情况下，无论你在什么样的猎头公司，跟随一个什么样的老板或领导，只要你用对自己职业生涯负责的态度来对待你的猎头工作，你大体上都能收获上面提到的这些价值。

当你在猎头工作中体会不到这样的价值时，你可能需要留意以下两个职业信号：

1. 是否自己对待工作的态度不那么积极了？

2. 这种无价值感是否在暗示自己，该考虑猎头行业之外的机会了？

对于"干多久猎头该转行？"这个问题，我很难给出一个固定的时间期限，但以下三个标准对你衡量是否该转行可能会有帮助：

1. 是否清楚自己在职场上喜欢并能够干什么样的工作？

2. 是否在目前的猎头工作中，除了每天的重复劳动，已经感觉不到进步？

3. 是否有自己能够把握住的现实机会？

如果答案都为"是"，则建议尽快转行。如果答案都为"否"，则建议认真再做一段时间的猎头。

很多猎头顾问只是把猎头工作定义为个人职业生涯中的一段初始旅程，他们把自己认定为猎头行业的一个匆匆过客。"过客"需要思考的只是如何利用好猎头工作这个台阶，向更好的职业平台攀登。然而，对于想把猎头当作长期职业的顾问来说,猎头这份工作就会成为他们安身立命的基础,那么认真思考一下猎头顾问的职业归属就变得意义重大了。

专业归属:基于职能的主动专注型顾问

如果想长期从事猎头工作,思考"怎样让自己越老越值钱?"就变得非常重要!如果一个有 10 年经验的猎头,业务能力却不及一个从业 5 年的猎头,很可能是这个"老"猎头的发展方式有些问题。很遗憾的是,这样的事情经常发生。

为什么很多猎头顾问无法做到"越老越值钱"?核心原因在于,大部分顾问都是按客户需求进行反应式搜寻的顾问(Reactive Search,RS),而非主动专注型顾问(Proactive Specialization,PS)。

何为主动专注型顾问(PS 顾问)?主动是指"从等待客户有需求时来向顾问下单,转变为预判客户需求并向客户要单",从"被动地根据客户需求去做候选人搜寻"到"主动地向客户推销有潜在需求的候选人"。专注是指猎头顾问按照职能(Function)、行业(Industry)、地域(Location)、级别(Level)等多个维度对自己的发展领域进行精准定位,只在自己的专业领域内为客户提供服务,而非"只要客户有要求,就毫无边界地去搜寻"。

猎头成单的原理如同爱国者导弹拦截飞毛腿导弹,客户的招聘需求与候选人对机会的需求是一个不断变化的动态过程,猎头顾问只有在合适的时间点上让"客户"与"候选人"这两个动态变化的需求轨迹形成交集才能成单。从这个角度看,猎头顾问的核心能力在于三个方面:掌握客户动态变化的需求的能力,掌握候选人动态变化的需求的能力，匹配候选人与客户动态变化需求的能力。考虑到单个顾问的时间精力有限，只有专注，猎头顾问才能真正熟悉目标客户及目标候选人这两个群体。考虑到客户与候选人需求的动态变化，只有主动，猎头顾问才能抓住市场上瞬息万变的机会，精准地匹配客户与候选人的需求，把关于客户及候选人的知识变成现实的收益。

对于如何达成专注，顾问则可以根据自己的实际情况，选取职能、行业、地域、级别等多个维度的交集。需要注意的是，职能在这四个维度中处于核心地位，其道理很简单：候选人跳槽主要是循着职能这个维度，其他的三个维度总体上处于从属地位。

猎头服务商增多，社交招聘、招聘流程外包、内部推荐等低成本的招聘手段对猎头的冲击越来越大，我们有理由认为"客户预付费"模式的猎头服务将越来越少，而"有结果才付费"的猎头服务将成为绝对的主流。在无预付费的前提下，按客户需求进行反应式搜寻的顾问的生存空间将越来越小：一方面是由于资源的重复利用率较低，成单的成本太高；另一方面是由于缺乏定向的深度积累，顾问的从业年资无法转化为实实在在的竞争优势。

相反，基于职能的主动专注型顾问却可能活得越来越滋润。专注于某个具体职能，会使候选人资源的重复利用率大幅提升，这意味着每一单的成单成本会大幅降低；有结果才收费，使得获客的门槛大大降低，业务容易迅速放量；积极主动地向客户"推销"符合客户潜在需求的候选人，相比反应式搜寻，成单率会大幅提升。因为专注于某个职能，随着从业时间的增长，顾问对该职能的专业知识、人际资源、动态趋势等会了解得更加深入，顾问能够为客户及候选人提供的服务的综合质量会大幅提升。

从专业服务的角度看，成为基于职能的主动专注型顾问可能是实现"越老越值钱"的最优选择。

收益与心理归属：拥有公司所有权

对一个长期在猎头行业发展的顾问而言，如果其综合能力较强，最终的执业方式可能会是对公司拥有不同程度的所有权。

有一定所有权的表现方式可能是在公司的业务划分上拥有一块属于自己的稳定的"地盘"，成为公司利润分享的合伙人；也可能是成为公司股东之一；还可能是自己独立创业等。很难想象，一家猎头公司的核心顾问会长期以一个"底薪＋提成"的雇员身份供职于一家猎头公司。

资深猎头顾问对所有权的追求，很符合当前猎头行业、业务特征下的顾问对收益及心理归属的需求。

猎头行业是典型的关系型生意。生意的核心资源表现为与客户及候选人两个群体的关系。这些关系的实际掌控者往往是具体的顾问，而与公司的品牌与数据库无关。所以在猎头行业，生意往往跟着顾问走，而非跟着公司与品牌走。同时，对于通过群体努力才能达成的结果，人们往往倾向于夸大自己的贡献比例，综合能力强的顾问通常会觉得自己在公司的利益分配上吃亏了。当顾问觉得自己吃亏了，同时自己又能轻松带走客户与生意时，出走创业自然就成了最有可能的选择之一。

客户与候选人关系跟着顾问走的行业特点，既给了顾问很大的安全感，同时也让顾问感到很不安全。作为独立顾问，只要掌握了客户及候选人资源，无论公司的领导层如何变化，或是在不同的公司间如何跳槽，都有足够的立足之地，这是顾问有安全感的根本。对经验丰富的顾问而言，他们实现更大价值的方式往往是通过分享知识、技能与资源来发展更多的优秀顾问。事实上，很多资深顾问都有通过发展下属来获得收益与成就感的欲望。另外，猎头行业是个既急功近利又很需要长期基础建设的行业，只有真正懂业务的资深顾问参与，才能持续提升后台的业务支持系统。但是，如果缺乏所有权能带来的收益与心理安全感上的保障，很难想象一个经验丰富的一线顾问会全力投入到培训、后台支持这些事务上。因为与客户和候选人的疏远以及对他们影响力的削弱，意味着自己在猎头业务上将被逐步边缘化，有时甚至是"教会了徒弟，师父没饭吃"。

只有在不同形式的所有权支撑下，资深顾问才有足够的安全感去尝试发展人员与组织，从而获得更高的收益与更大的成就感。

组织归属：合伙人机制

很显然，最能满足猎头顾问所有权诉求的方式是独立创业。但在大多数情况下，独立创业的实际情况并非像创业者们对外宣称的那样光鲜。

尽管很多猎头创业者拥有雄心壮志，但他们已经没有机会像前辈那样，在一片处女地上迅速地将公司发展壮大，因为中国猎头市场经过近30年的发展，各个专业领域已是竞争者辈出。从一名猎头顾问到一位猎头老板，自己各方面的能力也需要有全面的发展——从单纯的业务能力扩展到公司经营的方方面面：人事、行政、财务、IT、公司策略、销售等。但是，能力的全面发展很少能转化为现实的公司业绩。相反，由于创业者分散了注意力，结果往往是单产与利润逐步下降。尽管在创业初期，创业者能够低成本地利用其在原公司积累的经验和资源而获益，但由于新创公司并未解决易分难长的根本问题，除非创业时能够心安理得地把公司定位为"开个公司方便自己做单"，否则很难避开"好景难过三年"的发展魔咒。

人是需要同事、战友的群居动物，除非因为种种原因对人际协同严重缺乏信心而甘愿独立创业，否则大多数情况下，没有战友且一个人承担所有创业压力的历程，会让人感到孤单和苦闷。

基于职能的主动专注型顾问的发展趋势，将使独立创业的方式从业务角度上看越来越困难。这种模式需要基于不同职能的多位猎头顾问以团队合作的方式服务好同一个客户，并在交叉销售、相互支持的过程中快速扩大客户基础，并获得良好的客户口碑。而独立创业的顾问往往只能靠全职能顾问去勉强维护创业前积累下来的客户和候选人资源。

单纯从基于职能的主动专注型顾问的发展趋势来看，大型猎头机构实行的组织方式无疑是最优的：首先，因为大公司的顾问多，分工细，因此成单效率高；其次，大公司有强大的品牌效应，顾问之间能彼此推荐客户与职位，使顾问的获客难度降低，更容易成为高产顾问。

但从顾问因收益与心理需求而追求公司所有权的角度看，大型猎头机构就会处于劣势。

在大型猎头机构里，猎头顾问的"收益/业绩"比通常较低，甚至不及中小型猎头公司的顾问。这种较低的"收益/业绩"比有其合理性，因为顾问的高产是建立在公司花费高成本所建设的平台（品牌、系统、培训等）基础上的。尽管合理，但顾问们可不一定这样看，大多数顾问会低估平台的价值而高估自己的贡献。

公司运作的重要思路之一在于减少业务对个人的依赖，以确保组织健康。但没有人的全心投入，又何来组织的健康？大的猎头机构也能在一定程度上通过调整去满足顾问的收益及心理需求。比如，通过保障顾问有相对稳定的业务领域（地盘）及业务团队（班底），激励顾问深度耕耘并培养发展新人等。尽管在机制上很难把顾问发展成公司股东，但它们可以把团队负责人的收益与利润挂钩，让资深顾问参与利润分享。但这些方式的激励效果很快就会达到极限。因为即使你在这些机构做到中国区的总经理，总部也可以基于种种原因让其他人取代你。

"不挖客户的人"这一行业规则可能会对大猎头机构在中国的发展产生一定的影响。大公司在不断扩展、获得越来越多客户的同时，如何做到"不挖客户的人"将成为一个极大的难题，这个难题可能成为大公司持续扩大的瓶颈。尽管大公司可以采取很多巧妙的方式来规避法律风险，但在中国这个讲"情"多过讲"法"的文化背景下，部分客户可能还是会在意"猎头公司一边赚我的钱，一边挖我的人"。

相较于独立创业和进入大型猎头机构各自的优劣，合伙人机制可以融合二者之长，避其所短。好的合伙人机制，既满足了猎头顾问对所有权的诉求，也有利于实现可持续的规模化发展，以适应基于职能的主动专注型猎头顾问的发展趋势。从更广阔的视野来看，与一群能彼此信任、彼此欣赏的合伙人一起工作，幸福感也会更高。

从专业服务的角度看，基于职能的主动专注型顾问会成为猎头行业的发展趋势。从猎头顾问的收益与心理需求的角度看，资深顾问对所有权的追求也是趋势。在这两种趋势的共同作用下，合伙人机制将成为大部分资深猎头顾问获得组织归属感的有效方式。

猎头顾问职业归属的现状及未来

以上的分析,更多的是笔者从自己对猎头行业的体验、观察、思考中得出的"事情本应如此"的判断。

而事实上,猎头行业的现状却并非如此。

反应式搜寻仍然是猎头业务模式的主流

对大部分猎头公司而言,顾问多按行业粗略分工,然后根据客户的需求去找人。有时客户有需求,出于短期收益的考量,顾问也会越界去做自己专业方向之外的单子。不少的小猎头公司,以反应式搜寻模式服务几个关系不错的客户,日子过得也很滋润。总之,实际情况与前面所说的基于职能的主动专注型顾问的发展模式还相距甚远。

大公司依然是很多资深猎头顾问的首选

大公司强大的品牌、系统、培训与管理经验能让顾问成长得较快,尽管顾问的"收益/业绩"比较低,但收入的绝对值还不错。真要离开这个自己时常抱怨的公司平台,顾问还是会慎重考虑的。

"合伙人机制好"只是个传说

很多合作多年的合伙人分开了,甚至不欢而散。合伙人机制如同婚姻,少不了彼此间的磨合。很多时候,自己单干,无须面对协调难度甚高的合伙人关系,反而高效且轻松自在。何况大多数的合伙人公司只是"封闭的多股东公司"而已,公司在机制上缺乏让优秀顾问成为合伙人的制度性安排。很多公司明白合伙人机制可能是个出路,但究竟如何发展还是雾里看花。

现实虽如此，但不等于未来会永远如此。猎头行业在中国发展的近30年，刚好赶上了中国经济持续高速发展的阶段。在一个遍地是机会的市场上，不管采用何种方法，只要去做，成功的可能性就很大。事实上，目前市场上很多较有规模的猎头公司，能够发展成长的根本原因在于它们进入市场较早，而非得益于清晰的战略与精良的管理。但中国的经济发展模式在变，社会生活在变，猎头也在变，如今可行的业务模式和企业机制，未来也可能会变。我们有理由预期，猎头顾问的职业归属将沿着基于职能的主动专注型顾问的模式及合伙人机制的方向发展。

部分主动专注型顾问的成功带来的影响将是全面且深远的

尽管市场上反应式搜寻模式仍是主流，但部分主动专注型顾问的成功已经引起了越来越多猎头公司及猎头顾问的关注。越来越多的公司在尝试从反应式搜寻模式转向主动专注型模式。

孟凡超先生是中国猎头行业最知名的模式转型培训师与咨询顾问之一。他说，"大部分猎头公司的老板及顾问在深入了解之后，从道理上都认同主动专注型模式的发展趋势。这些公司还没有实际转型的核心原因在于两点：一是目前的日子还算过得去，为了转型而放弃部分短期利益，有点不舍得；二是主动专注型模式比反应式搜寻模式的效率更高，虽然很多猎头公司的老板认同这一道理，但对具体如何转型缺乏现实可行的办法。"从越来越多的猎头公司及猎头顾问找孟凡超先生提供模式转型的培训及咨询来看，主动专注型模式的采用率将会越来越高。

基于职能的主动专注型顾问向客户推荐候选人的速度及精准度，

是反应式搜寻顾问无法比拟的。当市场上的主动专注型顾问越多时，反应式搜寻顾问的生存空间就会越小，他们最终接到的单可能只是主动专注型顾问不太关注的非主流职位。对于依靠几个重要客户关系、通过全职能反应式搜寻向客户提供服务的小公司而言，当主动专注型模式逐渐成为主流时，这样的小公司维系客户关系的难度将越来越大，因为在猎头这个注重结果的行业，绩效才是维护客户关系的有效手段。

科技的进步与猎头平台/工具型公司的发展将弱化大公司的传统优势

大公司顾问的收益率较低，管理更加严苛，却能持续吸引到好的顾问，核心原因在于小公司在品牌、系统、培训、管理经验等几个方面与大公司之间的差距很大。但随着科技的进步与猎头平台/工具型公司的发展，大公司的传统优势将会逐步被弱化。

系统方面

首先，小公司可以像大公司一样，购买 Profile、Bullhorn、Gllue、Bond Adapt 等优质猎头系统。其次，在数据资源上，Linkedin、微博、微信等往往能比大公司的系统更及时地提供候选人信息，并且维护成本更低。最后，如果小公司缺乏必要的技术能力，市场上越来越多的猎头平台/工具型公司将为小公司提供性价比很高的解决方案。

培训及管理经验方面

尽管有些大公司仍以非常笨拙的手段来防止竞争对手了解信息，如封掉工作电脑的 USB 接口、不发书面的培训资料、口口相传等，但猎头行业人员的高流动率及猎头们打探信息的职业能力，将使各个公司的培训、管理方式变得非常透明。同时，市场上专注于猎头培训及管理咨询的公司，由于博采众长及自主创新，往往可能比大公司在这些方面更有优势。

品牌方面

尽管品牌影响力是小公司较难获得的，但它对实际业务操作的影响却没有我们想象中的那么大，因为猎头行业是个生意跟着顾问而非品牌走的行业。同时，猎头业务的工作绩效非常容易测量，除了在获取新客户时品牌能够起到很大的帮助外，在"多快？收了客户多少钱？推荐的候选人是否合适？"这几个关键的绩效指标上，大公司和小公司其实都站在同一条起跑线上。尽管成为一个知名度较高的大众品牌难度较大，但定位清晰的小公司，在某个细分领域，完全有可能建立比大公司更强大的专业品牌。

在大公司的优势逐步被抵消的过程中，资深顾问选择创业的概率会增大。

随着合伙人制猎头公司实操经验的普及，更多的猎头公司将会选择合伙人制的组织方式。成熟、透明的合伙人机制不仅关乎公司的几个合伙人，也为公司里的其他顾问带来发展的希望。与主动专注型模式目前还未成为主流类似，很多公司觉得合伙人机制有道理却没去实施的主要原因，是缺乏现实可行的执行方案。合伙人机制是公司最基础的制度设计，涉及合伙人如何进入，合伙人之间的利益如何平衡，合伙人之间出现分歧时如何决策，合伙人如何退出等多个重要环节。对于这些重要问题，中国市场上的合伙人制猎头公司仍在摸索前行。基于不断地试错、修正、总结，当先行者们总结出更多适合中国猎头市场的合伙人机制执行方案后，将会有更多的猎头公司选择合伙人制。

大体上，目前猎头行业的主力军都是 1975—1990 年出生的顾问。按照 60 岁退休的标准，他们都还可以再"猎"二三十年，大家还有足够的时间、空间去思考，调整自己作为猎头顾问的职业归属。希望以上的分享能对大家有所启发，祝更多的人通过专业的猎头工作收获丰富的人生。

本文合著作者

潘丽华（Lisa）

2002 年本科毕业于浙江大学经济学院，2003 年于英国兰卡斯特大学获得硕士学位，2009—2011 年于多伦多大学获得 MBA 学位。2004 年加入 FMC，现任 FMC 合伙人。"Work to Enjoy Friendship® （在工作中享受友谊）"的提出者与积极践行者。多年来深入支持消费品、互联网等行业知名企业的高管招聘与团队搭建，并成为多家 500 强企业的核心战略伙伴。在工作、生活中追求身心健康，持续成长。

35 岁以后的 HR 如何转型做猎头？

蓝领失业因为关系到生存问题，进而会影响社会稳定，因此格外受重视。而白领失业或就业不充分，因大体上不会影响生存或者当事人碍于情面不愿张扬等，受重视的程度可能偏低。但随着经济、社会、技术的大变革，白领失业或就业不充分的情况会越来越严重，很多有一定资历的职场人士会主动或被动地面临职业转型。

利用在原来职业领域积累的知识与人脉转行做猎头，对其中的部分经理人，尤其是熟悉招聘业务且有相关专业知识跟人脉资源的 HR 而言，可能是很不错的选择：既用上了原来的积累，又开启了新的成长轨迹。相较于行业及客户端工作经验不足的老猎头，这批转型人士基于对行业及客户端的认知优势，还有可能走得更远。

转型需要跨越的障碍

成功从 HR 转型做猎头，需要跨越一系列障碍，这些障碍主要表现为以下方面：

1. 从甲方到乙方：以前被猎头视为客户，现在要与猎头竞争。角色变化带来的心理变化，可能需要很长的时间才能适应。

2. 从以前的同事或同行变为现在的客户：转行做猎头，需要放低姿态、摆正态度。如果原来的同事或者同行不顾情面，也不要生气，这是转型的第一步，也是对自己"重生"的一种确认！道理虽如此，但这对大部分人来说是很大的挑战。

3. 从反应性服务思维到主动销售思维：企业内部的 HR 所做的反应性服务相对较多，思维也以反应性服务思维为主。而在竞争激烈的猎头市场，需要具备更主动的销售思维。

4. 从大公司文化到小作坊风格：大公司通常有较为严谨的流程、完整的体系、成熟的文化。而大部分猎头公司规模较小，像小作坊，团队的黏合过度依赖业绩与分配。这对注重公司文化的 HR 来说，需要有一个较长时间的调整和适应过程。

5. 由宽到窄的聚焦：企业内部的 HR 的工作内容相对宽泛。而猎头的工作是招聘，并且只是招聘渠道中的一种，通常还会进一步聚焦到某一类职位的招聘。

6. 从相对单一的职能、公司、行业向多职能、多公司、多行业的知识结构转变：企业内部的 HR 大体上关注本行业、本公司、本职能的事就可以了。而猎头顾问往往需要关注多个职能、多家公司、多个行业。知识结构的不同，在转型初期会增加 HR 的适应难度。

7. 新技能学习：猎头与 HR 在专业技能上有共通之处，但本质上差异极大。HR 转行做猎头，需要学习很多新技能，如候选人多渠道搜寻、人才地图积累、开拓新客户、客户和候选人的多种意外情况处理、催款、收款等。

8. 从注重流程到注重结果：HR 的工作按流程走的居多。而猎头需要用结果说话，这意味着在工作的方式、策略上，转行做猎头的 HR 需要有很大的变化。

9. 从确定性到不确定性：随着"有结果才收费"越来越成为主流的猎头收费方式，成单的不确定性越来越高。从价值确定性相对较高的客户端人力资源岗位转行做猎头的 HR，初期会经历不少挫败感。

10. 工作绩效更容易测量：相较于 HR，猎头的工作绩效很容易测量，在转型不顺的初期更容易给人造成较大的压力。

11. 从成本思维到利润思维：这两种思维的差别在道理上不难理解，但在实际转换过程中，可能需要交不少"学费"。

12. 从做管理到"撸起袖子干活"：很多做过管理的 HR 转行做猎头时，自己得从零开始熟悉猎头业务流程。只有先把自己养活了，才能考虑增加人手。从带领他人做事，到凡事需要亲力亲为，这可能是个有点煎熬的转变过程。

13. 从人脉资源丰富误区到资源起点：有些人脉资源丰富的 HR 可能误以为自己有足够的资源支撑业务。殊不知，对于持续不断的猎头业务而言，原有的人脉资源只是个起点。

HR 转做猎头，尽管需要跨越重重障碍才能成功，但认真研究一下，会发现以上障碍也并非难以逾越，无非是调整心态，同时耐心地努力学习新的技能。一旦转型成功，便可以开启较为长期的成长轨迹。相较于缺乏客户端工作经验的猎头同行，从 HR 转型而来的猎头顾问有非常难得的优势：对客户及候选人的深度理解与对话能力。过去 20 年，中国猎头行业越来越"草根化"，不少猎头顾问只是"简历搬运工"。而中高端职位的招聘，无论是在客户端，还是在候选人端，都会有多因素、多环节的复杂决策过程，对客户及候选人的深度理解与对话能力，无疑对提高推荐成功率至关重要。客户端工作体验的缺失，是很多猎头顾问较难弥补的短板。而对于从 HR 转行过来的顾问来说，如果能够跨越转行初期的障碍，他们往往会前行得更远。

大部分 HR 转型做猎头为何失败？

尽管转型成功后可以开启较为长期的成长轨迹，但现实却是：大部分 HR 转行做猎头其实是不太成功的，而且越资深的 HR 转型成功率越低。资历较浅的 HR 转行做猎头，其自身的职业发展还在"塑型"阶段，基本上可以被当作猎头新人来发展，客户端的工作经验对猎头工作往往是一种助力，转型难度不大。资深 HR（尤其是有 10 年以上 HR 经验、负责过全部 HR 职能的人士）在职业发展上相对"定型"了，较难简单地被当作猎头新人来发展。在转型初始阶段，客户端工作经验反而是不易冲破的束缚。

资深 HR 的基本素质与能力毋庸置疑，相关行业的知识深度与人脉资源也超越了绝大部分猎头顾问，转型成功的前景也有吸引力……在能力、资源、愿景齐备的情况下失败，最根本的原因可能是推动资深 HR 转型的着力点不够精准，同时推动力不够。从这个角度看，找准着力点，增强推动力，有助于提升资深 HR 转行做猎头的成功率。

着力点与推动力，与决定转行后切入猎头业务的方式有很大的关系。这些资深 HR 决定转行后切入猎头业务的方式本质上来说有两种：一是受雇加入成熟平台或公司，二是创业成立新公司。"受雇"包括作为独立顾问、团队管理者、利润分享合伙人、有小股权的合伙人等形式。其核心特征是：加入成熟平台或公司，不用出资，往往有确定的收入保障。"创业"包括独自创业或者与他人一起创业，其核心特征是新成立的公司需要出资，没有确定的收入保障。

"受雇"这一方式，风险及成本较低，很容易启动，但转型失败率较高。其核心原因是推动力不够，再加上退出成本不高，遇到转型中的阶段性困难时，转型者很容易退缩，因而丧失了本可以获得的新的职业成长机会。同时，"受雇"所产生的负面感受可能形成新的阻力。大部分资深 HR 转行做猎头，大多是因为原来的职业发展遇到了瓶颈。但是"受雇"做猎头多少有些职业下行之感，相较于在大公司工作时拥有较多的管理者光环，资深 HR 转行到猎头公司后则基本要"撸起袖子干活"。尽管很多资深 HR 是降薪来做猎头的，但对猎头公司而言，他们仍然是成本极高的"新人"，对于这样的高成本"新人"，猎头公司及转型的资深 HR 往往都会有较高的期望值。但是在转型初期，转型者最应该做的是放低姿态，归零重来。高期望值往往会带来一种非建设性压力。若较长时间不出成果，累积的负面压力会把人直接压垮、逼走。综合上述原因，资深 HR 其实不太适合以职业下行的"受雇"形式来迎接转型中的巨大挑战。

用创业的方式转型做猎头

"创业"这种转型方式的风险及成本较高，启动难度较大，但往往转型成功率会更高，其核心原因恰恰是推动力足够，转型过程中遇到阶段性困难时，由于退出的门槛相对较高，转型者更容易选择坚持，并在坚持中逐步解决这些问题。因为对创业公司有所有权而产生的拥有感，更容易激发转型所需的正面能量：自己的生意，充满希望的新起点，更容易放低姿态，重新学习和妥善经营；自己的钱，每一分都会省着花；自己做的决定，更容易有成年人的负责任心态，不将产生问题的原因归咎于他人、环境，因此更有可能成功跨越转型过程中的重重障碍。

"受雇"转型与"创业"转型这两种方式各有利弊。能否找到一种方式，组合二者优点，同时规避二者缺点呢？基于成熟平台的"模拟创业"，有可能兼二者之长，去二者之短，是想要转行做猎头的资深HR值得尝试的转型之路。

"模拟创业"的新思路

"模拟创业"的核心思路为：依靠一个成熟平台提供的支持，成立虚拟公司，但按真实公司来治理和营运，转型创业的资深HR在经营权、收益权、所有权上处于主导地位，平台作为小股东而不是服务供应商来提供中后台协同支持。这样的"模拟创业"，不是找一家现成的平台公司代签合同、代开发票、代为收款，而是转型创业的资深HR与平台以股权为纽带进行资源整合，共同经营一家猎头公司。这样的模式，从理论上来说，具有如下益处：

1. 降低了启动难度：对于转型创业者而言，绕开了围绕公司注册的种种烦琐事宜，减省了公司基础设施的投入成本。对于平台型猎头公司而言，由于不用承担创业者的工资成本，只是延伸既有基础设施与业务经验，成本风险可控，大体上也都乐于接受。这样的方式，对双方而言，启动的难度都相对较低。

2. 激发了成功的信心：独自创业，很多时候是一段孤独且煎熬的旅程，有成功的创业者作为伙伴一起前行，更容易激发成功的信心。在转型创业的过程中，信心如黄金一般宝贵。

3. 提升了业务专注度：由于不需要为新创公司的种种基础设施分散宝贵的精力，转型者可以全身心地专注于核心业务环节，而专注会提高成功的概率。

4. 激活了单边机会：猎头成单需要同时匹配客户与候选人动态变

化的需求。在大多数情形下，猎头顾问获得的可能都是窗口期不长的客户或候选人单边机会。创业转型的资深 HR 虽然在猎头工作上经验不足，但可能获得质量较高的客户或候选人单边机会。在成熟的猎头公司平台上，相较于独立创业，他们更容易快速找到可信赖的合作伙伴，抓住这些单边机会。

5. 降低了试错成本：现有平台成功创业者的全程"陪跑"，会极大降低转型创业者的试错成本。

6. 降低了退出门槛：由于是"模拟创业"，如果创业失败或实际体验后发现这个方向不适合自己，退出的门槛相对较低，流程也相对简单。

7. 加快了扩展速度：如果通过"模拟创业"证实自己能获得成功，再去注册成立一家实体公司也为时不晚，而且平台现成的设施与地域网络等资源会极大地助力业务的快速拓展。

模拟创业的方式具备以上多重优越性，但涉及较为复杂的协同机制，并且对彼此信任的要求较高。尽管模拟创业目前还不是市场上的常见方式，但肯定值得探索。

"白领失业或就业不充分会越来越严重"。如果这个判断成立，以各种创新的方式支持部分人转行来做猎头，既有社会价值，也能让猎头顾问的专业背景更加多元，从而提高猎头行业的商业价值。

本文合著作者

邵琦（Maggie）

华东理工大学工商管理硕士，STORYWAY 创始合伙人，上海交通大学客座讲师。专注于人力资源管理行业多年，擅长管理体系、组织发展、变革管理、高管教练、情商辅导、领导力发展。

王忆民

上海晟仕企业管理咨询有限公司的创始人和 CEO，英国 Lumina Learning 的全球合伙人和中国区独家代理。专注于为组织提供领导力发展、心理测评、高管教练等方面的服务。

马雄二（Mark）

猎上网联合创始人，猎上学园校长，专注于用户提升。资深猎头人，紧贴猎头行业前沿的行业咨询师。其开发和主讲的猎上学园大满贯系列课程，已有 10 万＋猎头用户付费收听。

董瑜（Vicky）

毕业于南京大学人力资源专业，国际职业生涯咨询师，猎上学园特约讲师，FMC 合伙人。致力于为各行业客户提供高端职位人才服务，不断探索猎头行业优化发展、培养高绩效顾问、打造高绩效团队。

猎头的 7 个价值维度与 32 种用法

猎头顾问的职业属性很特别：对高价值公司与职场人士的认知，既有广度也有深度；对目标人才市场的了解，既预判整体的趋势发展，又关注当下的具体现状；猎头可以方便且自然地接触各方，猎头基于第三方视角的观察也相对客观……这些特别之处，让猎头在"找人及找职位"的基本职业功用之外，还可能延伸出其他"用法"。

猎头的 7 个价值维度

猎头的用法，换个角度来看，其实就是猎头能够提供什么价值？猎头的用法与价值，概括起来，可以归纳为以下 7 个维度：

1. 候选人渠道：通过猎头顾问的推荐，客户可以快速获得候选人，并在猎头顾问的安排下与他们建立沟通。

2. 机会渠道：通过猎头顾问的推荐，候选人可以快速获得职业机会，并在猎头顾问的安排下与雇主公司建立沟通。

3. 招聘绩效提升：通过猎头顾问在各个招聘环节的参与和支持，提升客户公司的整体招聘绩效。

4. 求职成效提升：通过猎头顾问在各个求职环节的参与和支持，

提升候选人的求职成效。

5. 职业支持：基于猎头顾问对职场了解的深度与广度，以及相对客观的第三方视角，为候选人的职业发展提供支持。

6. 管理支持：基于猎头顾问对目标人才市场了解的深度与广度，以及相对客观的第三方视角，为客户公司的人才管理提供支持。

7. 业务支持：猎头顾问通过资讯发布、定向调研、资源连接等，支持客户公司的业务发展。

猎头的 32 种用法

以上 7 个价值维度，又可以进一步分解为以下 32 种具体用法：

1. 高效找出候选人：快速且低成本地找出可能合适的候选人，并帮助客户与他们建立一个进一步沟通的连接。能否吸引到人选，主要靠客户自己的努力。

2. 高效找出职位：快速且低成本地找出可能适合候选人的职位机会，并帮助候选人与潜在的雇主公司建立一个可以进一步沟通的连接。能否争取到职位，主要靠候选人自己的努力。

3. 完善简历：一份好简历，可以敲开更多扇大门。每个 HR 或猎头看一份简历的时间不过几十秒，如何让自己的简历脱颖而出？简洁并抓住重点，表述专业但避免使用 HR 可能看不懂的词汇，突出自己而又认可团队，实事求是而又能突出个人优势。好猎头会结合行业情况、公司岗位需求以及候选人的特征，综合体现这些要点，帮候选人通过完善简历争取到更多的面试机会。

4. 面试技巧辅导：很多职场经验丰富的人面试经验并不多，甚至缺乏一些面试的常识，因此错失一些本可争取到的机会，甚为遗憾。

在提醒自己使用或者让自己快速提升通用的面试技巧上，猎头顾问通常会是很好的老师。

5. 面试背景辅导：猎头顾问可以针对性地帮助候选人高效地了解潜在雇主及其行业、竞争对手、上司团队等的背景情况，支持候选人更高效、精准地发现与潜在雇主的价值重合点，从而提升候选人被聘用的概率。

6. 候选人感受管理：面试过程中，候选人的感受有时会极大地影响职位机会对候选人的吸引力。猎头顾问在面试安排、信息反馈、误解消除、尊重感提升等很多细节上可以支持客户公司，进而正向影响招聘结果。

7. 客户/候选人薪酬谈判支持：猎头顾问的居中协调，有助于促成双方对薪酬差距的了解、理解与尊重，进而促成双方以建设性的态度面对薪酬差距，避免双方直接谈钱，进而因谈不拢而谈僵、伤和气。

8. 定向"销售"候选人：通过主动递送简历、直接咨询潜在目标雇主的方式，把候选人定向推荐到他们感兴趣的目标公司，提升候选人的被录用机会。

9. 候选人口碑调查：候选人本人及推荐候选人的猎头顾问，在背景调查环节存在"美化"候选人的动机。对于一些不太确定的关键候选人，客户公司可以找与推荐无关联但可能了解情况的猎头顾问匿名询问，通过这种方式有可能会获得有价值的参考信息，进而支持聘用决定。

10. 雇主口碑调查：潜在雇主及推荐自己的猎头顾问，有"美化"雇主的动机，求职中的候选人可以找与推荐无关联但可能了解情况的猎头顾问私下询问，通过这种方式有可能会获得有价值的参考信息，进而帮助自己做出是否跳槽的决定。

11. 离职辅导：离职过程对候选人来说是一个巨大的考验。毕竟他们在原来的公司工作多年，是有感情的，而且部门领导很可能会挽留，甚至搬出高层领导一起挽留。很多候选人这时会变得犹豫不决、举棋不定、心理脆弱、非常煎熬：新公司一定有吸引力，否则自己不会花那么多的时间精力层层面试，但又不想破坏与老东家的情谊，伤害与原公司领导的情面。优秀的猎头可以提前帮候选人预测种种可能并做好对策，比如帮助候选人梳理如何写辞职信，准备和老板的谈话，让他们愉快地离开原公司、开心地入职新公司。

12. 新环境适应支持：候选人过五关斩六将，终于入职了新公司，蜜月期还没过，就发现新公司有一些自己不喜欢或者不适应的地方，如公司制度，老板风格，资源支持……怎么办？是一味隐忍，还是潇洒辞职？其实都不需要，这时候候选人可以主动联系推荐自己的猎头，毕竟他对公司的整体风格更加了解，也推荐过其他候选人入职，经历过同样的阶段。猎头顾问能够帮候选人分析、协调，甚至疏导、陪伴其顺利度过试用期。

13. 猎头资源定向介绍：虽然不同猎头公司的猎头顾问熟悉的职业领域不同，但他们更加了解同行业中的哪些猎头公司、哪些顾问更加熟悉客户、候选人的相关领域。客户与候选人可以通过现有猎头顾问的定向介绍，找到相关性更强的猎头资源，进而提升招聘或求职的绩效。

14. 目标人才市场信息与研究支持：客户公司需要的人，在人才市场上的供需状况如何，他们分布在何处，是如何流动的，薪酬状况如何，如何才能接触并吸引到这些人……在这些对目标人才市场信息的收集与研究方面，优秀的猎头顾问通常是能帮得上忙的。

15. 目标职业市场信息分享支持：自己想去的公司如何，求职市场的供需情况如何，目前公司的近况如何，是否有潜在的适合自己但自己却不知道的目标公司……对大多数候选人而言，懂行的猎头顾问能分享高价值的目标职业市场信息。

16. 渠道使用建议：无论是客户公司的 HR，还是求职中的候选人，对于招聘或求职，难免都有沿袭熟悉渠道的路径依赖。通过哪些途径能够更高效地接触到目标公司或候选人是猎头顾问的必修课。在招聘或求职途径上，猎头顾问能够提供有价值的建议。

17. 招聘策略及可行性评估：启动一些重大的招聘项目时，例如，进入某个新业务领域或者进入新地区时，可以跟熟悉该领域的资深猎头顾问聊聊。如果彼此能建立信任，不妨请猎头顾问听听你的招聘策略，也许会获得一些关于可行性的高价值反馈，减省不必要的试错成本。

18. 内部招聘能力提升支持：客户 HR 及用人经理的优势在于，他们对公司的用人需求和所在行业的业务更加了解。但是在对目标人才市场的了解程度、吸引目标人群的方法与技巧方面，甚至是面试及评估的技巧方面，猎头顾问往往具有更多的经验，客户公司可以借助外部猎头顾问的分享、培训来提升内部 HR 及用人经理的招聘能力，进而提高招聘绩效。

19. 职业发展建议：优秀的猎头顾问对目标人才市场及职业市场的了解往往既有广度，又有深度，同时具备前瞻性。跟靠谱的猎头顾问聊天，是获得高价值职业发展建议的有效途径之一。

20. 职场价值对标了解：很多不经常跳槽的职场人，依然有关系比较亲密的猎头朋友，他们可以随时知道自己的知识、经验和能力在市场上的价值。如果现在的工作已经是性价比很高的选择了，那么他们会更加珍惜，同时更有提升自己的能力以匹配这个价值的紧迫感。如果现在的工作回报低于市场价值，他们则会增强信心，在公司内部争取更高级别的岗位，或者寻找其他合适的机会。

21. 雇主品牌建设支持：从每天接触大量目标候选人的猎头顾问那里，客户公司可以了解到市场上有关自身品牌的真实声音。同时，猎头顾问也是雇主品牌信息传播的重要渠道。因此，善用猎头资源，在一定程度上可以有效地支持雇主品牌建设。

22. 前置战略招聘支持：对于有些重要职位的招聘，如果能够基于预判前置性地进行人才储备，招聘绩效就会大大提升。比如，尽管目前没有正式的空缺，但由于预判到未来的需求，HR 部门可以提前明确所需的人员在哪里、市场供求如何，甚至提前以"合理"的理由跟目前的候选人建立联系。一旦需求出现，招聘部门就可以快速反应，满足业务方面的关键人员需求。在前置战略招聘上，猎头顾问无疑是很得力的帮手。

23. 定向薪酬调查：出于对标比较的需求，在定向了解几家公司的具体薪酬情况进而制定具体的应对策略时，猎头顾问往往是比薪酬调研公司更加高效精准的渠道。

24. 弹性招聘人手支持：当客户公司因严格限制人力部门编制而导致招聘旺季人手短缺时，找合作的猎头公司临时调剂一下人手，既能让人力资源的组织更具有弹性，也有助于加强与猎头公司的联系与了解。

25. "逆向"挖人支持：有时，低调邀请猎头公司把不适合继续留任但又不适合简单辞退的人员挖去其他公司，有可能是一个富有创造性的人员调整手段。

26. 裁撤人员安置支持：因公司原因导致的裁员项目中也会有很多优秀员工。他们如果被安置好了，对维护公司品牌形象、稳定留下的员工都有诸多益处。这时，公司主动请猎头来提供支持，是实实在在的员工关怀措施。

27. 公司对比研究支持：在进行对比研究时，比较公司的某些特定信息，如组织架构、人员构成、分工情况、关键人员的背景信息及薪酬信息等，往往具有重要意义。对这些敏感信息的收集整理，猎头顾问可能是最合适的人选。

28. 第三方视角支持：猎头顾问不但了解市场，同时具备第三方视角的相对客观性，客户公司有时可以向外部猎头借力，促进内部沟通。比如，人力资源部门可以借助猎头顾问的第三方报告，建议用人部门调整找人策略或薪酬标准等，这比人力资源部门的单方面提议往往更有说服力。

29. 定向专家智库邀约：无论是客户公司还是候选人，对比较熟悉但又想深入了解的领域，可以借助猎头顾问的人际关系网络，定向邀约相应的专家智库，以对话、访谈、交友等多种形式快速学习。甚至像美国格理集团（GLG）这样的全球领先的专业知识分享平台，据说都在考虑大量使用猎头顾问渠道。

30. 业务合作伙伴搜寻：猎头顾问同时连接着有需求以及能满足需求的组织与候选人，优秀的猎头顾问及猎头公司可能对这两端的了解既有深度也有广度。在一定程度上，猎头顾问、猎头公司可以作为组织与候选人搜寻业务合作伙伴的补充渠道。

31. 值得投资的项目及人员搜寻支持：对很多投资者或投资机构而言，其核心的工作之一就是不断发现值得投资的项目和值得投资的人。而这对优秀的资深猎头顾问而言，也会是一项促进个人专业能力提升的好副业。

32. 资源整合支持：猎头是一个能力下限很低的工作，低到只要会网络搜索和沟通就能做。但它也可以是一个上限很高的行业，高到可以实现"1＋1＋1＝111"的资源整合。当然，这样的猎头顾问可谓凤毛麟角。

以上有关猎头的7个价值维度与32种用法的汇总与解析，只是我提炼出来的版本。基于猎头职业的特殊性，再加上一些想象力，我们完全可以发展出更多新的"用法"，比如基于数据库、人际关系网络进行各种产品与服务的销售，甚至包括猎头同行尝试过的婚猎等。期待更多的同行朋友来一起丰富完善猎头的用法。

7个价值维度与32种用法的对应分类

这7个价值维度与32种用法之间，较难简单地对应分类，往往是既互补又交叉。我们把这些用法与各个维度之间的对应关系做了一个简单的梳理，如图1-1所示。

猎头的32种用法

01 高效找出候选人	A C G	17 招聘策略及可行性评估	C
02 高效找出职位	B E	18 内部招聘能力提升支持	C
03 完善简历	D	19 职业发展建议	D
04 面试技巧辅导	D	20 职场价值对标了解	D
05 面试背景辅导	D	21 雇主品牌建设支持	C F
06 候选人感受管理	C D	22 前置战略招聘支持	C F
07 客户/候选人薪酬谈判支持	C D	23 定向薪酬调查	C F
08 定向"销售"候选人	B D	24 弹性招聘人手支持	C
09 候选人口碑调查	C	25 "逆向"挖人支持	F
10 雇主口碑调查	D E	26 裁撤人员安置支持	F
11 离职辅导	D	27 公司对比研究支持	F
12 新环境适应支持	D E	28 第三方视角支持	F G
13 猎头资源定向介绍	A B C D E	29 定向专家智库邀约	G
14 目标人才市场信息与研究支持	F G	30 业务合作伙伴搜寻	F G
15 目标职业市场信息分享支持	D	31 值得投资的项目及人员搜寻支持	G
16 渠道使用建议	A B C D	32 资源整合支持	G

图1-1 猎头的7个价值维度与32种用法的对应分类

103

A 候选人渠道

- 01 高效找出候选人
- 13 猎头资源定向介绍
- 16 渠道使用建议

B 机会渠道

- 02 高效找出职位
- 08 定向“销售”候选人
- 13 猎头资源定向介绍
- 16 渠道使用建议

C 招聘绩效提升

- 01 高效找出候选人
- 06 候选人感受管理
- 07 客户/候选人薪酬谈判支持
- 09 候选人口碑调查
- 13 猎头资源定向介绍
- 16 渠道使用建议
- 17 招聘策略及可行性评估
- 18 内部招聘能力提升支持
- 21 雇主品牌建设支持
- 22 前置战略招聘支持
- 23 定向薪酬调查
- 24 弹性招聘人手支持

D 求职成效提升

- 03 完善简历
- 04 面试技巧辅导
- 05 面试背景辅导
- 06 候选人感受管理
- 07 客户/候选人薪酬谈判支持
- 08 定向“销售”候选人
- 10 雇主口碑调查
- 11 离职辅导
- 12 新环境适应支持
- 13 猎头资源定向介绍
- 15 目标职业市场信息分享支持
- 16 渠道使用建议
- 19 职业发展建议
- 20 职场价值对标了解

E 职业支持

- 02 高效找出职位
- 10 雇主口碑调查
- 12 新环境适应支持
- 13 猎头资源定向介绍

F 管理支持

- 14 目标人才市场信息与研究支持
- 21 雇主品牌建设支持
- 22 前置战略招聘支持
- 23 定向薪酬调查
- 25 “逆向”挖人支持
- 26 裁撤人员安置支持
- 27 公司对比研究支持
- 28 第三方视角支持
- 29 定向专家智库邀约
- 30 业务合作伙伴搜寻

G 业务支持

- 01 高效找出候选人
- 14 目标人才市场信息与研究支持
- 28 第三方视角支持
- 29 定向专家智库邀约
- 30 业务合作伙伴搜寻
- 31 值得投资的项目及人员搜寻支持
- 32 资源整合支持

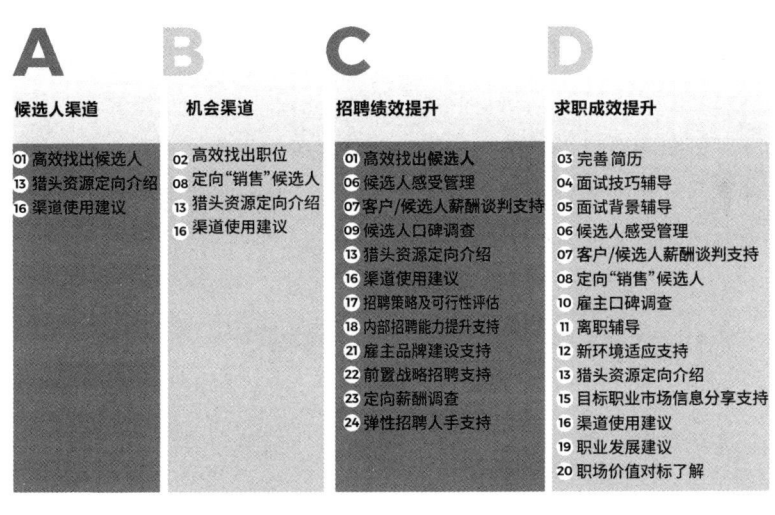

图 1—1　猎头的 7 个价值维度与 32 种用法的对应分类（续）

2个基本用法和30个拓展用法

尽管猎头可以衍生出各种用法,但"高效找出候选人"与"高效找出职位"这2个基本用法界定了猎头用法的边界。过度衍生、不切实际地夸大猎头的作用,可能会适得其反。

"高效找出候选人"与"高效找出职位"这2个用法的下限可以很低,上限却可以很高!下限低,是因为会网络搜索和沟通就能做,以至于会出现猎头"草根化"的趋势。上限高,是因为需要其他的30种用法作为支撑,猎头顾问才能更好地提供"高效找出候选人"与"高效找出职位"这两种价值。

猎头顾问通常需要同时发挥三种不同的功能:销售(Sales)、服务(Service)、顾问(Consulting)。真正好的顾问一定会持续扩大这三者之间的交集,如图1—2所示。

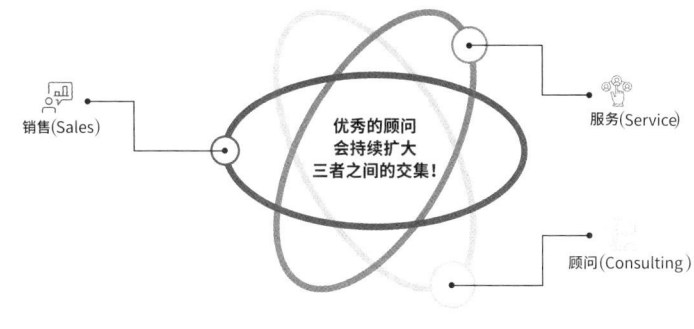

图1—2 猎头顾问角色

"高效找出候选人"并把候选人"销售"给客户,"高效找出职位"

并把客户提供的机会"销售"给对它们感兴趣的人,这两点是绝对的刚需!但如果只是简单地聚焦在这两个刚需动作上,客户可能愿意用你,但未必尊重你;候选人可能愿意被你推荐,但未必会跟你产生黏性。不知不觉,猎头顾问就容易陷入"工龄长,资历浅"的职业陷阱,做了10年猎头,只是把入行2~3年的经验不断重复而已,路会越走越窄。真正让优秀顾问脱颖而出的,往往是他们在专业服务与顾问咨询中持续积累、沉淀的知识与人脉的宽度、深度与高度。所以,从猎头顾问成长的角度看,聚焦于这2种基本用法,可以很快入门。但只有持续拓展更多种用法,给客户和候选人提供更大的价值,才能走得更远!

对客户公司及职场人士而言,有意识地搭建自己的猎头顾问团队,善于挖掘猎头的各种用法,对招聘及职业发展有极高的价值。之所以是猎头顾问团队而非单个顾问,是因为每个顾问的视角不同、资源不同、立场不同。如果有几个值得信任并且能长期合作的猎头顾问,能随时从不同的角度获得支持,效果会更好!

由2种基本用法衍生出30种拓展用法,需要猎头、客户及候选人三者的关系从短期个案的交易思维逐步转变为长期互利的关系思维。如果大家都聚焦在短期的交易上,三方关系难免会单一化、表层化,使得本可以实现的种种价值被掩盖。打破这个局面的核心驱动力,来自猎头顾问的持续成长!只有猎头顾问的用法越来越多,猎头顾问能提供价值越来越多,客户与候选人才愿意与我们发展长期的互利关系。

让我们一起发掘更多的猎头用法,让客户、候选人、猎头顾问的三方关系更加深远持久!

本文合著作者

商未弘（Anita）

拥有 25 年职业生涯，既服务过全球 500 强外资企业，又在发展期的民营企业中奋斗过近 10 年。曾任中国顶尖医药行业猎头公司道翔（DOX）的 CEO，带领团队连年创造业绩高速增长奇迹，并培养了一批稳定、专业的顾问。现在担任组织教练和高管教练，专注于领导力培训，助力组织成长。

傅威（Jerry）

2004 年加入 FMC，是 FMC 的首批管理培训生之一，毕业于南京理工大学高分子材料专业。现为 FMC 合伙人，专注于化学材料、互联网、机器人等高科技领域的猎头招聘，拥有超过 17 年的高端猎头咨询经验和丰富的团队培养经验。知识面广，擅长分析和总结，在帮助客户理解动态的人才市场、给客户提供专业建议方面有自己独到的见解。

Part 2
猎头如何成长精进？

360度顾问、百万顾问与成熟顾问

在规划猎头顾问的成长与发展上，相较于"360度顾问""百万顾问"，我更喜欢用"成熟顾问"这个概念。

它们三者之间有很多交集，但确实是不同的概念。"360度顾问"更多的是从猎头流程的角度强调顾问从客户拓展、客户对接到做单的全流程。"百万顾问"自然是从业绩角度来强调达成的业绩成就。"成熟顾问"则更多地强调过去已经奠定的成长基础及面向未来的可持续成长能力。

"成熟顾问"是个朴素的概念，但对于其内涵却见仁见智。从我们在FMC人才发展的实践来看，我认为"成熟顾问"需要具备两个维度的"成熟"：基础能力与发展能力。

基础能力的"成熟"

基础能力的"成熟"包括三根支柱：猎头技能成熟，猎头知识成熟，猎头资源成熟。

1. 猎头技能成熟包括三个方面，共计13个环节：候选人拓展技能（主动寻访，媒体广告，候选人电话沟通，候选人面试）；客户拓展技能（客户开发，客户拜访，合同谈判）；成单技能（职位访谈，推荐报告，客户面试，背景调查，offer 谈判，入职跟进）。关于 13 个技能环节，知名猎头培训师陈功（Victor）有一套非常简明扼要的视频教程，值得推荐。

2. 猎头知识成熟包括两个方面：猎头基础知识（候选人信息了解框架，职能知识框架，职位了解框架，公司了解框架，行业了解框架）；猎头顾问知识（候选人专业建议，客户专业建议，目标人才市场专业见解）。

3. 猎头资源成熟包括四个方面：高质量的候选人，能带来业务的HR，有决定权的直线经理，专项资讯人脉（尤其是了解目标公司内情的人脉资源）。

发展能力的"成熟"

发展能力的"成熟"包括两个方面：拥有选择"根据地"的能力（动态、精准地定义专注领域）；拥有巩固"护城河"的能力（持续提升基于专注领域的见识与人脉的宽度、深度和高度）。

1. 拥有选择"根据地"的能力，其焦点在于：动态地、因地制宜地按照 CSFILL 六个维度［客户（Client）、技能（Skill）、职能（Function）、行业（Industry）、地域（Location）、级别（Level）］，遵循"重复性""成长性""相关性"原则，宽窄适度地确定自己的业务专注领域，切实避免客户要什么就去找什么或者老板安排什么就去干什么的简单的机械式反应。

2. 拥有巩固"护城河"的能力，其焦点在于：围绕根据地，持续地提升见识（见解与知识）与人脉的宽度、深度及高度，发展出适合自己的稳定系统的方法论，并持续不断地执行到位。

在我看来，对于每个打算长期从事猎头的人而言，从猎场新人发展成一名合格的成熟顾问是一个必经的过程，之后你可以走管理、带人、创业的发展路径，也可以持续成为一名越来越资深的独立专业顾问，或者二者兼具。但无论走哪条路，成为一个成熟顾问都是想拥有长期成效的猎头人绕不开的里程碑！

大部分人在不断的实践中，自然而然地成长为一名成熟顾问，但未必有一个清晰的发展框架。然而，有一个发展为成熟顾问的发展框架，就如同拥有了旅行的地图，你很有可能会走得更快、更远！对猎头公司而言，如果有这种清晰的成熟顾问发展框架，也会大幅提升人才成长的效率。

最后，我简要地总结一下：成熟顾问一定是有360度能力的顾问，但在战术上，未必会完全采取360度的全流程做法，而是往往因地制宜地进行不同维度的组合；百万顾问未必是一位成熟顾问，而一个成熟顾问实现年单产100万元，只是时间早晚的问题。想长期在猎头行业发展的顾问，与其过度纠结是朝着360度顾问还是百万顾问的目标努力，不如踏实地提升成为一名成熟顾问所需的基础能力与发展能力。努力到位了，结果自然会水到渠成。

好猎头的方向
——"五大"的专业懂行＋"草根"的坚韧实在

2020年11月，在FMC成立21周年之际，我向三十多位非常资深的同行咨询了一个基本问题：猎头服务目前是供不应求还是供大于求？对于这个问题，大家的看法大相径庭，难有共识。但对于下面这一点，大家的看法却非常一致：市场上的好猎头非常少，在可预期的将来绝对是供不应求的！

那么，什么样的猎头才是好猎头呢？不同的答案，其标准可能各不相同，但我认为基本的方向应该是："五大"猎头的专业懂行＋"草根"猎头的坚韧实在！

全球顶尖猎头公司里，有五家公司常年占据营业额前五位，它们是光辉国际、海德思哲、史宾沙、亿康先达、罗盛咨询，俗称"五大"。光辉国际和海德思哲在1999年于美国纳斯达克上市，其他三家一直保持着私人合伙制的形式。

"五大"的猎头顾问大体上遵循了如下标准：40岁以上的年龄，有丰富的人生体验；有过知名企业高层管理岗的经历，能够真正懂得客户的需求；有跨文化的工作与生活经历，英文流利，适应全球化的需求；毕业于名校并有丰富的商业知识。

"五大"的猎头顾问专业懂行，而且工作流程严谨，工作质量有保证，很受客户的尊重，但他们对于很多客户来说未必就是好顾问：收费太高，往往按服务流程而不是结果收费……

随着猎头这种招聘方式的应用范围逐步扩大，猎头顾问的入行门槛也越来越低。相较于高端的"五大"猎头顾问，很多年轻的猎头顾问确实"草根"色彩较浓：应届毕业生，在职场历练几近于零的情况下，直接从事猎头工作。然而，"草根"顾问未必就是差的顾问，尽管没有那么深的资历，专业度较低，但对客户的需求反应快，收费合理，往往是有结果才收费。而且相较于"五大"的猎头顾问，他们对客户的"无理"要求具有更大的宽容度……这些都是实实在在的客户价值！

"五大"的猎头顾问尽管专业懂行，但如果不容易放低姿态，缺乏"草根"猎头的坚韧实在，业务范围就会受限：只适用于对价格及速度不敏感、对服务质量要求高的客户及职位。相反，"草根"猎头如果不能提供专业懂行的深度服务，过分强调速度快与收费低，长期来看也是没有发展前景的。

好的猎头顾问，应该在"五大"与"草根"这两个极端之间尽可能地延展职业发展空间，从而获得更强的主动性和更大的自由！相比之下，"草根"猎头向上走的机会更多，"五大"猎头俯身向下则会较难，因为"草根"猎头有更强烈的动机向"五大"猎头学习！

好的猎头顾问需要具备很多不同的知识与技能，但大的方向应该是："五大"的专业懂行＋"草根"的坚韧实在。这其实是如常识一般的判断，但在前行的过程中，有时我们会因为过度强调了其中一端，而有失中正与平衡。

从顶级猎头公司那里，我们究竟可以学到什么？

猎头行业资深培训师孟凡超先生，曾经写过一篇在猎头界广为流传的文章《你所知道的猎头可能都做错了》[①]。在这篇文章中，他提到"中国的猎头都拜错了师"。被"错拜"的师父们大多是采用预付费模式的猎头公司，尤其是猎头行业中的"五大"顶级猎头公司。

为什么这些公司会被我们拜为师父？为什么这样的师父又拜错了？顶级猎头公司的经验真的就不适合我们吗？

本文作者之一王忆民在顶级猎头公司工作多年，曾是史宾沙全球300多名顾问中唯一持中国护照的顾问。我作为本文的另外一位作者，1997年进入猎头行业，在向顶级公司学习的过程中有过很多收获，也交过很多"学费"。在本文中，我们将融合自己的经历与体验，简要但系统地介绍顶级猎头公司的基本信息，并进一步分享：从这些公司，我们究竟可以学到什么？

---

① 征得孟凡超先生的同意，《你所知道的猎头可能都做错了》一文被收录于本书附录中。

哪些是最知名的顶级猎头公司?

全球顶尖猎头公司里,有五家公司常年占据营业额前五位,它们是光辉国际、海德思哲、史宾沙、亿康先达、罗盛咨询,俗称"五大"。它们的简要信息见表2-1。

表2-1 "五大"顶级猎头公司概况(2019年)

	光辉国际	亿康先达	史宾沙	海德思哲	罗盛咨询
猎头业务收入(百万美元)	775	826.8*	700**	646.4	600**
成立年份	1969	1964	1956	1953	1969
创始人	Lester Korn, Richard Ferry	Egon Zehnder	Spencer Stuart	Gardner Heidrick, John Struggles	Russell Reynolds
全球总部	洛杉矶	苏黎世	芝加哥	芝加哥	纽约
办事处总数	104	68	58	54	46
顾问数	554	500	450	380	470

* 7.46亿瑞士法郎,折算成美元。

** 未查到确切数据,均为估计值。

"五大"均创建于20世纪五六十年代,它们之间有着千丝万缕的关系:史宾沙的创始人Spencer Stuart曾经是海德思哲的员工,亿康先达的创始人Egon Zehnder曾经是史宾沙在欧洲的一个雇员。光辉国际和海德思哲同于1999年在美国纳斯达克上市,其他三家猎头公司一直保持着私人合伙制的形式。

猎头之道

顶级猎头公司的业务定位

乍一看,"五大"没什么区别:第一,它们的定位基本一致,以寻聘董事、高管为主,职位年薪在360 000美元以上(数据来源于光辉国际和海德思哲的财务报表)。第二,它们的业务范畴也非常相似,基本覆盖了主要行业(消费品、工业、金融、通信和高科技、生命科学及医疗)和主要职能(财务、市场、人力资源、供应链等)。第三,它们中除了亿康先达采用固定收费模式(约120 000美元)外,其他四家的收费标准一致:候选人被聘职位年薪的三分之一。每个项目的平均收费约为12万美元。

曾有人戏称顶级猎头公司的定位就是"高"(寻聘的职位高)和"贵"(收费贵)。

在实际运作中,"五大"之间也有差别。比如,史宾沙占到《财富》500强企业董事寻聘市场的50%以上,其他公司难以望其项背。又如,亿康先达和罗盛咨询强调"一个公司"(One Firm)的理念,全球只有一个盈亏单位。另外三家则是每个办事处都有各自的盈亏单位。当年亿康先达的创始人就是因为和史宾沙的创始人理念不同,所以才自立门户。强调"一个公司"理念的上述两家猎头公司与其他三家公司的奖金分配也不同,亿康先达和罗盛咨询的奖金池只有一个,然后根据资历、业绩等主要指标决定奖金的数额。光辉国际、史宾沙、海德思哲则主要以业绩表现决定奖金的数额。

顶级猎头公司如何收费?

"五大"向企业客户收取聘用费:亿康先达收取固定费用,其他四家则是收取候选人被聘职位年薪的三分之一。聘用费收取的实际操作如下：首先根据所猎职位预估聘用费，然后在合同签订的当天、第30天、第60天平均各收取一次聘用费，最后根据候选人实际被聘职位的年薪，计算出最后一笔聘用费。例如，假设某职位的年薪约为180万元，则需要收取聘用费60万元，其中签约当天收20万元，第30天和第60天各收20万元。候选人最终被聘用职位的实际年薪为195万元，则共收取佣金65万元（195万元的三分之一），最后在60万元预收款的基础上收取尾款5万元。

顶级猎头公司的经营状况如何？

过去十多年来，"五大"猎头公司的业务都在从单一的猎头业务向领导力咨询业务发展，兼并和收购是新业务发展的主旋律。以光辉国际为例，其2015财年的猎头业务收入是5.97亿美元，咨询业务收入为2.67亿美元，分别占总体业务收入10.28亿美元的58%和26%。2015年与合益集团（Hay Group）合并之后，其咨询业务的增长快于猎头业务的增长，2019财年的猎头业务收入为7.75亿美元，咨询业务收入为8.21亿美元，分别占总体业务收入的40%和43%，如图2—1所示。

海德思哲多元化发展的步伐则明显慢于光辉国际。2018财年，其总业务收入为7.36亿美元，其中猎头业务收入为6.69亿美元，占总业务收入的91%。史宾沙则在2019年收购了怡安（Aon）的部分业务，收购后的公司被命名为Kincentric。

如果仅仅从猎头业务分析，会是什么情况呢？

我们以光辉国际和海德思哲过去五年的财年报表为信息来源，做个简单的分析和比较，从财务数据的角度来对这些公司进行更深入的了解，如表2—2所示。了解了这两大猎头公司，对"五大"的了解也就八九不离十了。

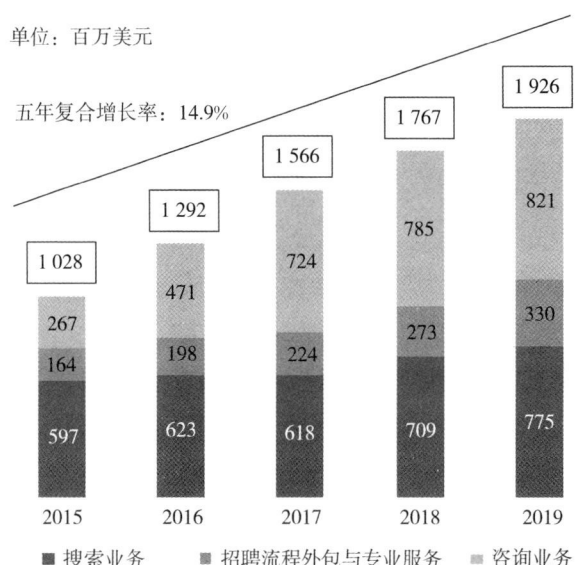

图 2—1 光辉国际 2015—2019 财年业务增长及占比

资料来源：光辉国际 2019 财年报表。

表 2—2 光辉国际和海德思哲

猎头业务数据比较（2015—2019 财年）

		2015	2016	2017	2018	2019
总收入 （百万美元）	H&S	476	507	552	669	646
	K/F	623	618	709	775	732
顾问数	H&S	308	335	346	353	380
	K/F	452	488	517	541	560
单个顾问产值 （百万美元）	H&S	1.5	1.5	1.6	1.9	1.7
	K/F	1.4	1.3	1.4	1.4	1.3

续表

		2015	2016	2017	2018	2019
总项目数	H&S	4 126	4 310	4 589	5 329	4 894
	K/F	8 375	5 933	6 325	6 790	6 064
平均项目收入（美元）	H&S	115 300	117 700	120 300	127 300	132 000
	K/F	74 388	104 163	112 094	114 138	120 790

注：①K/F是光辉国际的英文简称，H&S是海德思哲的英文简称。
②光辉国际2019财年的数据来自其2020年的财年报表，其他年份的数据来源也遵循此规律。

从表2—2中，我们看到以下特点：第一，单个顾问产值高，且没有明显变化，过去五年基本在130万～180万美元之间；第二，顾问数常年保持在一个基本稳定的水平。

"五大"在中国的状况如何？

与很多跨国公司进入中国内地的历程类似，在早期，"五大"也是选择由其香港公司管理中国内地的业务。20世纪90年代中期开始，"五大"开始在中国内地设办事处，业务基本由香港的顾问往返两地完成。

随着中国经济的高速发展，"五大"也加快了在中国内地的发展，纷纷将中国内地的办事处升级为公司。比如，罗盛咨询2002年在上海花园饭店有一个办事处，只有两名员工。而目前它在中国成立了独资公司，仅在上海和北京两处就有四十几名员工。

经过数年的快速发展之后，"五大"目前在中国处于稳定期。"五大"平均每个公司在中国有10～15位顾问。按每个顾问的年产值约为

100万美元计算，每个公司在中国的年收入应该在1 000万～2 000万美元之间。

顶级猎头公司有哪些过人之处？

顶级猎头公司的厉害之处有四点：顾问较强的个人影响力，广泛且优质的人际资源，知名度高的公司品牌，严谨的工作方法。

猎头是一个强调对人有深度影响力的行业。40岁以上、拥有客户端高管的工作经历及丰富的商业知识等，是顶级猎头公司对猎头顾问的基本要求，因为只有具备这些条件，猎头顾问才能与客户和候选人深入对话并形成影响力。这些顾问在各自受教育（名校毕业）及从业（名企高管）的经历中都建立了广泛的人脉，当这些顾问形成团队并相互介绍业务时，他们几乎可以接触到所有组织中的最高决策者，并跟着客户业务的发展走向世界各地。

以"五大"为代表的顶级猎头公司，大多源自顶级的顾问公司，并拥有40～60年的悠久历史，在这个过程中积累了巨大的品牌优势，以及深厚且广泛的客户关系。加上这些公司有严谨的工作方法，在重要的高层职位的搜寻上，"五大"猎头公司往往更容易获得客户的信任。

我们为何拜错师？错在哪里？

我们选择学习模仿的对象，往往是"最好"的榜样，而非"最合适"的榜样。"五大"猎头公司大名鼎鼎、如雷贯耳，而且接到的委托往往是最高的职位，收取的是最高的服务费，打交道的都是很有意思的人……猎头是一个外来的概念,中国的猎头先驱们大体上从20世纪90年代开始学习这样的招聘方式,将"五大"作为学习模仿的榜样,甚至是追求的目标,应该说是再自然不过的选择了。这样看来,对早期的猎头顾问们来说,"拜错师"似乎是必经之路了。

"拜错师"的核心在于:我们拿着有结果才付费的委托,去提供预付费式的搜寻服务。无论结果如何,"五大"的顾问只要提供服务了,客户就要付费。而绝大部分猎头公司的顾问,只有产出了结果,客户才会付费。在没有预付费的前提下,模仿"五大"等顶级猎头公司的搜寻业务模式,只会让顾问们越来越辛苦,肯定是没有出路的。

预付费与按结果收费

找到人才付费,对客户来说,无疑是有利的:风险全在猎头公司,而且客户还可以让几家猎头公司一起竞争,既能提高效率,又容易管理服务供应商。既然如此,客户为什么还要付高额的预付费给高端猎头公司呢?原因在于如下几点:

1. 高端职位对公司极其重要,客户有为此预付费的意愿。

2. 当顾问的收入与招聘的结果不直接挂钩时,顾问对候选人的评估更公正。如果有结果才能收费,机制必然会鼓励猎头顾问"过度包装"候选人,使得候选人更容易被客户聘用。

3. 提供预付费服务时,猎头顾问理论上需要帮助客户覆盖市场上所有的可能人选,以确保客户能从所有可能人选中找到最合适的候选人,而非猎头公司有什么人就推荐什么人。

4. 客户相信顶级猎头公司(如"五大")的品牌及顾问的个人影

响力将提高招到高端人才的可能性。

前面提到了顶级猎头公司的四个厉害之处：顾问较强的个人影响力，广泛且优质的人际资源，知名度高的公司品牌，严谨的工作方法。我们大体上可以得出如下判断："五大"的猎头顾问有更多的机会接触到企业的最高决策层，所以他们有更多的机会了解企业愿意为之预付费的招聘需求。尽管很多"非五大"顾问完全有能力以更低的价格提供同样的服务，但由于"五大"的品牌及顾问的背景，企业也更愿意相信并选择"五大"的顾问。同时对花得起钱的企业决策者来说，选择"五大"顾问往往更安全、更省事。即使招聘不成功，他们也不会受到太多责难。相反，如果选用一个不那么知名的猎头公司或背景不那么强的猎头顾问预付费用，当招聘不成功时，决策者受到的责难往往会更多。

顶级猎头公司是否仍然值得我们学习？

简单地模仿会出问题，但这些顶级猎头公司确实有很多值得我们学习的地方。

学什么？当然是学习顶级猎头公司的过人之处。顶级猎头公司的过人之处在于：顾问个人对客户及候选人的影响力强；能够通过广泛且优质的人脉接触到高层决策者；在公司品牌的支持下，更容易获得客户的信任，因此能够拿到客户的预付费；在收益有保障的前提下，更容易按照严谨的搜寻方法帮客户去找人。

对于按结果收费的中高端猎头顾问而言，他们总体上不具备"五大"猎头顾问所拥有的资源与发展际遇，所以在学习的过程中必须懂得"弃其形，学其神"！

如何弃其形，学其神？

简单而言，代表顶级猎头公司精髓的"神"，是猎头顾问对客户及候选人的影响力。而支持达成这个"神"的"形"，则是猎头顾问本身的综合素质，如人生阅历、职业经历、教育水平、认知结构、学习能力、人脉资源……

我们需要达成这个"神"，但我们的猎头顾问大多不具备这个"形"。现实是，很多顾问很年轻，往往30岁都不到，不但没有在客户公司工作的经验，更没有名企高管的经历，进入猎头行业前的人脉关系对工作也基本没有帮助……

在不具备"形"的条件下，要达成这样的"神"，中高端猎头顾问需要另辟蹊径：专注与主动就是可行的路径之一。如果我们能够足够专注，足够主动，在不具备顶级猎头公司顾问的"形"的情况下，我们仍有可能达成这样的"神"。

专注意味着我们把有限的资源收缩到非常细分的领域，而主动意味着我们更加积极地寻找候选人并满足客户的需求。

在别的专业领域，想要成为专业人士，如医生、律师、会计师等，专业教育加上实践学习的时间往往需要10年之久。而在猎头这个同样专业的行业，如果专注于某个细分领域，用3~5年的时间就足以成为该领域的专家了。比如，一名25岁的年轻顾问Jason，选择专注于上海地区负责品牌管理的候选人群体。按照每个工作日认识一名高质量候选人的方式进行积累，一年下来他大体上可以认识250人。如此持续3年，当Jason 28岁时，尽管他很年轻，没有耀眼的职业与教育经历，但一名认识上海地区750名品牌管理候选人的猎头顾问，对品牌管理人才的招聘及职业发展已经有相当深的见地与话语权，足以让客户与候选人认真听听了。

顶级猎头公司，由于品牌知名度高且人脉丰富，生意来源往往是客户找上门或熟人推介。顾问们不缺生意，只是时间久了，主动推销的锐气会消减。而年轻的顾问Jason，在与数百名品牌管理专业人士的互动中，对市场上"哪些公司需要品牌管理的候选人，而哪些人有意愿并合适"了如指掌。当某家公司有这方面的人力需求时，Jason总是带着合适的候选人资料主动联系并推销自己的服务。尽管Jason很年轻，Jason所在的公司也不太知名，但由于客户的需求很现实，Jason推荐的候选人也很靠谱，客户会欣然接受Jason的服务。

凭着这样的专注与主动，我们相信Jason会取得好的业绩。

让我们把想象的空间再延伸5年。Jason持续专注于品牌管理的候选人群体，并持续像这样主动地寻求新的客户机会，我们相信：Jason认识的品牌管理候选人越来越多，当年Jason认识的人，很多已身居高位，Jason逐步成为上海招聘市场上品牌管理垂直领域最知名的顾问之一。作为猎头顾问，33岁的Jason很有影响力。在目标客户群体中，他已经树立了很好的个人品牌。无须大量搜寻，Jason也能很快帮客户覆盖市场上的所有可能人选，并帮客户找到最合适的候选人。而33岁的Jason仍然没有客户公司的高管经验，仍然没有耀眼的教育背景……

尽管没有顶级猎头公司顾问的"形"，凭着专注与主动，Jason毫无疑问达到了只有顶级顾问才能达到的"神"：高业绩，高收入，高影响力，广泛且优质的人脉资源，最终形成了个人品牌。

本文合著作者

王忆民

上海晟仕企业管理咨询有限公司（"晟仕咨询"）的创始人和CEO，英国 Lumina Learning 的全球合伙人和中国区独家代理。毕业于美国加利福尼亚大学圣迭戈分校，获得国际关系和亚太事务硕士学位。创立晟仕咨询之前，曾在全球顶尖的猎头公司罗盛咨询和史宾沙任职，由于表现出色，屡屡获得晋升。他曾是史宾沙全球 300 多位咨询顾问中唯一一位中国护照持有者。

猎头顾问的"护城河"及选择专注方向的三个原则

作为一名猎头顾问,需要清晰、准确地明白:自己在猎头职业上的"护城河"是什么?这个看似简单的问题,至关重要!它是一名猎头顾问能否越老越值钱、越老越有价值的关键!

"在特定领域,知识与人脉的宽度、深度与高度"——我倾向于这样去定义猎头顾问的"护城河"!

先简要解读一下这个定义:

1. 特定领域:精心挑选并持续专注地耕耘一块适合自己长期发展的"根据地"。只有精准定位,才能提高知识与人脉的重复利用率,实现持续高产。同时,拥有了坚实的"根据地",才有往外拓展疆域的基础。事实上,从事猎头这个职业,做踏实的农夫往往比做勇猛的猎人更容易成功!

2. 知识与人脉:人脉的重要性不言而喻,但很多注重短期"销售效应"的顾问,对知识的系统积累往往重视度不够。长期来看,知识(市场、行业、职能、公司、人选等多个维度)的积累会促进顾问专业能力的提升,而专业能力则会帮助顾问赢取并有效地维护更广泛的人脉!

3. 宽度、深度与高度:宽度,意味着知识面与人脉要广博,并能跨界整合这些知识与人脉。深度,意味着持续的积累,在特定的领域,只有具备深度的积累,才可以做到真正懂行。在人脉上,只有与他人的关系足够深入,才有人愿意帮你。高度,意味着在特定的领域,认知层次比竞争对手更高,看得更远,同时人脉的层次和质量也更高,因而能比其他人更早地获得更好的机会!

建立起"根据地"与"护城河"的起点在于,我们能够逐步清晰地定义我们的专注领域。以我从事猎头行业20多年的实际体验、观察与思考来看,建议猎头顾问选择专注方向时,遵循以下三个基本原则。

原则1:"重复性"原则

在为客户服务的过程中,积累的见识与人脉要有较高的重复利用的可能性。

"重复性"本质上基于两点需求:效率与业务模式。只有在重复性业务上持续积累,猎头顾问在客户服务上才能更快、更精准,进而更加专业。同时,重复利用积累的见识与人脉资源,能够降低服务客户的成本。就目前的中国猎头市场而言,由于过度竞争,在大部分情况下,猎头顾问的业务模式是按结果收费,而不是客户预付费,因此,没有结果就不收费。由于实际的成单率越来越低,这意味着猎头顾问在大部分项目上的投入都没有回报,承担的成本风险非常高。只有猎头顾问在某个"失败"的项目上积累的见识与人脉还能用于其他的项目,也就是说具备重复利用的可能,才能从结构上解决猎头顾问成本风险过高的问题。

因地制宜地组合CSFILL的不同维度,是实现资源重复利用的基本思路。CSFILL是指客户(Client)、技能(Skills)、职能(Function)、行业（Industry）、地域（Location）、级别（Level）。围绕这六个维度，我们可以通过不同的组合来定义自己的专注领域。比如，专注于在美股、港股上市的 CFO 类职位（职能＋技能＋级别），专注于华南地区外资企业的 HR 职位（地域＋客户＋职能）。专注的本质就是：增加见识与人脉被重复利用的价值。

原则 2："成长性"原则

"成长性"原则的核心在于两个维度：一是目标领域里的猎头业务总量与相应的动态变化趋势，二是目前竞争的激烈程度。总的来说，业务量较多、中长期看涨并且竞争不太激烈的细分市场最具有成长性。

细分市场猎头业务的成长性，通常缺少简单直接的数据支持，需要用市场研究及经验评估的方式来确定。基本面的市场研究可以通过宏观经济形势、国家产业政策、投资机构的资金流向、人力资源机构研究报告等获得；战术层面的研究可以通过与猎头同行、客户及候选人交流访谈的方式获得。比如，我们通过我国人口的结构变化意识到我国人口老龄化对医疗健康养老的需求，从国家产业政策看到对大健康领域产业的支持，从投资机构的资金流向了解到很多资金流入了大健康领域，从人力资源行业各个机构的人才流入流出情况大体了解到大健康行业的人才流入多、流出少……这样下来，我们可以得出结论：大健康领域的猎头业务应该具备较好的成长性。再进一步，我们可以问问以大健康行业为主的猎头公司、猎头顾问的实际业务情况，我们还可以问问相关的客户公司过去几年的猎头费用及猎头供应商的增减情况，我们甚至可以问问相关的候选人过去几年被猎头顾问联系的频率以及被提供的职位的情况。

如果以上几个判断维度的功课都切实地去做了，即便不借助复杂的分析模型，我们也可以就某个细分领域的"成长性"做出基本靠谱的判断。

原则3："相关性"原则

目标领域跟你的相关程度如何？衡量相关性的三个基本维度为：见识（见解与知识）储备，人脉（客户关系与候选人资源）储备，你对目标领域的热情与天赋。

相比前面的两个原则，"相关性"原则被重视的程度可能不够。比如，好的AI人才很多公司都想要，因此AI行业的猎头业务具有很强的重复性，需求的上升趋势也显而易见，但这可能跟你没有什么相关性：一方面，你可能缺乏相关的见识与人脉储备；另一方面，你也未必有对AI领域的热情与天赋。如果只是因为它是大家公认的"好"方向而贸然进入，获得好结果的概率不见得有多高。

用好这三个原则的实战建议

寻找三个原则的最大交集

总的来说，符合这三个原则且三者交集最大的领域，就是最值得你专注的领域。

这三个原则及与之相关的判断维度，给猎头顾问提供了一个选择专注方向的框架性工具。在实际选择时，可以根据自己的实际情况，因地制宜、因时制宜地对各个要素的权重进行调整组合，进而找到这三个原则交集最大的细分领域！

双轨闭环，动态调整

在实际选择自己专注的方向时，猎头顾问往往容易走向两个极端。一个极端是：完全跟着能获得客户的机会走，对现实的反应很快，很务实，但几年下来，不能有效地建设自己可以长期坚守的专注领域"根据地"。另一个极端是：过度执着于自己选定的专注方向，不懂变通，结果惨淡，最终耗尽自己的激情后只能黯然退出。这两种常犯的错误，很符合人的天性，因为在大多数情况下，我们都是受习惯驱动的，任何一个方向的单轨前行都符合惯性。

想要真正用好这三个原则，我们需要同时关注两条轨道：一条是以"三原则交集原理"设定我们的方向，另一条是以"现实可获得的机会"设定我们的行动。我们要在这两条轨道上动态地、逐步精准地调整方向，形成闭环，从而在现实中赢得更好的业务机会。在这个过程中，我们需要深度思考并基于长期目标进行取舍，我们需要有耐心与时间做朋友，也需要一些运气。这样的"双轨闭环，动态调整"是少有人走的路，但长远来看，却可能是风景最美的路。

猎头面试的底层逻辑

面试是猎头顾问的基本从业技能。

目前市场上流行的面试技能，基本上都是从潜在雇主（HR 或用人经理）面试的角度总结的面试技能。猎头面试与潜在雇主面试既有共同点，也有很大的差异。猎头与 HR 或用人经理所处的立场、面临的任务不同，决定了这些流行的技能不能简单适用于猎头面试。如果生搬硬套，往往会适得其反。只有弄清楚猎头面试与雇主面试之间的异同，我们才能明白猎头面试的底层逻辑；只有底层逻辑更清晰，我们才能把各种技巧运用得更加淋漓尽致。

猎头面试与雇主面试的核心差异

猎头面试与雇主面试的核心差异在于以下三个维度：面试的初始起点不同，面试的过程目标不同，面试的最终决策不同。简要分析如下：

第一个维度：面试的初始起点不同

在绝大多数情况下，候选人参加 HR 或用人经理的面试，意味着对潜在雇主提供的职位有明确的求职意愿,因而大体上会遵守企业面试的流程及相关要求。HR 或用人经理可以专注于各种面试技能的应用,无须分散精力去考虑候选人的面试动机及配合意愿。

而猎头面试的初始起点往往会复杂些:候选人可能并无强烈的求职意愿,只是与猎头顾问认识一下;候选人可能对猎头顾问提供的职位并不感兴趣,因此不一定会配合猎头顾问设定的面试流程与要求;候选人甚至可能对猎头顾问不信任……这些不同的初始起点,意味着猎头顾问只有努力激发候选人参与面试的动力与配合意愿,才能有效地应用各种面试技能。

第二个维度:面试的过程目标不同

HR 或用人经理在面试过程中有一个比较明确的目标:评估(assessment)——通过面试过程,收集候选人的相关信息,解读这些信息并评估候选人与企业和具体职位的适配度。而对于猎头顾问来说,他们面试过程中的目标不仅仅是评估,也包括信息收集(information collection)、关系建设(relationship building)、知识学习(learning)等。

信息收集

在企业面试中,HR 或用人经理需要收集的信息主要集中于人岗匹配的相关内容,不方便也大可不必超越这个范畴。而对猎头顾问来说,面试除了可以评估候选人之外,也是收集市场信息极其重要的渠道,尤其是通过人际互动能补充公开渠道无法收集到的深度信息。比如,候选人所在公司内部的真实情况,候选人面试过的公司的情况,候选人想接触哪些公司,有哪些猎头公司、猎头顾问、市场机会来找过候选人,候选人对这些猎头公司、猎头顾问、市场机会的相关评价……对猎头顾问而言，这些都是高价值的市场信息。

关系建设

在大多数情况下，除非候选人受聘，否则 HR 或用人经理无须考虑与候选人将来的关系。而与行业内候选人的关系是猎头顾问的核心资源之一。面试，是猎头顾问获得候选人的认可、尊重与信任，以便建立长期合作关系，甚至发展个人友谊的重要途径。

知识学习

HR 或用人经理大体上具备对候选人所应聘职位的相关知识，通过面试向候选人学习只是他们非常次要的诉求。而猎头顾问则需要具备更广泛的知识与技能。大部分候选人在自己的专业领域都可以当猎头顾问的老师。能够巧妙自然地在面试中学习相应的专业知识，是猎头顾问持续成长、提高自身专业度的重要途径。

第三个维度：面试的最终决策不同

HR 或用人经理面试的最终决策为是否聘用，猎头面试的最终决策为是否推荐。由于面试的最终决策不同，HR 或用人经理与猎头顾问需要承担的风险与代价也不同。这使得他们做决策时承担的压力也有所不同。企业因错误招聘所导致的直接代价通常会很高，猎头推荐不精准的直接代价往往只是客户放弃进一步面试候选人。

基于以上分析，我们可以得出结论：尽管都是面试，因为初始起点、过程目标、最终决策的不同，猎头面试跟 HR 或用人经理面试其实有很大的不同！生搬硬套市场上流行的从企业面试角度总结的种种面试技能，用于猎头面试，效果很可能不佳。利用猎头面试决策压力较低、与候选人建立长期关系的定位优势，走出一条不限于评估，还包括收集市场信息、建立长期关系、学习专项知识的猎头面试之道，是值得每一位猎头顾问去认真思考、探索、实践与总结的。

猎头面试策略

笔者在此抛砖引玉，给出如下猎头面试策略建议：

建立信任先于面试

候选人愿意跟猎头顾问见面，说明已经具备了初步的沟通动机。然而，这并不一定意味着他/她跟猎头顾问已经建立了信任关系。缺少信任基础的沟通必将事倍功半！

巧用建立信任的借力点

如果你足够资深，候选人以认识你为荣，就能很快与你建立信任。如果你不是足够资深，有意识地巧用一些借力点，对快速与候选人建立信任也会有帮助。获取候选人的信任有两个重要的支点：一是你这个人可信，二是你具备可以支持他/她的能力与资源。

就可信度而言，在见面前挖掘出一些跟候选人的交集会有所帮助，例如找到你们共同认识或知道的人，利用公司系统、领英社交平台等能够了解候选人周围的同事，前同事尤其有帮助。又如，提前了解近期候选人所在行业、公司的重大新闻，通过网络即可知道。总之，这样的交集，只要动脑筋去想，总能找到。

就能力与资源而言，如果你的资深程度不够，则可以借助团队和整个公司的优势，让候选人看到你成长的潜力以及他/她与你保持联系的价值，比如除了机会推荐外，你能给予的信息分享价值、职业指导建议等。只要你不把目光局限于自己身上，就总能找到很多借力点。

利用好角色定位优势，促使候选人去除"包装"

如果猎头顾问能切实让候选人意识到彼此是长期关系，可能面临多次、多种不同的推荐，愿意跟猎头顾问坦言自己各种能力的强弱与真实的跳槽意愿，那么猎头顾问就能对候选人进行更全面、更准确的评估。

善用对标点判断候选人能力

我刚入行时，面临过很多次专业客户提出的专业挑战，比如，"你没有做过跟质量相关的任何工作，我们怎么能相信你对候选人质量管理方面的专业能力判断？""你没有做过营销工作，凭什么判断出目标公司营销部的好几十个人中，哪些是真正的高潜力候选人？"面对这些专业挑战，我通常不会不懂装懂地进行一些对抗性沟通，而是会表达两层意思：其一，我不是某个具体职能方面的专家，我只是一个找人的专家；其二，具体职能方面的知识与经验的欠缺，并不妨碍我精准地找人和推荐人，因为我有很多对标点可以利用。比如，虽然我没有做过质量工作，但只要我知道客户所用的质量体系，然后把市场上拥有类似体系的优秀公司的对标职位的候选人推荐给客户，大体上就不会跑偏。又如，我无法通过面试精准判断某个公司营销部门的几十个人中，究竟谁更有潜力，但我通过了解他们各自的晋升速度、在公司的业绩排名等，大体上也能精准判断。这样的对标点还可以找出很多，甚至找一个跟候选人没有直接利益冲突的内部知情人士，非正式地问几句，也能很快地了解到相关情况。实事求是地说，因地制宜地看，猎头顾问无须套用很多看似专业的面试理论，也能完成专业评估与精准推荐。

用好广泛适用的框架性问题并学会顺势追问

不用列出非常复杂的问题清单，学习追问的技巧，问些常识性的问题，猎头面试也能体现出足够的专业度和深度。比如，你最重要的几个KPI是什么？用0～10分来打分的话，你对每一个KPI的满意度打几分？扣掉的分数是因为什么扣掉的？如果经常做同质化的职位人才招募，猎头顾问可以请教专业人士，从而获得必备问题清单，比如经常做财务岗位人才招募的猎头顾问可以认真地去问几个CFO："你觉得好的CFO都具备哪些特质？""你会用什么标准去衡量一个CFO是否足够优秀？"然后把收集到的信息总结成自己的经验。如此取经，即便是入行时间尚短、资历较浅的猎头顾问，也可以在面试候选人时问出很专业、很资深的问题。

伴装与坦诚并用

在向候选人学习时，既可以把想了解的内容转化成面试问题去询问候选人，在候选人回答的过程中学习，也可以直接坦诚地向候选人请教，请教方式可以因人而异、因地制宜。

基于前面分析的面试初始起点、面试过程目标与面试最终决策，优秀的猎头顾问在面试上需要发展这样一种组合能力：利用猎头顾问与候选人关系的长期性，很快与候选人建立彼此信任的关系；利用猎头顾问将来可以向候选人推荐不同公司、不同职位的可能性，让候选人更愿意去掉"包装"，坦诚告知自己各项能力的强弱以及在职业发展上的真实想法，提高猎头顾问"评估"的准确性；利用面试的最终决策只决定是否推荐的低风险，因地制宜、灵活地采用不同的评估手段，高效完成评估；最后把每一个面试过的候选人发展为自己的学习顾问及信息渠道，乃至良师益友。

本文合著作者

蒋倩

资深猎头，猎头培训师。线上公益节目《猎头成长30天又N天》在喜马拉雅平台累计有超过30万次的播放量。职场自媒体人，微信公众号、视频号"珍妮姐说"主理人，著有《百万猎头从入门到精通》。

个人参数系统
——一种被忽视的猎头成长工具

什么是个人参数系统？有何用处？你想过这些吗？

以上问题，我曾经问过很多朋友。大部分时候，大家都很茫然。可能是我还没有找到最恰当的术语来表述这个成长工具，也可能是这个能够低成本达成的高价值成长工具还没有受到足够的重视。所以，我想写篇文章，认真地谈谈这个问题。

何为个人参数系统？

个人参数系统中的"参数"，简要地讲，就是你对某些事物相对稳定的分类。比如，你如何分类你的人脉？你如何分类你要管理的文件？你如何分类你要处理的事务？你如何分类你要管理的物品？这些分类方式，在一定程度上反映了你对世界的认知：是随机的，还是相对稳定的；是清晰的，还是模糊的；是"刺激－反应"型的，还是有一定规划的……而有意识地学习如何分类，把分类的结果归结为不同的"参数"，形成参数系统，用这些"参数"去指导实践，并动态地调整参数系统的过程，会提升我们的认知。

以上描述可能有些抽象，我举一个比较容易理解的例子：时间管理中的价值参数。

关于时间管理的方法、工具、论述很多，我个人认为核心要义在于三点：

1. 对事项的价值进行判断与排序；

2. 管理好自己而非时间，确保将尽可能多的时间用到价值尽可能高的事情上；

3. 提升实际执行时的效率。

对事情的价值进行判断与排序是时间管理的起点，很多人明白要按照紧急程度与重要程度进行分类的基本原理。但在现实中，如果按照"重要且紧急，紧急但不重要，重要但不紧急，不紧急也不重要"这四个象限进行价值判断与排序，难免陷入"刺激－反应"型的只要有价值就去做的无奈中。因此，换一种更为直观的参数方式，或许可以化解这种无奈。

过去十多年，我一直沿用数字化参数的方式快速地对事情的价值进行判断与排序，大体思路是：1、2、3——重复性事务；4、5、6——有可能要做的事；7、8、9——计划要做的事。每个类别中的事项可以进一步分解为：

1——大体上每天需要重复做的事，比如，健康饮食，说话简洁，保持锻炼。

2——大体上每周需要重复做的事，比如，周计划，家庭活动，朋友聚会。

3——大体上每个月或者在更长的时间周期内需要重复做的事，比如，月度计划，月度财务报表，跟同事的月度沟通等。

4——没有时间就可以放弃的待做事项，避免因为其能产生短期价值就去做的陷阱。

5——有时间尽可能去做的待做事项。

6——尽快安排时间去做的待做事项。

7——本周计划要做的事。

8——当日的重点事项。

9——当日需要确保完成的紧急且重要的事项。

我一直坚持利用这些数字化的参数来优化我对事情的价值判断，提升我的处理效率：我把所有待办事项汇总到一个"任务池"里，为每件事快速标注1～9的参数；每天回顾标有参数1～9的事项时，通过系统复制的方式，10分钟左右就能形成一个有几十件待做事项的精准列表，并将此作为日计划的基础；对于每天计划外的新增事项，我也同样用这些参数快速标注，并汇总到"任务池"中。这样，看起来复杂的价值判断与排序工作，借助这些明确的数字参数及一个合适的IT工具，就高效且轻松地实现了。

这套参数系统对我的时间管理帮助极大，让我在创业者、公司营运者、上司、丈夫、父亲、儿子、朋友、写作者、演讲者、投资者等诸多角色之间动态地照顾到因时间有限而存在潜在冲突的多种需求……

参数不但可以是数字，也可以是文字。其核心在于分类，并在此基础上形成稳定的框架，从而借助这个框架高效地实现目标、提高认知。

在一定程度上，我们可以把参数系统理解为相对结构化的标签。标签的作用在于便捷地给对象做一个标记，为我们查找时提供一个快捷线索。完整的框架结构则更加严谨厚重。而参数系统介于两者之间，比灵活的标签更加结构化，能促进我们形成很多相对稳定的框架。当我们能够同时运用多种不同的框架去看待事物的时候，我们就能够较快地看清事物的本质，这对提升认知很重要。正如史诗级的电影巨作

《教父》中的经典台词："在一秒钟内看到本质的人和花半辈子也看不清一件事本质的人，自然是不一样的命运。"

如何设定参数系统？

我们可以从不同的角度设定不同类型的参数系统。比如，猎头顾问的工作需要从不同角度去管理大量的候选人信息。一个清晰稳定的个人参数系统，对我们高效精准地管理这些信息意义极大。有关候选人信息的参数系统包括，跟自己关系远近的程度参数系统，需要维护的频率参数系统，可推荐性的价值参数系统，作为客户的潜在价值参数系统……从这个角度看，好的猎头系统都应该为每个顾问提供个性化的参数功能。

很多时候，我们可以借鉴他人的参数系统。但每个人对世界的认知都是比较个性化的，所以我们需要自己摸索一套适合自己的"个人参数系统"。尽管参数是个性化的，但参数起作用的原理却是相通的：在确定、优化、完善种种参数的过程中，我们自然会提升自己结构化思考的能力。更为重要的是，大量应用这些参数进行分类时，我们就容易找到机会，有意识地来锻炼我们的"大脑肌肉"，而且相对稳定的参数也会让我们的思考效率更高。

个人参数系统在构建的前期，可能会显得有点费力不讨好，但长期来看却很有价值。这有点像开火车与驾马车的区别，火车需要修铁轨、修车站，最初通行时故障率还可能挺高，不如驾马车顺利。但长远来看，马会越跑越累，马车会越跑越慢，相比之下，火车却能在装载更多货物的同时不知疲倦地奔跑……

祝大家都有一个美好的参数人生！

双轨闭环与精准勤奋

我们的行为大体上受两种力的推动：一种是对现实刺激的反应，另一种是对理想目标计划的执行。我将这两种力统称为"外驱力与内驱力轨道"，简称"双轨"。

不顾现实地一味坚持执行理想目标计划，通常路会越走越窄，最后甚至会走进死胡同。而简单地依赖对现实的刺激进行反应，短期来看，接地气、见效快。但长远来看，除了极少数幸运者，大部分人往往会越走越疑惑，越走越迷茫。

常理度之，对现实刺激的反应和对理想目标的执行最好能够相辅相成：用理想目标计划来指导现实行动，用现实的反馈来修正理想目标计划，即实现"双轨闭环"。这样，我们大概率能够前行得更远，也更容易收获成功与快乐。双轨闭环与精准勤奋成长法如图2-2所示。

常识往往不是现实。现实中，大部分人过度依赖"现实刺激反应"轨道，随波逐流，平庸地忙碌着。小部分人过度沉溺于自己的"理想目标计划"中，与现实脱节，反而抱怨现实太残酷。只有极少数人在两条轨道之间摸索出相对均衡和良性的互动模式，在双轨闭环中有的放矢地高效前行。

天赋高且运气好的人，无意识中就能实现双轨闭环。对普通人而言，实现双轨闭环的方法技能往往需要有意识地去"修炼"，才能有所

双轨闭环与精准勤奋

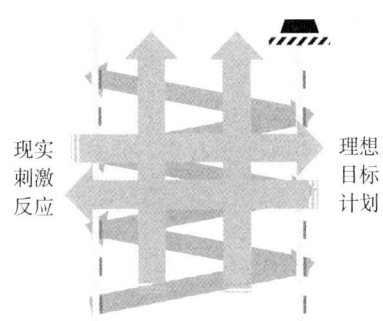

- 过度执着于自己的"理想、目标、计划",这在现实世界里基本是行不通的。
- 过度依赖于对现实刺激进行反应,除非际遇很好,否则容易陷入平庸的忙碌。
- 在"理想目标计划"与"现实刺激反应"两条轨道之间,动态调整,彼此适配,形成闭环,从平庸的忙碌到精准的勤奋!

图2—2 双轨闭环与精准勤奋成长法

感悟。下面介绍一些我自己实践体验过的方法,抛砖引玉,希望对朋友们有所启发。

与时间赛跑

完成比完美重要。开始时,设定一个时间预算或最后期限。在过程中,按合理的频率对进度与时间做双轨比对。这会有效减少在"追求完美"这个合理借口下的低效拖延。这种双轨闭环思维基本上可以用在任何需要管理时间支配的任务上。

半日冲刺

不愿做计划,并非不知道随波逐流地对现实刺激进行反应的潜在弊端，而是很多时候计划确实赶不上变化。且不说计划未来一周的日程，有时第二天的日程都无法有效计划。既然如此，花 5 分钟，把接下来 3~5 个小时内可计划的事务及时间预算写下来，然后用双轨比对的方式看看计划与现实进展的差距。这样，在提升专注力与紧迫感的同时，也可以不断提升自己的计划能力。在充满不确定性的迷雾时代，1 000 米之后的景象可能看不清，但相对精准地计划和走好眼前能看清楚的 200 米，推进到下一个能看清楚的 200 米，然后继续计划、前行……坚持这种计划与执行比对的双轨闭环思维，半日复半日，尽管环境多变，我们也能更加从容且淡定。

用时记录

如果不确定性太高，无法计划，必须快速地对现实刺激进行反应时，还可以换个方法来实现双轨闭环：精准记录每天做了哪些事以及每件事花费的时间。一旦开始认真记录，我们就会自然而然地从简单刺激反应的单轨模式中跳脱出来。这可能是最简单且最有效的时间管理方法。

TDA 和 ADT 双向思维行动法

这个方法是我自创的。我自己应用了将近 20 年，帮助极大。我甚至为此让 IT 部门的同事开发了相应的软件系统。TDA&ADT 双向思维行动法的简要介绍如下：

TDA 三个大写字母的意思分别是：任务池（Task Pool），日计划（Daily Plan），达成总结（Achievement Summary）。

任务池的作用，类似于待办事项清单（To-Do List）。但它比通常的待办事项清单的要求要高一些，比如，要对事项进行分类及价值排序。我们常态化地对事项进行分类，自然而然就可以提升结构化思维能力。我们对价值进行排序，避免了"有价值就去做"的随机刺激反应陷阱，可以持续地把时间投入到价值更高的事项上，我们就更有可能获得更大的成就。关于任务池的管理工作，市面上没有相应的定制软件，我们用 Excel 基本可以代替，关键是要有理念上的认同及初期的耐心。

日计划即每天的任务清单。如果对任务池的维护较好，用选择、复制的方法，5 分钟之内就可以高质量地完成一个涉及几十项任务的详细、清晰、精准的日计划。

达成总结即实际达成记录。其本质跟前述的"用时记录"一样，核心要点在于，知道时间花在了哪里，而非所谓的"成就"。如果日计划做得充分，结合参数设置和时间记录，这个环节就会完成得很轻松。

在大脑中想象一下这样的情形：出现需要做但不必马上做的事项时，随手记入任务池，简单分类并标注价值等级，在清空大脑的同时，对面临的任务始终保持着整体而系统的认识；在需要做当日的计划时，根据当时的实际状况，从任务池中选择价值较高的事项来执行，这有助于保持长期的大局与当下的局部之间的有机结合，既照顾到眼前，又照顾到将来；实际执行时，结合前述的"与时间赛跑＋半日冲刺＋用时记录"，高效精准地行动。长期坚持这样的方式，我们的成就自然会大一些。

自律严谨的方式未必适合所有人，如果 TDA 的顺序不适合你，我们完全可以反过来，运用 ADT 的方式——从局部入手，只是记录实际做的事项及耗时，从而逆向完成日计划，并把想做但未完成的事项纳入任务池。只要理解并切实应用双轨闭环的思维，TDA 和 ADT 这两个看似不同的方向，实为殊途同归。

双向定点计划回顾

人们大多数时候做的计划，都是无效的。其本质原因，是对双轨闭环的认知不够，做计划沦为了被要求的流程或者是罗列愿望清单而已。

解决这一问题的方法，其实也很简单：对计划与实际的进展进行定点的双向回顾，并动态调整计划，然后用计划去促进现实中的执行。在实际的操作中，制度化地采取固定的时间点（如 1/4 时点、中间时点、3/4 时点）回顾，并做书面记录，将会极大地促进计划与执行之间的双向互动。

场景定式刻意练习

"定式"这个术语来自围棋，意思是在特定的棋形下相对固定的最优应对方法。这个理念可以延伸应用到我们的工作、生活、学习中：首先，定义一些高频出现的场景，然后为每种场景总结出相对稳定的最优应对方法。之后每当进入这样的场景时，有意识地采用已经总结过的最优应对方法，把每一个实战任务变成一次练习机会，从而持续完善已有的场景定式。在这种双轨闭环的循环往复中，我们更容易取得高效且长足的进步。

刺激反应框架拼图

一方面，在现实中我们很难对未来有精准的预测并以此做计划，我们必须进行大量的刺激反应。另一方面，对于很多事情，我们可以事先搭好相对稳定的框架，把更多对现实刺激进行反应的随机动作根据势态有序地导入既定的框架，从而实现精准拼图。比如，图书管理员无法预测读者何时来归还什么样的书，但凭借事前规划好的图书分类、编号及储存架系统，图书管理员可以把随机归还的每本图书精准地存放到相应的具体位置上。

拥有双轨闭环思维，再借助框架拼图，不仅能让我们更从容地对现实中的刺激进行反应，也能让我们借助现实中的刺激和反应动态、持续地改进我们的框架。

人生框架双轨拼图

"双轨闭环＋框架拼图"的思路甚至可以进一步扩展，进而支持到我们的终身成长。如有可能，为自己的人生设定一个相对稳定的框架。应用这个框架，让我们每天面对现实刺激反应时的所思所行更加有序，同时也利用现实反馈来完善我们的人生框架与前行地图。比如，我自己在思考人生的底层逻辑时，会借助汽车的比喻，形成一个较为稳定的人生拼图的底层框架。我把它命名为 PD－Car（Personal Development Car，个人成长汽车模型框架），如图 2－3 所示。

猎头之道

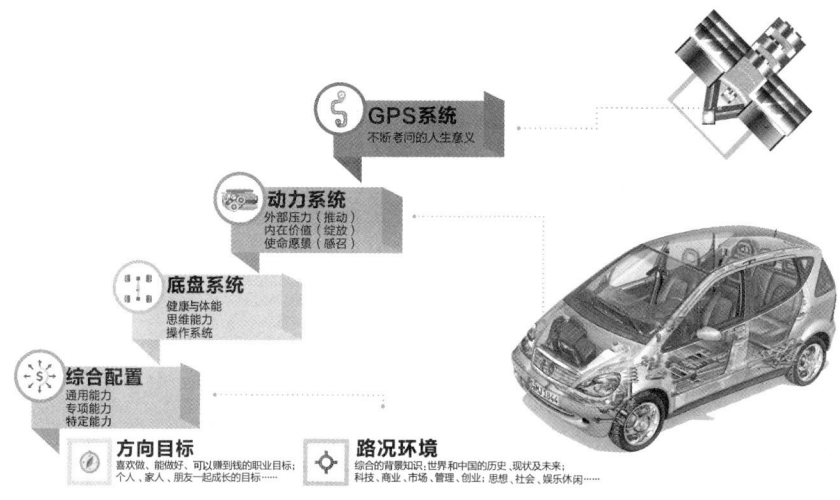

图 2—3 个人成长汽车模型框架（PD‐Car）

对 PD‐Car 的六个要素，简要介绍如下：

1. GPS 系统：指导自己人生的基本原则体系，比如，不断追寻人生意义，探寻自己真正想要的活法、想做的工作、对幸福的基本定义等。

2. 动力系统：如何建设并维护好自己的动力体系，构建良性的外部压力，持续提升内在价值感，找到让自己有使命感的人生目标等。

3. 底盘系统：核心为三个维度，包括健康与体能建设，综合思维能力（如各种实用思维模型、元认知能力、创造力、深度思考能力、记忆力等），高效的个人操作系统（如资讯管理、人脉管理、精力管理、状态管理等）。

4. 综合配置：各种通用能力（如沟通、学习等），专项能力（职业知识与技能），特定能力（按需定义的需要阶段性地重点突破的能力）。

5. 方向目标：如喜欢做、能做好、可以赚到钱的职业目标，个人、家人、朋友一起成长的目标……

6. 路况环境：各种综合背景知识，如中国史和世界史、时事热点、科技、商业、市场、管理、创业、社会人文、娱乐休闲……

一个长期稳定的底层框架，会非常有助于动态拼图的完成。在此基础上，各个层次的框架（如前面提到的各种场景定式），也自然成为PD-Car中的一环。在各层动态相对稳定的框架支撑下，以双轨闭环的思路，每天有序且精准地修图或拼图一小块，持之以恒，人生成功和幸福的概率会高一些。

从平庸地忙碌到精准地勤奋

目前的社会和职场，无论你是否愿意，被环境所迫，"忙碌"似乎已经成为标配。但很多忙碌，只是现实刺激下被动反应式的平庸忙碌。如果能够实现双轨闭环，再加上框架拼图与场景定式，就有机会逐步从平庸地忙碌转变为精准地勤奋。也许很多人都有类似的体验：完全放任、毫不费力地对刺激进行反应，如卧床追剧一天，或连续刷屏几个小时，原以为会获得放松的感受，但最后收获的往往是懊悔。相反，自律地全神贯注于精准的目标，虽然刚开始可能辛苦一些，但最终收获的却是非常愉悦的心流体验。从单轨前行到双轨闭环，确实要多费些功夫，但值得践行！

场景定式思维在猎头业务中的应用

我对场景定式思维的感悟,很大程度上来源于我跟儿子下围棋的体验。

我有 30 年以上的棋龄,是业余一段。我儿子有 10 年左右的棋龄,是业余五段。我们父子对弈时,他都会让我三个子,但好多盘下来,我从未赢过。更令人沮丧的是,他跟我下棋时还能一心二用。我觉得他游离于棋局之外是对对手的不尊重,但我也无可奈何。因为他落子比我快,大多数情况下,是他在等我落子。他有一心二用的资格,我却需要绞尽脑汁地计算思考。

在经历多次沮丧之后,我体会到了因棋力成长的方法论不同而带来的巨大差距!

在下围棋上,我是个十足的实战派,棋力的长进来自不断地下棋实践。儿子师从专业围棋老师,接受过较为系统的训练,其中的一个训练环节,就是对上百个围棋定式进行深入学习。所谓定式,就是针对围棋中经常出现的场景相对固定的最优应对招法,大体上是从历代高手对弈的实战招法中总结而来的。对这上百个围棋场景的最优应对招法,儿子驾轻就熟,我却要临时针对每个场景重新反应、重新计算。尽管我的临场反应能力还不错,但却避免不了耗时多且应对水平不稳定的结局。

对围棋定式的感悟让我意识到,提升猎头业务能力的道理是与之相通的：定义典型的业务场景，总结针对每个场景的最合适的"定式"（通常表现为相对稳定的框架及核心要点），把每个实战任务转化为刻意练习的机会，这样我们就可以更快速、更扎实、更系统地持续提升。

举个例子，"候选人信息收集"是猎头业务重复性最高的场景之一，你是否清晰、精准、框架性地总结过需要收集哪些具体的信息点？这些信息点你能否记住？我猜大部分猎头顾问的实际情况是：对要收集的信息维度（如目前的工作情况、换工作的意愿及动机等）有个大概的思路，能记住其中的部分信息点（如大致的工作经历、薪酬水平等），但未必有一个清晰精准的框架，也记不全所有的信息点。

大多数猎头顾问实际的工作状况可能是：接受过一定的培训，知道如何在电话沟通或面谈中按一定的流程提问、收集候选人的相关信息。但在实际的电话沟通或面谈时，候选人往往不是按照预设的流程行事的，因为按照既定流程照本宣科往往生硬且效果不好。

如同前述学习围棋定式，我们改变一下猎头顾问学习成长的方法论，可能会有意想不到的效果。比如，我们可以按照如下的几个步骤推进：

1. 总结一个清晰精准的候选人信息收集的定式，即一个相对稳定的框架及要点，如范例1所示。

2. 花一点时间和精力记住这个定式，以便大脑能够凭记忆快速检索重现。

3. 在实际工作中顺势而为，拼图积累。无须过度依赖预设的电话沟通或面谈流程，可以按照候选人的节奏顺势推进。但用已经总结并已形成记忆的框架要点对照解析，能够非常快速精准地觉知哪些需要的信息点已经收集到，哪些需要的信息点尚未收集到。然后以拼图的方式，不断把谈话引导到待收集的信息点上，做到脑中有清晰的框架地图，过程如行云流水，效果往往会更好。

范例1：候选人信息收集十大要点（要点型定式范例）

1. 个人信息：中英文名，性别，出生年月，婚姻状况，户籍国籍，工作地点，家庭居住地，家庭背景，成长经历……

2. 教育培训：毕业院校和时间，学历，学习成绩，课外活动，专业培训，专业证书……

3. 技能语言：特别技能（有无证书），掌握的语言及流利程度……

4. 任职公司：公司性质，公司产品，公司规模，公司地点……

5. 职位团队：职位名称，工作职责，上下级及团队架构，出差频率……

6. 薪酬福利：整体薪资水平，薪资构成与细节（如基础薪资、绩效奖金、福利补贴、股票等），调薪时间，特别约定情形（如绑定、避税、竞业限制、薪资发放形式等）……

7. 跳槽原因：主观原因，客观原因，主要原因，次要原因……

8. 跳槽期望：薪资期望，其他影响因素（如职位、公司、工作内容、直线经理、文化、工作地点等）……

9. 招聘信息：你的团队招不招人？公司招不招人？你最近正在准备面试或面试过什么职位？最近猎头因为什么样的工作机会找过你？你离开上一家公司时，谁接替了你的位置？到现在的公司后，你接替了谁的位置？他/她去了哪里？……

10. 资源推荐：朋友，同事，各类公司人员名录……

这种"场景定式"的思维方式，表面上看起来比较刻板。但在每一个场景中，有一个清晰稳定的框架要点构成的定式（见范例2），大多数情况下能让我们的沟通更加有序和自如。在前述的候选人信息收集场景中，我们较难按规定的流程，让候选人来配合我们先讲什么，再讲什么，然后讲什么……若一定要按流程走，可能会显得生硬并影响沟通的质量。但若不按流程，完全随机，有可能谈了半个小时却发现候选人的关键信息点仍然没有收集到多少。"场景框架"应用熟练后，就可以恰到好处地应对这份左右为难的尴尬。

范例2：猎头业务专注精耕框架（问题清单型定式范例）

1. 如何定义这个专注领域？
2. 这个专注领域的猎头业务规模及分布情况如何？
3. 这个专注领域使用招聘及猎头服务的特点如何？
4. 这个专注领域的猎头从业人员如何？
5. 如何经营管理这个专注领域的猎头业务？
6. 在这个专注领域，哪些公司的猎头业务做得比较好？
7. 这个专注领域资深的或做得不错的顾问都有哪些？
8. 对你来说，如何切入或扩大这个专注领域的猎头业务？

同时，稳定框架的应用有助于我们逐层递进地深度了解一个问题。比如，对于范例1中的"薪酬福利"一项，我们可以将其进一步梳理为以下框架要点（见范例3）。如果我们也能精准记住这些要点，在面临收集候选人薪酬福利信息这个场景时，我们就能按照候选人的反馈引导谈话，进行拼图积累，行云流水般地较高质量地完成沟通。

> **范例3：薪酬福利信息收集框架要点**
>
> 1. 基本工资：保证月数，缴金基数，发放方式。
> 2. 奖金（分红）：达成条件，计算方式。
> 3. 长期激励：企业年金，长期服务奖，支取方式。
> 4. 津贴：缴金补贴，房补，车补，交通通信补贴，培训教育补贴，餐补，出差补贴，旅游健身，公司免费或打折产品。
> 5. 股权期权：上市公司股权（授予股数，授予价值，折扣价购买，兑现条件）；上市公司期权；未上市公司期权（股数，估值，行权价，行权安排，回购计划）；PEVC的跟投（项目或基金）与利润分成。
> 6. 其他要点：避税措施，年假，医疗保险，签约奖，涨薪幅度与时间节点，收入证明。
>
> 注：此范例由FMC合伙人罗冉（Tracy）整理提供。

以上"定义场景，总结定式，检索记忆，刻意练习"的方法，可能不太符合大多数人的习惯，但确实有非常好的效果，只不过初期需要多费一些功夫罢了。而且，这样的"场景定式思维"，可以延伸应用到猎头业务之外。比如，我早年学开车时比较笨，有过一个月撞5次车的记录，后来我用场景定式思维总结了一个驾驶技术定式（见范例4）。每次进入开车的场景，我都有意识地按照自己总结的定式要点刻意练习，之后的17年，我在驾驶上保持了极高的安全记录。我后来将其分享给一些初学驾驶的朋友，很多人反馈说方法非常有效。

> **范例 4：核心驾驶技术的 3×3 框架**
>
> 总纲：非特技驾驶人员，观察第一（发生事故多半是由于没有观察到位），判断第二，操控第三（观察、判断到位了，操控基本不成问题）。
>
> 1. 观察：盲点，远点，效率点
> - 手握方向盘，第一时间觉知有无观察的盲点死角。
> - 观察能够观察到的最远点，有利于提早预判。
> - 确定核心观察点，避免观察不足或过度观察。
> - 夜间行车，选择车速合适的跟车对象，提升观察和判断的绩效。
>
> 2. 判断：通过，动态，倒车
> - 观察并想象车身的宽度、长度与物体的距离，判断能否通过。
> - 行车中对各车辆之间的动态位置关系进行判断。
> - 倒车前，判断并想象倒车策略路线，以便精准入位。
>
> 3. 操控：精准，流畅，少刹车
> - 精准驾驶，没有一个多余的动作。
> - 有意识地练习通过减少刹车来提升观察及判断的效率。
> - 有意识地把车开得像专业司机一样平稳、顺畅。

下面给出几个小建议，希望对有兴趣实践"场景定式思维"的朋友能有所帮助。

1. 高频入手，提炼抓手：选择容易入手的高频场景，快速"抓住"核心要点，形成初步的定式即可。如有机会，直接借鉴他人总结的定式要点，以便更快启动。

2. 背记熟知，场景觉知：以大脑能在每个对应场景中快速识记的标准，熟悉这些场景框架。"记住"可能最困难。如有必要，可以做成图片，存于手机，随时查看。

3. 双轨闭环，刻意练习：在具体场景中，应用定式并改善定式，在当下充满正念地把每一个实战任务转化为刻意练习的机会。从平庸地忙碌到精准地勤奋。随着我们内化的场景定式越多，我们就越有能力触类旁通地消化更多的"新的场景定式"。

4. 点线面体，终身成长：从一个场景到一系列场景，再到多个领域的场景，最后到整个人生的场景，以拼图积累的方式，扎实地支持自己一生的成长。

5. 一起成长，效果猛涨：与他人一起，彼此督促、彼此鼓励，这样效果更好，也更快乐。

我个人从场景定式思维中受益极大，不仅仅是猎头业务场景、生活技能场景，我们甚至可以把整个人生当成很多场景的集合来看待。如同围棋定式对提升围棋棋艺的作用，场景定式思维虽然未必能助人成为各种大师，但针对每个场景认真整理、刻意练习，大概率能成为各种高手！以上分享，希望能启发更多的朋友！

易被忽略的常识：有关猎头成长与学习方法论的感悟

"成长，学习，改进方法"是老生常谈的话题，除非有标新立异的内容，否则已很难激起我们去深度了解的兴趣了。然而，大道至简，很多真正重要的东西其实就是常识，尤其是被忽略的那部分常识！如果我们系统地总结一下这些常识，可能会有意想不到的效果。我把自己受益良多却容易被忽略的关于学习成长的常识总结如下。

成长定义模糊

我随机问过很多朋友如下问题：既然成长对你那么重要，你会如何定义成长？绝大部分人会停下来认真思考，之后会给我类似于这样的回答：一天比一天强；原来做不到的，现在做到了；现在比以前做得更好了，或者是把更多的潜力激发出来了……极少有人对成长有一个清晰、精准的定义。但对极其重要的事情，有一个清晰、精准的定义对我们的帮助会很大。因为"下定义"是我们对事物本质的探索。

我自己是这样定义成长的：持续地认清和接近现实与理想的过程！我从这个定义中受益良多：更认清、更接近现实，让我们能够持续地去修正已经过时的地图；更认清、更接近理想，会激励我们更好地前行。我们往这两端同时延伸的过程中，就会相对自然地成为一个现实的理想主义者，也会更有可能将平庸地忙碌转变为精准地勤奋。

没有充分意识到：成长是解决一切问题的良药

很多朋友只是觉得成长特别重要。如果能把这个意识上升到"成长是解决一切问题的良药"，我们会活得更加淡定些。因为成长不仅仅使我们的能力增强，事业有长进，也使我们能更好地应对很多无奈，比如资源、能力的不足。因为即使你的资源再多、能力再强，相较于接连不断的挑战和你的梦想，可能都是不够的，就好像福布斯2021全球富豪榜排名第二的马斯克会时常遭遇缺钱的窘境一样。其实，即使是面对死亡，我们也可以通过学习和成长，让自己变得更轻松坦然一些。带着以终为始的远见、淡定从容的心态，人生会更精彩、更幸福。所以，成长是每个人显性或隐性的最底层的需求，也是解决一切问题的终极良药！

想深一层，成年人最重要的责任其实是成长

我曾经问过200多个人，成年人最重要的责任是什么。具有压倒性的多数回答是："成年人最重要的责任是承担责任。"这个无可挑剔的回答背后，有一个容易被忽略的误区：作为成年人，为人下属或为人老板，为人子，为人父、为人夫或为人母、为人妻……在特定的角色下，责任是想逃都逃不掉的，而成年人的成长责任却天然容易被忽视。因为，成年人容易固守好不容易才沉淀下来的价值观、方法论，进而容易持有过时的"地图"继续人生的旅程；成年人的自主权往往

会妨碍成年人的成长；成年人更容易为成长设限……

我们如果能主动把成长视为成年人最重要的责任，反而能更好地承担各种角色赋予我们的责任。

忽视成长的目标

有时我们容易忽视成长的目标，觉得只要更快、更强就好了，可能出现越成长越疑惑的现象。以终为始的态度对我们的成长导航会有很大的帮助。就我个人而言，成长的目标指向是可持续的自由与幸福。一旦意识到这一点，我就容易在追求财务自由的同时，把自由与幸福的外延扩展到更多的维度上，如心灵自由、身份自由（不被某种特定的"身份"所束缚）、局限自由（面对不确定性，如资源、能力、资讯不足情形下的自由）……时刻记住成长的目标，往往使我们在成长的过程中更有动力，更加自律，更加从容。

缺乏关于学习的清晰定义

学习是一件人们习以为常的事情，以至于很多时候，我们懒得去定义它。其实，如果我们花点时间去整理一个属于自己的关于学习的精准定义，以此为起点，我们可能会有意想不到的收获。

我整理过一个适合我自己的关于学习的定义："把多种类型的输入，如知识、技能、理念、体验等，从短期记忆转变为长期记忆，或内化成新的自动程序，也就是形成新的习惯。然后创造性地跨界整合长期记忆及新习惯的内容，因地制宜、因时制宜地应用。在应用实践中激发出新的需求，循环往复，螺旋上升！"虽然这个定义有点拗口，但它使我在学习的过程中受益良多。

掌握方法比盲目勤奋更有效

"干就是了（Just do it）！"这句很能激发行动的口号有时会误导我们。成功可能是天赋、运气、勤奋、方法的综合结果，天赋与运气我们往往控制不了，但在激烈竞争的环境中，勤奋往往会成为标配。即使你想停下来偷偷懒，环境也可能会推着你努力向前。很多时候，人与人之间的勤奋程度可能差距不会太大，比如工作 9 小时与 10 小时。而方法论上的差距却是极大的，而且受惯性的支配，比起勤奋，方法论更容易被忽略。

重复同样的行为，往往只能得到同样的结果。人很难获得认知水平以外的收益。强制性地分配一定比例的时间和精力用于方法论的打磨、认知水平的提高，结果可能会事半功倍。

元认知与元习惯

元认知是指对自己认知的认知，如知道自己的认知是如何形成的、如何应用的，以及自己认知的缺陷。元习惯，可以理解为养成习惯的习惯，知道自己如何能够更快养成一个新习惯，即内在的自动程序。这两个概念及其组合对我们的学习至关重要，但却常常被忽视。

提升元认知能力，有助于了解我们如何形成和应用认知，内在自动程序如何被编码及其缺陷。而借助元习惯，我们能够更快地去修正，更快地养成新的习惯！大部分人可能是在无意识地应用这两项能力，但如果能够有意识地去学习强化，会非常有效地支持我们持续成长。

意志力的最优用法不是控制自己

很多时候，我们说某个人的意志力强，往往是指这个人能够用意志力实现自我控制与自我约束的能力。但意志力是非常珍贵的易耗资源，最优的投入方向应该是支持自己养成新的习惯，从根本上降低对意志力的消耗。长期自我压制型的意志力使用，有可能形成报复性反弹。

成长的效率原理

基于我个人的经验，我把成长分为六个阶段：知道，懂得，记住，刻意，留意，自然。而成长的效率，往往表现为从知道到最终自然做到的效率，如图 2-4 所示。

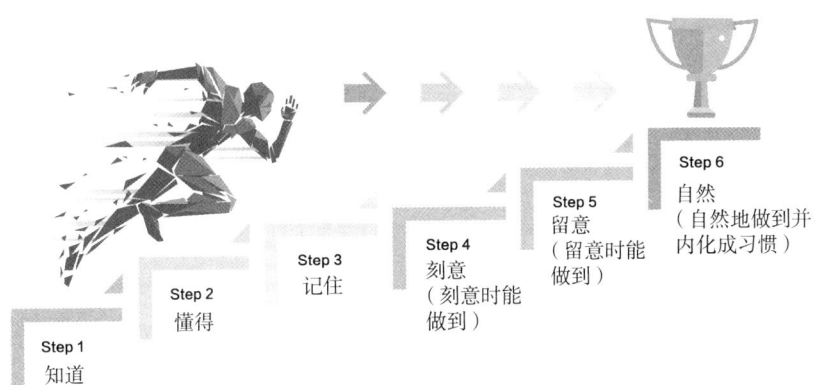

成长的秘诀：从"知道"到"做到（刻意/留意/自然）"的效率。
成长的方法：元习惯（养成习惯的习惯）。

图 2-4 成长的效率原理

在资讯极度发达的社会，我们需要有意识地避免被所谓的"知道"欺骗，而是从知道开始逐步迈上各级台阶，走出"知道很多道理，却还是过不好这一生"的窘境。

瓶颈往往在于"记住"

在上述成长效率原理的六个阶段中，很多朋友可能没有意识到，瓶颈在于"记住"。我们知道很多，也很快懂得。在真实的场景中，我们很少去刻意练习，往往是因为我们没有"记住"。而没有刻意地练习，则很难达到稍加留意或自然做到的境界。每个环节各有各的难度，对大多数人而言，最需要突破的环节就是"记住"。一旦记住了，很多变化就会潜移默化地发生。否则，"知道"就会如水过鸭背一样，什么都留不下。有过应试教育经验的朋友，其实非常值得把之前"死记硬背"的精神复活，先"记住"。这样有助于促进自己在相应场景中的刻意练习，避免离开学校之后就不再刻意地去记住一些东西。

主动检索而非重复输入

把知识记住的奥秘在于主动检索，即用回忆的方式，在大脑里重现需要被记住的内容。很多知识，我看了很多遍，读了很多遍，却还是记不住，是因为我们只是在重复输入的过程。学习的完整过程在于输入、记住、整合、创造。很多时候，我们缺的不是创造力，而是由于没有记住，大脑中缺乏可用于创造的基础材料。应试教育中的很多内容我们能够记住，是因为考试的本质之一，其实就是把我们的大脑记住的知识检索重现。如同准备考试，主动检索肯定比重复输入更费力。但越费力，知识在大脑里留下的印象就会越深，我们就越能记住。

费力原理

轻松愉快地学习，自我感受会比较好，但实际效果则可能很一般。成长是需要突破并延伸原有舒适区的。所以不费力，无成长。费力对有些人来说是愉快的，但对有些人来说却是痛苦的。对费力意义的认识，会极大地影响我们对费力体验的感受！

意念观想练习

20多年前，我读到过一个篮球训练的范例：把受训者分成两组，一组不停地进行投篮练习，另外一组则在大脑中用意念观想的方式精准地想象完美投篮的每个细节。最后的结果居然是，靠想象练习的那一组提高得更多。这个范例给了我很大的启发，之后的20多年里，我在很多场合用意念观想的方法学习过。很多事情我第一次做时，在别人看来，就仿佛已经是轻车熟路，本质上就是得益于这样的学习方法。当想象足够真实的时候，意念观想练习耗费的精力未必比实战要少。但这种意念观想练习能超越真实环境的束缚，在灵活性及成本上有明显优势。就像在飞行训练中，飞行员未必每次都用真飞机，而是用模拟器一样。

用及时精准记录来清空并激发大脑

我们的大脑时常会冒出一闪而过的灵感或挥之不去的念头，无论哪种情况，我们都应该及时精准地记录下来：可以记录在本子上、电脑上或者是手机上，可以手写、打字或者用语音记录。无论哪种方式，当灵感或念头被书面记录之后，就会感觉大脑被清空。此时我们可以集中更多"内存"运转其他程序，清空的大脑也容易激发出更多的灵感。这样的记录方式，我尝试了近20年，开始只是零星地随手记录，到现在变成了非常系统地记录并整理大脑中的种种"杂念"。坚持记录之后，我感觉自己正念专注的能力明显提升了，脑子也转得更加顺畅。这个方法简单易行，效果却十分惊艳，值得尝试。

用写作来提升思维的清晰度、深度与系统性

有些问题，我们感觉自己想了很多，也想得很清楚，但当我们诉诸文字时却感觉颇有难度。

我们用熟悉的中文来写作，也没有特别要求有文采，但仍然写不出来，其实是因为我们思考得不够清楚、不够深入、不够系统。思维往往是网状的、跳跃的，文字写作却是线性的。把网状思维线性输出，如果思考得不够清楚、深入、系统，写作时自然会有难度。反向来看，我们可以利用写作来提升我们思考的清晰度、深度与系统程度。不一定要写大篇幅的文章，中长篇幅的朋友圈记录也很有效。很多时候，当我们用几个小时甚至几天的时间，把我们大脑中就某个主题的思考变成一篇完整的文章之后，会感觉大脑中的混乱程度降低了。相关的思路和思考都变得更加有序，大脑的运转效率也就相应提升了。

教别人是最有效的学习方法，输出倒逼输入

据说有权威研究把各种学习方法的有效性做了如下排序：听讲＜阅读＜多媒体学习＜演示＜讨论＜实践＜教别人。对于这个排序，我非常认同。我自己变得比以前更加"好为人师"，很大的原因是体会到了教授他人其实是最有效的学习方式。相反，对种种热门的需要付费的音视频学习资源，我们需要保持清晰的认知。"听讲"对学习者而言，投入要求极低，但却可以听到质量很高的内容，所以非常容易流行。但听讲，其实是学习效率比较低的方式，与"奶头乐"的原理类似，除非在听讲之后加入记忆或其他应用环节进行巩固。对于非常精彩的大片或电视节目，观众无须付出太多努力，就可以获得极高的娱乐享受并乐此不疲，最后却没有太多真正的收获。

正如成长效率原理，听讲、阅读、利用多媒体往往只是停留在"知道"与"懂得"的阶段。而教别人，往往需要自己融会贯通，更能促进我们在各个层面上的"做到"。有机会教授他人时，有意识地去体验教学相长的过程，这样我们会学得更快、更扎实！

参照自己的最优状态，最好的老师可能就是自己

对于他人传授的经验，有时我们会存疑：它们真的适合我吗？我是否真的能够做到？而参照自己曾经达到的最优状态，我们起码有信心说，这是我能做到的！如果能够经常保持这样的最优状态，我们就有了一个向更高层次攀登的稳定基石。系统地记录，重温自己曾经达到的最优状态，用这样的真实经历来滋养自己，我们就会前行得更快。

在向别人学习的同时，学会向自己学，这样学习的效率会更高，而且成本更低。

在彼此"陪跑"中一起成长

人与人之间其实是互为土壤的，所以有意识地在自己周围营造一个有利于成长的环境会大有裨益。彼此"陪跑"的方式有很多种，比如大家一起打卡坚持做某件事情，阶段性地分享彼此的成长及方法等。在彼此"陪跑"的过程中，大家互为对方的良性外部压力，同时也能相互勉励，这样往往比一个人独自前行的效果会更好。在彼此"陪跑"、收获成长的同时，我们还能收获友谊。

场景定式刻意练习成长法

我们的生活、工作与学习，绝大部分是由若干个典型的场景构成的。我们可以定义一些高频的场景，比如：如何利用地铁上的时间？如何有效地沟通？如何快速地走出低谷状态？如何避免在打字时出错？……定义场景后，我们再总结完善针对每个场景的最优的定式，也就是相对固定的最优的应对方法，然后把每一次实战都变成刻意练习的机会！带着这样一种觉知，无须专门花时间来学习与练习，我们就能利用好工作、生活、学习场景中的每一个机会，充满正念地提升自己。

刺激反应框架拼图成长法

这个方法，可以很直观、形象地理解为先建立一个相对稳定的框架，然后顺势而为，把各个随机获得的要素像拼图一样有序地搭建在这个框架上。比如，作为图书管理员，你没有办法去控制谁来还什么样的书，但是因为有一个稳定的图书存储的框架，所以无论哪本书被随机归还时，你都能有序地把它放到对应的位置上。

我们无法掌控在工作、生活、学习中会发生什么，很多时候我们只能对现实刺激进行反应。我们如果能够搭建好一个可以动态调整但又相对稳定的框架，就很容易在对外部刺激快速反应的同时，有序地利用好工作、生活、学习中的每一分营养，做到碎片输入、系统积累，在更自由的同时也更系统地应对现实中的杂乱无章！

双轨闭环与精准勤奋成长法

我们的行为驱动力大体上分为两种：一种是对现实刺激的反应，另一种是对理想目标计划的执行。不顾现实地一味坚持理想目标计划，路会越走越窄，最后甚至会步入死胡同。简单地依赖对现实刺激进行反应，短期来看，很接地气且见效很快；但长远看，除极少数幸运者外，大部分人往往会越来越疑惑、越来越迷茫。

常理度之，两条轨道最好能够相辅相成：用理想目标计划来指导我们的现实行动，并用现实中的反馈来修正我们的理想目标计划。这样我们大概率能前行得更远，也更容易收获成功和快乐。

学习的三层境界：别人教，看资料学，整合创新

有人手把手地言传身教，我们可能会学得轻松点、学得快一点。但要是有人教，我们学习的范围就会受到局限。而当我们能够从各种资料，如书籍、音频、视频等中揣摩学习时，我们的营养汲取范围就极大地扩大了。比如我自己学游泳、戒烟甚至做猎头，很大程度上都是通过看书学会的。再进一步，利用学到的素材根据实际环境来整合创新，我们就会获得学习上的极大自由。所以就学习而言，我们可以有意识地贯通这三种境界，这样我们的成长空间和灵活度就会更大。

"瓶颈"聚焦

并非有价值的事情，就值得我们去做。真正值得我们去做的，是把时间、精力投入到价值最大的地方。如同改善城市的交通状况，最紧要的是改善瓶颈路段，花时间去提升大体畅通的路段虽然也有价值，但收效不大。所以在个人的成长、学习上，我们需要始终保持一种"瓶颈"意识，能够敏锐、动态地觉察到自己目前的瓶颈在什么地方，进而优化自己的资源投向，保持较高的投入产出比。

前置预学、场景练习、按需即学的组合配置

我们需要学习的东西越来越多，往往应接不暇。对于学习的内容，我们需要战略性地进行轻重缓急的排序，需要搞清楚几个基本问题：哪些学习要前置，即事先提前学习，比如语言沟通能力、各个维度的

框架系统搭建等？哪些需要在具体场景中通过练习来学习？哪些内容更适合利用便捷的资讯渠道按照实际需求即时学习？这三项内容的分类因人而异。但这种分类规划、组合配置的意识，会非常有助于整体学习绩效的提升。

个人学习成长操作系统

如同手机、电脑，一个好的操作系统能够充分发挥硬件的效能。对我们的学习成长而言，有意识地搭建并持续完善适合自己的个人学习成长操作系统，意义极大。这样的操作系统因人而异。就我自己的经验而言，以下几个基本维度的管理会是个人学习成长操作系统的重要组成部分：人脉管理，资讯管理，物品管理，财务管理，时间管理，精力管理，状态管理，动力管理。

以上每一条都是容易被忽略的常识，基本不需要拼天赋，也不需要拼运气，也未必需要"头悬梁，锥刺股"般的勤奋。只要意识到了它们的重要性，普通人都能做到。以上25条我都亲自测试过，确实有效，希望对朋友们也有所启发！

68 猎头成长操作系统
——如何避免掉入"工龄长,资历浅"的陷阱?

很多人选择从事猎头工作,其中一个重要的原因是,猎头顾问是一个越"老"越值钱的职业。但在现实的猎场中,很多人做了十年的猎头,只是把入行两三年的经验重复了几遍,困在"工龄长,资历浅"的陷阱中,有价值的资历并未随着年龄的增长而不断加深。

"工龄长,资历浅"的陷阱是怎么掉进去的?

这个问题,相信很多人都不同程度地思考过。从不同的角度分析,大家也许会将其归结为不同的原因。就我个人的体验、观察、思考而言,我认为有两个核心原因:一是成长环境的营养浓度不高,二是成长操作系统的缺失。

在一个营养浓度高的环境里,即使你没有主动去思考、规划如何成长,环境也会自然地推着你往前。尽管我们可以努力跳槽到成长营养更充分的地方,但机遇往往是可遇而不可求的。所以,我想给大家分享一套我自创的猎头成长操作系统。因为有了高效的成长操作系统,无论处于什么环境,它都可以支持你成长!

什么是猎头成长操作系统？

简而言之，猎头成长操作系统包括三个要素：做猎头究竟需要哪些能力？猎头成长需要经历哪些层次？猎头能力与成长层次之间有何联系？这样听起来还是很抽象，我们不妨借用一个图书管理员的例子予以解释，大家会更形象地明白这个操作系统是如何发挥作用的。

图书管理极限的启发

猎头业务的基本动作有两个：从客户那里拿到单子，为客户找到合适的人选。这很像图书管理员管理书籍的动作：把读者要的书从书架上找出来给读者，把读者还的书放回书架上。

如果怎么方便、怎么顺手，就怎么放，在刚开始的阶段，你的效率会挺高，感觉进展挺快的。但按照这样的方法，即使你的天赋再高，3 000本或5 000本可能就是你能有效管理的上限了。超过这个数字，基本上你就只能熟悉一些新的、当下热门的书，而忘记一些之前管理过的书。这样干上十年，你也往往只是工龄资深，不见得有太大的成长！

如果我们改变一下方法，花点时间建立一个图书分类的目录，并在每个书架上贴上标签，每一本书我们都坚持放到相应的位置，尽管刚开始的时候会费点事，但我们能够有效管理的书籍将会很容易突破3 000本或5 000本的上限，甚至突破5万本或10万本。

刚开始时，无须制作一个非常繁杂的目录，关键是有框架系统的意识，尽快开始即可。比如，最初只是把文学粗略地分为一个大类，多了之后，你可以将其细分为古典文学、当代小说，或者英国诗歌、美国小说等。随着分类的细致程度越来越高，你能为读者提供的支持性服务也就越来越有价值，而非仅仅把读者还的书收好，把读者要的书找出来。

同样的道理，如果你想长期做猎头，就很有必要认真梳理一下做猎头所需的能力。就我个人的经验与研究而言，我把猎头这个职业所需的能力归纳为 8 个能力框架。

猎头的 8 个能力框架

这 8 个能力框架的构成分别为：猎头基本技能，猎头基础知识，猎头顾问知识，猎头基本资源，成熟顾问，团队管理，业务深耕，猎头生意原理，如图 2—5 所示。

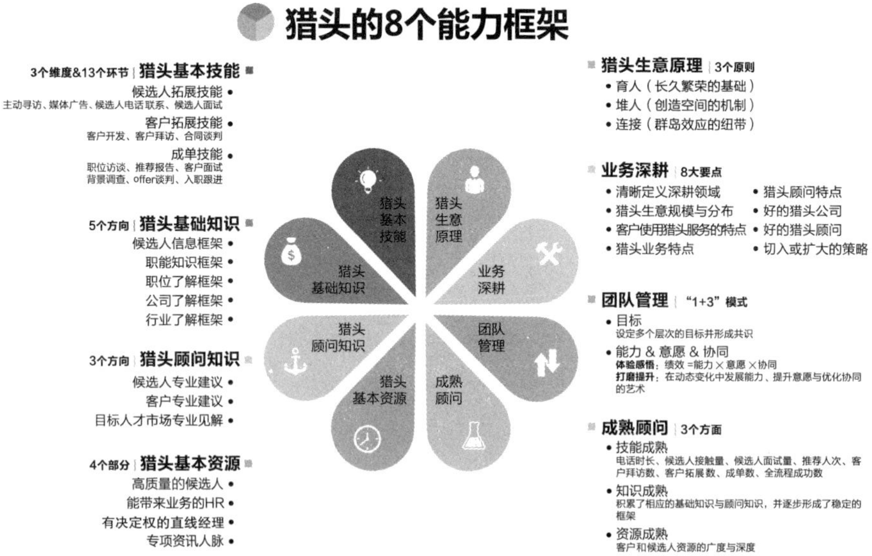
猎头的8个能力框架
3个维度&13个环节 | 猎头基本技能
候选人拓展技能
主动寻访、媒体广告、候选人电话联系、候选人面试
客户拓展技能
客户开发、客户拜访、合同谈判
成单技能
职位访谈、推荐报告、客户面试
背景调查、offer谈判、入职跟进
5个方向 | 猎头基础知识
候选人信息框架
职能知识框架
职位了解框架
公司了解框架
行业了解框架
3个方向 | 猎头顾问知识
候选人专业建议
客户专业建议
目标人才市场专业见解
4个部分 | 猎头基本资源
高质量的候选人
能带来业务的HR
有决定权的直线经理
专项资讯人脉
猎头基本技能
猎头生意原理
业务深耕
团队管理
成熟顾问
猎头基本资源
猎头顾问知识
猎头基础知识
猎头生意原理 | 3个原则
育人（长久繁荣的基础）
堆人（创造空间的机制）
连接（群岛效应的纽带）
业务深耕 | 8大要点
清晰定义深耕领域
猎头生意规模与分布
客户使用猎头服务的特点
猎头业务特点
猎头顾问特点
好的猎头公司
好的猎头顾问
切入或扩大的策略
团队管理 | “1+3”模式
目标
设定多个层次的目标并形成共识
能力 & 意愿 & 协同
体验感悟：绩效 =能力 × 意愿 × 协同
打磨提升：在动态变化中发展能力、提升意愿与优化协同的艺术
成熟顾问 | 3个方面
技能成熟
电话时长、候选人接触量、候选人面试量、推荐人次、客户拜访数、客户拓展数、成单数、全流程成功数
知识成熟
积累了相应的基础知识与顾问知识，并逐步形成了稳定的框架
资源成熟
客户和候选人资源的广度与深度

图 2—5　猎头的 8 个能力框架

如同上面讲到的图书管理员的例子，刚入行的时候，把猎头技能泛泛地总结为客户拓展、找人、做单 3 个维度，这有利于你很快对猎头行业建立一个基本概念。如果你想持续成长，就不能简单停留在这个层面上，你需要对其进行更深入的细分。如图 2—5 提到的，把猎头基本技能的 3 个维度进一步分解为 13 个业务环节，而且这 13 个环节还有更深入的战术点，值得你深入探讨。比如"背景调查"，除了明白背景调查要问哪些问题之外，你还需要进一步琢磨如何把背景调查对象变成你的候选人或客户拓展对象。不停深入细分的过程，就是不断成长、更加专业的过程。

同时，持续细分还可以让很多概念性的东西具有更强的可操作性。比如，我们知道猎头需要学习很多知识、掌握多种资源，这只是一个宽泛的观念。我们可以把猎头知识归纳为猎头基础知识与猎头顾问知识两类。其中，猎头基础知识涉及 5 个知识框架：候选人信息框架，职能知识框架，职位了解框架，公司了解框架，行业了解框架。猎头顾问知识涉及 3 个方面：你能给候选人哪些专业建议？你能给客户哪些专业建议？你对你所专注的目标人才市场有哪些专业见解？而猎头需要的资源大体上可以分为 4 种类型：高质量的候选人，能带来业务的 HR，有决定权的直线经理，专项资讯人脉（比如了解 BAT 这类大型公司的内部关系）。这样细分之后，积累这些知识与资源就会变得更容易。

这些能力框架的第一层内容，基本上是常识。如果你想比别人更优秀，在竞争中胜出，你需要弄清楚第二层、第三层中更深入的问题。在竞争越来越激烈的背景下，"业务深耕"才是出路，这是大家都有的共识。就"业务深耕"而言，即使是很有经验的猎头顾问，也未必能够清晰、精准地回答以下 8 个关键问题：

1. 如何清晰定义你深耕的领域？
2. 在这个领域猎头生意的规模与分布如何？
3. 这个领域的客户招聘及猎头服务使用都有些什么特点？
4. 这个领域的猎头从业人员都有些什么特点？
5. 管理这个领域的猎头业务的要点是什么？
6. 在这个领域有哪些做得好的猎头公司？
7. 在这个领域有哪些做得好的猎头顾问？
8. 你切入或扩大这个领域的猎头生意的策略是什么？

有些业绩很好的猎头顾问曾经告诉我，他们从未思考过这些框架，但一样做得很好。我相信他们说的是真的，而且符合实际情况。就像之前提到的，在成长营养浓度高的环境里，不用过多地去思考个人发展之类的问题，环境也会推着你向前。我见过很多顾问，发现的基本规律是，对这些基本问题有更清晰的答案的顾问，业务发展往往会更好，同时业绩也更稳定。

对猎头能力框架的总结，不同的人会有不同的版本，关键是你的框架要合理、清晰、稳定。这就好比建楼，没有框架，只靠不停地搬砖、砌墙，你可能会收获一堆砖、一堵墙，但楼肯定是建不高的。三天两头不停地调整自己的框架结构，楼同样也是建不高的。形成一个适合自己的合理且稳定的框架，需要时间与经历的沉淀。刚开始的阶段，一个简单可行的方法就是模仿、套用别人的框架，然后逐步改进。我总结的 8 个能力框架，权当抛砖引玉。

猎头成长的 6 个层次

随着能力的不断提升，你自然会成为不同层次的猎头。大体上，我把猎头成长归纳为 6 个层次。

猎头成长的 6 个层次分别是：地基树根层（Consultant Trainee），成熟独立层（Mature Consultant），团队建设层（Team Leader），利润基业层（P&L Runner），创业成长层（Business Owner），平台土壤层（Platform Builder），如图 2－6 所示。

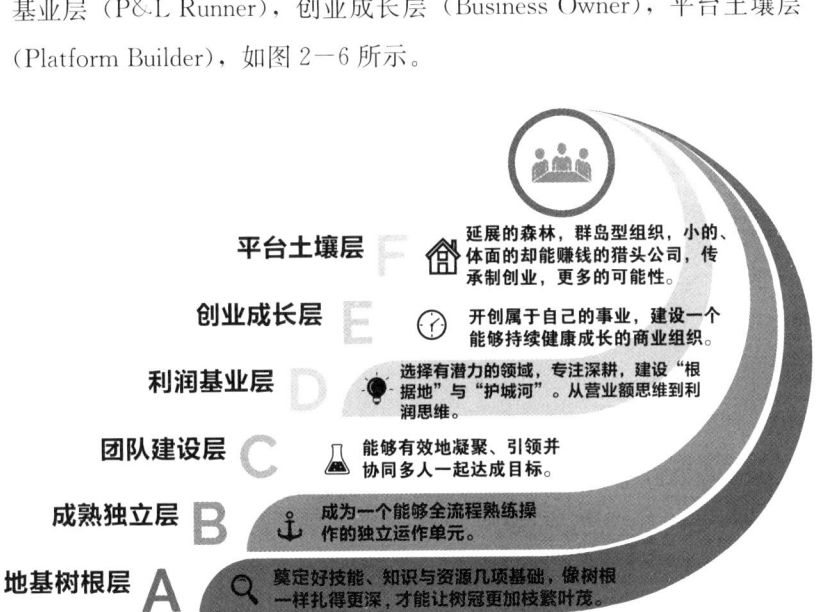

图 2－6　猎头成长的 6 个层次

从图 2－6 不难看出，每个层次都有不同的焦点！

地基树根层的焦点在于：打造猎头技能、猎头知识及猎头资源这 3 根支柱。

成熟独立层的焦点在于：熟练掌握业务流程的各个环节，成为能够独立运作的业务单元。

团队建设层的焦点在于：能够有效地凝聚、引领并协同多人一起达成目标。

利润基业层的焦点在于：选择进入一个适合自己的领域深耕。

猎头是一个业绩年年清零的行业。如果只是简单地重头来过，年资长的猎头相比年资短的猎头其实没有什么优势。而在一个你赖以为生的职业上，不能随着时间的推移逐步积累竞争优势，实在是可惜，甚至有点悲哀。所以你要考虑如何建立一块值得自己长期耕耘的"根据地"，同时尽可能地修好"护城河"。更为重要的是，在这个层级上，你的思维要从营业额思维转变为利润思维。

当你能够独立运作，也能有效地管理一个团队，并且有了稳定的地盘及利润思维之后，就会自然过渡到创业成长层！

创业成长层的焦点在于：开始猎头创业，并摸索出适合公司持续成长的方法。

关于猎头创业，2013年，我与我的同事FMC（上海）总经理潘丽华（Lisa）女士合写过一篇文章《猎头顾问的职业归属在何处?》。这篇文章的结论是：如果把猎头当作长期发展的职业，最终的归属基本上都会是不同形式的创业。

我把这个层次命名为"创业成长层"，而非简单的"创业层"，确实是想强调"成长"。猎头行业是生意跟人走的行业，是个极易分裂的行业。这个行业有数万家公司，很多公司只是有经验的顾问开个公司方便自己做单、开发票，从而使得自己分到的蛋糕比例大一些而已。刚做老板的时候，可能感觉还不错。但如果你不能持续成长，实际上是在缩窄自己将来的职业发展空间。因为不能成长，即使公司100%都是你自己的，时间长了，你也会心生倦怠。但做过了老板之后，再想放低姿态重新打工的难度就大了。而且，就算你能够放低姿态，别的公司老板也未必敢招聘你。我几年前写过的一篇文章《当猎头公司的老板可能是天下最郁闷的事》讲的就是这个道理。

所以，不管是被逼的，还是想通了，抑或是出于情怀，很多想实现长久发展的猎头公司老板最终都会进入平台土壤层，打造一个支持大家创业的平台，培植一片能够支持更多创业者的土壤！

平台土壤层的焦点在于：清晰定义并实现平台能够为创业者提供的价值体系。

平台提供的往往不是某种单一的价值，而是多种价值有机组合所形成的成长土壤。不同的平台会形成不同的土壤，孵化出不同的创业者。在这个层面，如果你有足够的想象力，就会延伸出很多的可能性。

梳理清楚了猎头的8个能力框架以及猎头成长的6个层次，把它们关联起来，就形成了我所讲的"68猎头成长操作系统"。

68猎头成长操作系统

这样的一个系统，有助于我们弄清楚每个发展层次与能力之间的大体对应关系。

猎头成长的6个层次与猎头的8个能力框架的对应关系如图2—7所示。

地基树根层：需要强化的是猎头基本技能、猎头基础知识、猎头顾问知识，并且积累猎头基本资源。

成熟独立层：强调的是成为在"技能、知识、资源"3个维度都能达到一定标准的成熟顾问。

针对这3个维度设定一系列能够量化的清晰标准，既可以作为公司构建培训体系的依据，也可以作为新人入行的成长地图。在FMC，我们甚至在系统上专门开发了一个成熟顾问模块。每个新人入行时，公司都会根据技能成熟、知识成熟、资源程度的不同标

猎头之道

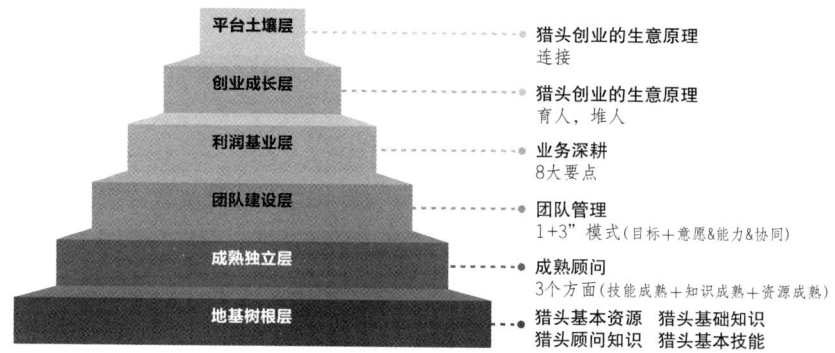

图 2—7　猎头成长的 6 个层次与猎头的 8 个能力框架的对应关系

准，为其设定一个严谨的成熟顾问计划，定期跟进，之后新人还需要参加答辩。通过答辩已成为 FMC 的成员获得晋升的核心标准之一。对于通过答辩的同事，公司还会专门为其定制一个非常精美的奖杯，很有仪式感地纪念一下他们在猎头职业生涯的第一个里程碑。很多时候，我们培训时很兴奋，但培训后的行为改变却不大。用前面我们提到的这个方法，能够很有效地把突击性的培训活动转化为日常工作中自然且持续的成长。

团队建设层：需要在清晰的框架思路支持下，摸索出适合自己的团队建设模式。

团队建设涉及很多内容，我通常把它归结为 4 个核心要素构成的"1＋3"模式。"1"指的是"目标"，在团队中设立多层次的目标并与大家达成共识。"3"指的是"意愿，能力，协同"，发展团队的核心也就是发展大家做事的意愿、做事的能力，以及提升大家一起做事的协同效率，因为最终达成的绩效＝意愿×能力×协同。

利润基业层：在这个层面，需要弄明白我前面提到的"业务深耕"的 8 个要点。

创业成长层：对于猎头创业的生意原理，我简单地将其归结为育人、"堆人"[①]、连接。在创业成长层，我们需要关注的核心问题是如何育人、如何"堆人"的能力。从业 20 多年，我没见过任何一家猎头公司靠"挖人"实现了长久繁荣。同时，猎头生意是个"堆人"的游戏，如果人员的规模足够大，即使单产、利润率可能很低，利润总量也可能很高。

平台土壤层：关键点在于如何用价值实现"连接"的能力。

猎头是个很容易分裂的行业，这有点像堆沙游戏。玩过堆沙的人可能都有体会，在平地上铲沙、堆沙，速度可能很快。但堆到一定高度之后，堆上去的沙很快就会滑落，持续堆高的难度会越来越大。猎头公司也是如此，公司业绩从 0 到 500 万元，再到 1 000 万元，有可能速度很快。超过 500 万元、1 000 万元，团队就开始分裂，业绩就很难堆上去了。平台的意义在于，我们可以换个方法来堆，比如做一家业绩达 5 000 万元的公司可能难度很大，做 5 家业绩达 1 000 万元的公司却相对容易。而这里的关键问题是，用什么样的价值如何实现"连接"，才能让各家公司成为一个整体，即群岛型组织，而不是分裂出去的"孤岛"！

读到这里，你应该基本了解了猎头成长的 6 个层次及所需的 8 个能力框架，即"68 猎头成长操作系统"。那么，这个系统有什么实际

---

① "堆人"是对猎头行业组织规模成长的形象化表述。猎头公司是很容易分裂的组织，如同在沙滩上堆沙，刚开始堆得较快，但堆到一定高度时，沙就会滑落，很难持续堆高。

用处呢？

第一，体检作用：利用猎头的 8 个能力框架了解自己的能力状况，知道自己在哪个能力层次上。

第二，定位作用：根据猎头的 6 个成长层次，知道自己的努力方向和目标。

第三，导航作用：将 6 个成长层次与 8 个能力框架相结合，知道自己如何达到成长和能力提升的目标。

猎头职业、行业发展趋势与猎头成长操作系统

在与猎头同行分享"68 猎头成长操作系统"时，我经常被问到这样一个问题：猎头成长操作系统与猎头职业及行业发展趋势的关系是怎样的？

对于猎头职业及猎头行业的发展趋势，我的基本看法是：除非你能建立有很多人的大团队，总体来看，猎头工作赚不了大钱，但日子过得滋润不难，并且是一份非常有意义的工作。因为通过这项工作可以与很多优秀的人和公司建立深度关系（在我看来，处理好各种关系，尤其是与人的关系，是人生幸福的关键）。而且，在"互联网＋大数据＋人工智能"对未来职业产生冲击的背景下，中高端猎头算是"护城河"很宽也很深的职业之一。其原因在于，中低端招聘会逐步成为数据型生意，而中高端猎头业务是关系型生意的本质暂时还难以从根本上改变。这是因为中高端候选人、客户的中高端招聘需求、中高端猎头顾问往往都是非标准的：在中高端职位上，决定客户招聘和候选人跳槽的因素有很多，并且很复杂，比较难量化和标准化。

总体来说，中高端猎头是值得长期从事的行业，但必须得找到方

法，避免掉入"工龄长，资历浅"的陷阱。就像我之前谢绝的那位拥有 10 多年猎头资历的顾问，其勉强处在成熟独立层，而 FMC 有相同年资的顾问基本都在创业成长层了。这类顾问的工资成本比只有 2~3 年资历的顾问高，业绩却不见得比只有 2~3 年资历的年轻顾问好，职场竞争力自然就会越来越低了。

所以，你如果打算长期做猎头，就值得投入时间和精力去打造一个适合你的高效的猎头成长操作系统！

Part 3
猎头公司怎么管?

值得推荐的猎头组织文化元素

一个组织的文化基因,在很大程度上,是该组织区别于其他组织的气质。

每家猎头公司由于先天基因不同,如创始人的背景和特点不同,再加上后天的成长机遇、成长路径不同,会形成各具特色的企业文化。因此,推荐一些具有"普适性"的猎头组织文化元素,其实是有些冒险的。

虽然猎头公司之间会有较大的差异,但猎头业务本身的特点并不会因为公司之间的差异而有太大的变化。从这个角度出发,有些组织文化元素的组合可能对不同的猎头公司具有普遍适用的借鉴意义。

就我个人的实践、观察和思考而言,友谊文化、成长文化、成年人文化和开放文化这四个要素及其组合,对猎头组织的文化建设可能具有普遍适用的参考价值。

友谊文化

客观而言,由于人才的跨界流动、客户需求的多样化、猎头机会的单边特征,在尽可能大的范围内协同能极大地促进猎头业务的发展,但"友军难容"往往是对猎头行业更真实的写照。猎头行业的市场份额极其分散,99.9%的猎头公司的市场份额不超过0.1%,凭常识都知道竞争对手在外部。但实际情况却是，对于外部对手的强烈竞争，大部猎头顾问都能够非常坦然地接受。但如果同一家公司内部有跟自己竞争的团队，或者有存在竞争关系的同事，"友军"往往会很难相处。

解决这种内在矛盾的重要途径之一，就是把发展同事之间的友谊作为猎头公司的核心文化来推动，而非只是不定期地举办团建活动。做好这一点，需要突破两个认知瓶颈：一是，职场只是一个利益交换的场所，没有什么真正的友谊；二是，同事之间的友谊是个人之间的事情，跟公司组织没有什么关系。

友谊生信任，信任促协同，协同出业绩，现实的业绩利益又会促进友谊……把友谊文化提升到组织高度，长期来看会非常有助于组织的健康发展。

成年人文化

中高端猎头业务是典型的关系型业务，生意往往跟着顾问走。从顾问对公司重要性的角度来看，猎头公司在管理上应该"人性化"。但激烈的竞争现实需要组织管理更"狼性"，也就是要让员工更勤奋、更勇敢、更灵活。管理上"狼性化"的公司尽管带给员工的感受不好，但业绩往往更好。

打造成年人文化可能是解决这种矛盾的出路之一。在我看来，成年人文化的核心在于：承担责任的同时享受与责任相当的自由。在实际推行这种组织文化时，需要避免"成年人态度"被异化成公司及上司要求员工单方面承担责任的说辞，而忽略成年人文化中应有的包容。成年人文化推行得好，可以有效对冲友谊文化潜在的"重人情，轻业绩"的负面趋势。

猎头业务是一门很难管却又很好管的生意。很难管，是因为猎头生意容易跟着人走，公司在与资深顾问的管理博弈中，往往处于不利地位。但猎头业务又很好管，是因为业务结果与原因很容易测量，没有太多可以彼此推诿的灰色地带。成年人文化可能是这种矛盾与冲突的最佳协调点。

成长文化

很多人进入猎头行业的原因之一，是听闻在这个行业越老越值钱。但现实的情况却有可能是做了十年的猎头工作，只是把入行两三年的经验重复了几遍，有价值的资历并未随着工龄的增长而持续加深，陷入了"工龄长，资历浅"的窘境。猎头是一个需要顾问持续学习成长的行业，尤其是顾问只有与相识的候选人保持同等的成长速度，才可能实现"工龄长，资历深"。

成长文化不仅有助于顾问个体的持续成长，而且是猎头组织内最优质的连接纽带。资源会越分越少，而成长却会越分享越多。同事之间互为环境、相互砥砺、彼此促进，在这个过程中会沉淀出更加真诚且牢固的友谊，而友谊又会进一步促成资源的分享与业务的协同。

推动成长文化的建立，并且把一起成长作为连接同事的重要纽带，这一点极为重要，但也极易因认知不够深入而流于口号。

开放文化

对"开放"这个词，不同的人在不同的场景下，会有不同的理解。这里所讲的开放文化，更多的是指猎头公司组织设计的开放性。

两个重要的因素决定了猎头组织需要开放性设计：

1. 很多猎头从业人员，并非由成熟的职场人士转变而来，而是把猎头这份职业当作职场探索途径的新人，猎头往往只是他们职业生涯中的一段旅程。对很多猎头公司而言，他们也只是"过客"。

2. 猎头公司天然容易分裂，而且这种持续分裂的内在动力很难改变。

接纳以上两点暂时无法改变的现实，以开放的心态思考这样的问题：如何有组织地做好"过客管理"并应对"建设性分裂"？这可能比简单地关注如何留住人、如何防止分裂更有价值。

成熟的开放文化应该是"来，欢迎；走，欢送；回，迎接"！开放文化，有助于自然缓解猎头公司潜在的种种内耗，进而促进组织内更大范围的"交集思维，阳光分歧"。尽管开放文化有可能会在局部加速人员的流失，但整个组织反而会更加健康。

猎头公司的机制很容易相互借鉴或直接抄袭，但机制的有效性必须根植于一定的文化土壤中。如何因地制宜地发展出适合自己公司的文化，是每一个追求持续发展的猎头创业者必须面对的基本问题。

以上四种文化元素，是我基于猎头组织普遍面临的内在挑战提出的。每种文化元素既可以单独使用，也可以相互组合。希望在定义组织文化方面，本文能给坚持长期主义的猎头创业者带来一定的参考价值。

猎头公司组织稳定的第一性原理

猎头业务是典型的关系型生意：在具体的业务上，在客户关系上，有经验的负责实际操作的关键顾问或团队负责人往往具有决定性的作用，生意更多地跟人走，而非跟着公司或品牌走。

如果改变不了"猎头生意跟人走"的局面，那么，经营一家猎头公司最重要的是留住关键人员。只要关键人员不离开，长远来看，公司的发展往往慢就是快。影响一个人能否留下的原因有很多：公司品牌，资源，工作气氛，人际友谊，成长空间……什么才是最重要的呢？我的看法是：有序地让实际经营业务的人有机会在业务的经营权、收益权及所有权方面获得主导地位是关键。这是猎头公司组织稳定的第一性原理！

可以高度重复利用的资源才是猎头生意中最有价值的资源。获取客户、了解客户、了解产业、了解目标人才市场都需要成本，相较于不断地开发新客户，重复利用资源的综合成本较低，利润更高，同时客户与猎头顾问的感受也会更好！

在资源复用业务中，关键人员的作用往往会超过公司平台及公司品牌。这些可以重复利用的资源是猎头顾问与客户的关系及其对客户、行业、目标人才市场的知识，而这些资源更多地沉淀在关键人员手上，而非公司的数据库里。

对于具体客户，掌握候选人资源的关键顾问，其服务质量往往会高于一位新接手的猎头顾问。因为对客户的了解，以及与客户之间信任的建立，都需要时间的磨合。关键人员离职后，后续接替的顾问即使以同样高的水平去服务客户，客户感受到的服务质量也往往不及前者。

但实际情况是，市场环境中的一些趋势，会使猎头公司的分裂变得越来越普遍：

1. 有结果才付费的"后付费"猎头模式，让客户在使用猎头服务时不具有排他性，客户尝试与新的猎头合作的成本相对较低，有经验的顾问获取老客户的委托门槛也比较低。

2. 很多第三方的数据公司及猎头软件系统公司，让猎头顾问对前公司的系统及数据的依赖程度不断降低。

3. 蓬勃发展的猎头平台可以帮猎头顾问获得新客户，进而让有经验的猎头顾问独立操作的门槛降低。

长期来看，利润分享及象征性的小股权也较难从根本上保证猎头组织长期稳定。对于一项自己能够相对独立掌控的生意，在获得经营权、收益权的同时，进一步追求所有权，是人性使然。非上市公司的小股权很难进行市场交易，进而实现其价值。长远来看，这未必能满足成功欲望很强的猎头顾问的内心需求。

三权合一会带来孤岛效应与恶性循环。猎头公司持续不断地裂变大体上说明了猎头业务的特性，即猎头顾问对三权合一有内在的需求。因此在一定程度上，对于猎头公司不断分裂的现实，我们可以将其理解为是对"三权分离"的正常修正。然而，三权合一的结果往往是产生更多的"孤岛"。大部分的"孤岛"慢慢沉没，有一些"孤岛"虽然规模扩张了，但也面临着同样的分裂挑战。如此周而复始，将很容易陷入恶性循环。

在这种趋势下，让猎头组织有序裂变有其重要意义。在悟透猎头业务的内在博弈机制后，我们更容易主动地理解、接受与拥抱这种不断分裂的现实，而非被动地应对。这种认知上的转变，有助于我们引导猎头公司有序地裂变。有序——会让裂变的过程更美好，同时也更有利于业务的拓展。

另外，"有机会"的选择权与成年人态度在这种裂变趋势下也至关重要。尽管猎头顾问有潜在的三权合一的需求，但并非每个猎头顾问都适合创业或者有创业的意愿。敢于从原公司离开并独自创业的人通常都是公司中最有担当、最有能力、最有野心，同时也是最有影响力的人。与其压制、防范他们，到最后压制不了、防范不住，还不如主动给予他们选择权，让大家以成年人的态度享受自由，同时承担起责任。

因此，猎头公司组织稳定的第一性原理是：有序地让实际经营业务的人有机会在业务的经营权、收益权及所有权方面获得主导地位。如何在实践中应用好这个原理，还有很多细节值得我们去思考和探索。

美军战斗力公式与猎头公司的组织能力

20多年前，我刚创业时，曾在一本杂志中偶然读到美国军队衡量一个战斗单位战斗力的公式，这个公式对我在猎头行业20多年的创业、组织历程有很深的影响。

这个公式如下所示：

战斗力＝（火力＋防护能力＋机动能力）×指挥能力×情报支持能力

不知这个公式是否真的存在，但它清晰地传递了一个理念：战斗单位的战斗力绝不只是拥有足够的火力那样简单。这个公式，让我逐渐体会到，一家猎头公司的组织能力其实也是类似的道理：

猎头公司的组织能力＝（能力＋意愿＋协同效率）×目标愿景共识×抓住市场机会的能力

我回顾自己创业20多年走过的历程，通过这个公式，大体上可以参透其中的得与失。我梳理了自己对各个要素的感悟，简要分享如下：

能力：本质上，能力问题的解决在于招聘环节，而非之后的培训环节。成功的招聘，其核心在于发掘人才价值的洼地，招人与投资本质上是一个道理：已经被证明很有能力的人，价格通常比较高；而能力待发掘的"潜力股"通常价格合理，而且在与他们一起成长的过程中，组织管理者还有机会与他们建立深厚的情谊。

意愿：人的意愿是动态变化的，这要求组织管理者在猎头顾问成长的过程中，对他们进行持续引导，并跟他们相互激发。

协同效率：较高的协同效率需要公正稳定的利益分配机制、精准高效的了解与沟通机制、互不打扰也可以高效行事的留白机制。

目标愿景共识：同一组织内，有些人是匆匆过客，有些人是阶段性的访客，有些人是长期租客。而对于有些人而言，公司是他们想长期建设的家园……不同成员对组织的诉求各不相同，组织管理者需要针对不同的群体，动态地使大家在目标愿景上达成一定程度的共识，最大限度地往一个方向使劲。

抓住市场机会的能力：很多时候，选择确实比努力更重要。同样的能力水平和努力程度，深耕的领域不同，业绩差异有可能极大。碰巧扎进去的那个领域有潜力，往往是运气使然。但要持续成功，则需要有勇气从惯性的轨道上不断变轨，让组织的人力资源更多地向最有潜力的领域集聚。

总而言之，一个好的猎头组织管理者需要在前行的过程中，动态地把握和调整上述公式中的各个要素。唯有这样，猎头公司才能持久拥有较强的组织能力。

想深一层，不但猎头公司适用，上述公式放到其他商业组织也同样适用。

框架拼图思维与弹性育人系统

　　从猎头组织成长的角度,猎头生意的原理可以简要归结为育人、"堆人"、连接这三个核心要素。从事猎头工作多年,我从未见过任何一家有规模的猎头企业靠"挖人"实现了长久繁荣,这意味着具备"自身造血"的育人能力,是猎头组织实现长期健康的根本。

　　猎头组织在发展壮大的过程中,人员需求大概率会多元化。人员的多元化包括不同的维度:资历不同,之前的行业背景和教育背景不同,入职的时间不同,入职的地点不同,不同行业、不同风格的团队负责人对成员的要求也会有所不同……这些多元化导致的差异,给猎头组织的育人系统,尤其是培训系统带来的挑战越来越大:固定模板、简单机械的培训流程,很难适应猎头组织的人员培育需求。创建能够精益敏捷地适应业务需求的弹性育人系统,就显得越来越重要!

　　在 FMC 过去 20 多年的发展历程中,我们就经历过这样的挑战。在 FMC 成立的前 10 年,我们主要通过培养新人,尤其是培养管培生来发展组织。培训育人机制比较容易做到集中化、系统化、规模化。当时我们采取的典型方式是:把各个地域、各个团队的招聘需求集中起来,集中招一批新人,在同一时间将他们集中到一个城市进行全职培训。培训的时间有长有短,最长的一期全职培训达 6 个月以上,最短的大概有 1 个月。培训完成后，我们再把这些新人分派到各个地域。这样的培训育人机制有很多好处：系统化，标准化，容易促进同事间的友谊，也有助于公司的文化传承。但随着业务环境的变化、组织的持续成长，这套机制较难简单地延续。除了发展新人之外，从组织快速成长的角度看，FMC 需要同行熟手加入，如顾问、经理、合伙人等，以实现公司的快速发展；也需要从其他行业转型做猎头的职场资深人士带来行业经验；还需要不同类型的专业人士来搭建和完善中后台。在公司治理模式的群岛化发展中，在人员需求上，各地一线作战单位的分散决策比集中决策更有效。简而言之，在一线业务的需求多样化后，遵循同一标准、集中招聘、集中入职、集中培训的模式难以为继，FMC 的育人系统必须持续提升弹性，以适应多样化的需求。

"弹性育人系统"的难点不在于如何变得灵活，而在于变得灵活的同时还能确保系统性。框架拼图思维对于同时实现灵活与系统尤为重要！

框架拼图，可以形象地理解为先构建一个相对稳定的框架，然后顺势而为，把各个要素像拼图一样有序地搭建在这个框架上。这与陈功老师在谈培训时常说的"骨，肉，血"模式是相通的：立骨架，先稳定住；挂上肉，丰满起来；注入血，鲜活起来。

"搭框架，促拼图，建系统，立文化"这四根支柱，对于了解和拥有框架拼图思维较有帮助。

搭框架

搭框架的意义在于：帮助猎头顾问对自己成长所需的技能、知识、资源等要素，猎头生涯成长的各个阶段，以及猎头这份工作对自己职业生涯的意义，形成一个相对稳定的框架性认知。这个框架所起的作用如同地图，可以让猎头顾问比较精准地知道自己在成长过程中会面临的一系列关键问题，比如，我现在处于哪个位置？我想去哪里？我如何到达？我可以多快到达？

只要认同"搭框架"的意义，我们总能找到很多方法去搭建这样的框架。下面介绍三种我们经实践证明比较容易快速上手的方法：

1. 测测你的猎头功力：这是陈功老师独创的一套具有实战落地价值的方法（详见本书附录2）。他把猎头技能分为候选人寻访、候选人电话联系、候选人面试、客户开发、客户拜访与合同谈判、职位描述与广告发布、简历发送与客户面试、背景调查、聘用与入职、入职后跟进这十个维度。针对这十个维度的关键节点，他设计了关键问题。在对这些问题做出"是/否"判断的过程中，受测者能快速了解自己的猎头功力，简单易行。猎头新人的上司及培训部门可以借此快速精准地了解该顾问目前的技能状况，并为其制订具有针对性的培训学习计划，这对猎头新人的帮助极大。这个测试还可以作为猎头顾问搭建猎头技能框架的蓝本，他们通过定期回顾比对的方式，容易准确认识自己需要提升的技能要点。

2. 68猎头成长操作系统：这个系统搭建的是猎头成长的6个层次（见P177图2—6）和所需的8个能力框架（见P174图2—5），以及这6个成长层次与8个能力框架的对应关系（见P180图2—7）。对于想在猎头行业实现长期发展的猎头顾问来说，68猎头成长操作系统可以被当作职业规划框架。对于猎头公司来说，68猎头成长框架也可以被当作培训框架。

3. 成熟顾问计划：对大部分猎头新人而言，成长为一个成熟顾问，是猎头职业发展中最重要的里程碑之一。在规划猎头顾问的成长与发展上，相较于"360度顾问""百万顾问"，我更喜欢用"成熟顾问"这个概念。在FMC的实践中，我们对成熟顾问有三个方面的基本要求：猎头技能成熟，猎头知识成熟，猎头资源成熟。成熟顾问的概念，可以帮助新手顾问快速搭建一个职业成长的初步框架。实操上，顾问、猎头组织管理者、培训部门三方可以就技能、知识、资源三个维度所涉及的具体项目、衡量标准、达成时间进行讨论。通过设定成熟顾问的成长计划，新手顾问可以相对顺利地构建一个适合自己的成长框架。

促拼图

搭框架的过程耗时耗力，并且框架本身无法直接用于具体的实战，只是提供了一个高效梳理知识、技能的工具。如果不能有效借助这个工具去有序地提升各项知识、技能（促拼图），搭框架的工作也只是在白白浪费时间和精力。相反，如果能借助相对稳定的框架，因人制宜、因时制宜，以顺势拼图的思维来提升顾问的各项知识、技能，育人系统就容易富有弹性，新手顾问也就更容易实现扎实的、循序渐进的持续提升。

促拼图的绩效取决于两个关键维度：素材提供与进展比对。素材提供的核心是提供各类知识与技能的培训和支持；进展比对是指按照已经搭好的框架来不断回顾、确认进展，并且明确下一个阶段的目标。

对于以培训为核心的素材提供环节，以下三点对提升培训体系的弹性非常有帮助：

1. 循环课程与专项课程结合：基础的猎头技能课程可以在一定阶段内循环提供，顾问可以选择任何一个时点或自己感兴趣的环节参与。

比如在FMC，我们把猎头技能分为"发展候选人技能""发展客户技能""成单技能"三个维度，这三个维度又具体分为13个战术环节，每周一个主题，大体上每个季度可以把这些猎头基本技能循环培训一遍。这样，即使是分散入职的新同事，无论其之前的经验如何，都可以根据自己的实际需要，在一个季度内较为系统地把猎头的基本技能梳理一遍。在循环课程的技能梳理上，陈功老师的猎头功力测试与13个环节的视频教程，对于提升培训效率很有帮助。专项课程的灵活度较大，也更容易满足不同顾问的需求。比如FMC的"云上课堂"机制，由各地的合伙人自选主题，精心准备，每两周一次，实践下来效果很好。

2. 教学相长分享：最有效的学习方式是教授他人，因为输出会倒逼输入。在很多培训分享中，受益最大的人往往是讲者，而非听众。高效组织同事相对正式地进行分享，对于提供高质量的"拼图素材"非常有帮助。

3. 生态培训系统：公司成员因为从业时间长短和自身能力的不同，一定会存在知识与技能的差异。在猎头技能方面，无论猎头顾问专注于哪个行业、哪些职能，80％的技能要点都是相通的。把公司成员在知识与技能上存在的差异转变为优质的培训资源，不仅成本低、可持续，也能打造公司的友谊文化和成长文化。例如，公司的8名员工在候选人搜寻技能上的得分分别是10分、30分、40分、50分、60分、70分、80分、90分，那我们可以让得90分的同事去培训他人，也可以让得70分的人去帮助得10分的人提升到30分，让得70分的人帮助得30分的人提升到40分……只要认同生态培训这样的理念，在实践中我们就可以找到很多办法。

进展比对环节，其核心是确认在既定框架下已经拼出了什么图

（进展确认），还有哪些图要拼（目标确认）。这个操作本身并不复杂，难度在于耐心坚持与快速调整。比如，FMC的成熟顾问回顾机制，按照一定频率（通常为1个月）逐项对照之前设定的目标检查进展，记录关键事项，调整并设定下一个阶段的拼图计划。由于这样的回顾机制不能很快提供直接的结果，启动初期需要耐心坚持。同时，回顾机制这样的工作很容易流于"走流程、走过场"的形式，参与各方需要保持清晰的觉知，一旦意识到是在走过场，就需要快速进行针对性调整。

建系统

弹性育人系统本质上是一种方法论与思维模式。以下提到的各项系统并非必需的，但如果能够搭建起来，弹性育人系统的运作效率将会极大提升。

1. 课程资料系统：按照设定的框架，分类整理好对应的资料，如PPT、视频、音频、参考文献。无论猎头工作是面向什么行业、职能、客户，绝大部分技能都是相通的，高质量地整理好可以重复利用的资料，似慢实快。同时，善用外部猎头学习资源，可以快速且高质量地完善课程资料系统。

2. 培训师资系统：系统梳理公司内外部可以提供培训支持的老师，对他们有整体的了解，这有助于因势利导地高效利用培训资源。

3. 实战范例系统：针对各个实战场景，准备一些经典的实战范例，比如，与候选人或客户的电话录音分享等。讲解与示范并重，培训学习的效果通常会更好。

4. 进展追踪系统：记录并留下印记对培训、学习、成长既是督促也是激励。用于培训、学习、成长的进展追踪系统可以简单地制成 Excel 文档，但如果能与业务操作系统整合成一体，效果则会更好。

5. 精准互助系统：在整个公司范围内，尤其是跨地域、跨部门的公司内，如果每个人都能够高效、精准地知道"谁擅长什么？在具体要点上谁更懂？"，这必将有效促进公司内部的教学相长、生态培训。

6. 流程操作系统：各项培训、各项回顾等，具体按什么流程来做？不断调整细节，形成相对稳定的流程，操作效率会更高。比如，对于一次正式的培训或分享，确定讲者，前期收集问题，设计海报，发布通知，租用培训场地，准备辅助器材，多地连线时的设备调试，视频录制，培训反馈，效果跟进，报道宣传……在对各个环节设定清晰的流程要点并重复操作时，培训质量才有保证，同时效率才能提高。

其实，在建系统这个事情上，同样需要框架拼图的思维来灵活且系统地推进。系统太僵化，容易与现实业务发生冲突，很难真正落地。但没有系统，就只能回到看天赋、看运气、看环境的老路上。

立文化

形成重视培育人的成长文化，"搭框架，促拼图，建系统"才会更有生命力。按照陈功老师的"骨，肉，血"模式，"搭框架"的环节立起了"骨架"，"促拼图，建系统"的环节丰富了骨架上的肌肉，而"立文化"则像注入了血液，让组织的生命真正鲜活起来。其实想深一层，单纯基于利益的资源分享，往往会越分越少。比如，你很难将一个好客户同时分给几个团队、几个顾问。但成长经验，则往往会越分越多。利益连接的效果立竿见影，天然容易被重视。成长连接尽管有长效，但见效较慢，容易被忽视。但二者其实是可以相互促进、相得益彰的。

"立文化"的工作，如果能与绩效考核、晋升等公司治理机制结合起来，会有更加有力和长效的推动作用。

理想的弹性育人系统应该是什么样的？

搭框架，促拼图，建系统，立文化——如果这几个环节都落地良好，那么一个理想的弹性育人系统大体应该是这样的：无论何时、何地、何种资历，不同数量的新人入职，都能有个性化同时成体系的培训学习成长规划。培训与业务不是对立冲突，而是彼此促进、相得益彰的，公司通过在学习资料、培训课程、成长伙伴等维度提供支持，顺势且积极有力地促使每个人成长。外部资源、生态培训、教学相长、一起成长构成了公司内部核心且底层的连接：分享成长促进分享资源，进一步促成业务的持续增长，业务增长又反过来强化成长，由此形成的成长文化、友谊文化、开放文化和成年人文化使得组织与个人一起踏上正向循环的上升轨道。

弹性育人系统，本质上是一种方法论，并非只适用于有特定资源和一定规模的大公司。恰恰相反，弹性育人系统是建立在框架拼图这种思维模式的基础上的。这意味着，你无须按照固定模式应用特定的资源，而是当下有什么问题需要解决，有什么资源可以应用，就从哪里开始拼图，关键是能保持一个越来越清晰的稳定框架，由浅入深地一步一步完成拼图。所以，用框架拼图的思维模式构建弹性育人系统，只要认知到位了，即使小公司也可以做得很出彩！

本文合著作者

陈功（Victor）

iHunter爱猎创始人、猎头培训师、团队教练/咨询师。"爆款"版权课《BD黄金术》《交付黄金术》创作者。行业标杆著作《百万顾问新人特训营》作者。

"吃亏定律"与猎头公司的治理

在多年的公司管理实践中,我总结了一条"吃亏定律"——在需要群体努力才能达成的结果中,每个人都倾向于放大自己的贡献比例,天然觉得自己的钱分少了,进而认为自己"吃亏了"。深度理解"吃亏定律",对猎头公司的治理帮助极大!

想象这样一个测试:一个项目收费20万元,公司里的很多人都直接或间接地为这20万元的收益做过贡献,比如,公司的创始人、区域总经理、行业团队负责人、该项目的客户拓展顾问、做单顾问、人才寻访员,以及公司的人事、行政、财务、市场、IT、前台等支持部门。假如让所有人独立评估自己在这20万元项目上的贡献比例及应该分得的营业额,然后把这些评估加起来,你大概会同意总和会大于20万元,比例会超过100%。总比例超过了100%,很显然是有人高估了自己的贡献。你可以重复很多次类似的试验,相信每次加总的比例都会超过100%。

这说明在群体贡献中,夸大自己的贡献比例是人的天性。这个论断背后其实是有系统的心理学理论做支撑的。人的认知受限于自己内在的感受和从外部获得的信息。人能够清楚地了解和感受自己为群体结果的付出,而对他人为群体结果的付出则很难有全面的了解与体会。

中高端猎头业务本质上是基于人际互动的关系型业务,而非数据型业务。这个特点使业务与个人而非公司的黏性更强,生意跟人走。一旦觉得自己吃亏了,生意又很容易被自己带走,猎头顾问往往会选择辞职创业,猎头公司自然会不断地分裂。这个道理其实对很多行业都适用。

猎头公司的老板如果深刻明白"吃亏定律"乃人性使然,就会停止简单地抱怨离开公司的前下属多么不仗义,多么没有职业道德,进而让自己从"受害者"的感受中走出来,更现实、更健康、更有建设性地寻求解决方案。

就FMC过去20多年的实践及我个人的观察、研究来说,以下三点有助于我们利用好"吃亏定律",理顺猎头公司治理中的利益冲突:

1. 把"彼此心悦诚服地接受"作为衡量公平的核心标准。

2. 在利益格局基本稳定的基础上进行动态调整。

3. 阳光分歧:理解、包容、尊重彼此因视角、体验不同而产生的观点分歧、利益分歧,把分歧摆到桌面上,阳光地、健康地解决,少使用一些自以为聪明的权术。

猎头薪酬机制与"软要素，硬结果"

人力成本在猎头公司的成本构成中是占比最大的，不少公司甚至会超过营业收入的70%。薪酬机制自然成为猎头公司最核心的管理环节之一。

猎头的薪酬核心有三个部分：底薪、奖金或佣金（也叫业绩提成）、其他（如绩效奖、年终奖、人员推荐奖等）。

薪酬设计一般遵循两种体系：

1. 奖金制。它的核心特点是：底薪占收入的比重较高（往往超过70%）；奖金并非直接与个人业绩挂钩，而是由上司在综合考虑个人业绩、团队达成等因素后进行分配。实行该体系的有米高蒲志、华德士等英国公司。

2. 佣金（业绩提成）制。它的核心特点是：佣金收入占收入的比重较高（往往超过50%）；佣金直接与个人业绩挂钩。市场上绝大部分公司采取佣金制。

佣金的计提机制大体分为三种：

1. 起提线机制：按底薪的倍率设置起提线，超线部分按设定比例计取业绩提成。

2. 工资预支机制：设定顾问的总收入在业绩中的占比，扣除已支付工资后，计算业绩提成。

3. 底薪加提成制：不设起提线，不回扣底薪，按业绩设置阶梯式的提成比例。

尽管不同公司业绩提成的计提方式不尽相同，但大体都不外乎这三种方式的变种或组合。就分配而言，三种方式本质上大致相同，区别只是管理者的视角及强调的重点不同。

猎头公司的薪酬机制，尽管其构成元素比较简单，但有三个问题非常值得关注：薪酬机制的稳定性、与整体组织逻辑的一致性，对软性贡献的重视。

不少猎头公司的老板轻易模仿他山之石，经常调整自己公司的薪酬机制，以此增强公司的竞争力。事实上，对大部分猎头公司而言，核心问题不是薪酬机制不具有吸引力，而是业务能力不足。薪酬机制如同一幢大楼的地基与框架，其稳定性极其重要。过于频繁地调整，即使当时看来很合理、很有必要，但长期综合来看，往往得不偿失。

猎头公司的薪酬机制表面上都浅显易懂，因而容易做比较和被模仿，但因为其内在的逻辑可能大相径庭，所以表面或局部的模仿和抄袭，效果往往并不理想。比如，实行奖金制的公司，通过高底薪吸引素质较高的初级顾问。能提供高底薪是因为公司有较强的精细化运营管理能力，能让新人短时间内或有产出，或被淘汰，以此保证财务平衡。因此，精细化运营管理能力不强的公司，如果简单模仿高薪纳贤的做法，在公司财务上其实是无法承受的。此外，一家公司的薪酬机制往往代表着一家公司的文化导向，所以薪酬机制需要与更高一层的组织逻辑保持一致。

大部分猎头公司的薪酬机制所反映的都只是业绩等"硬性"贡献，对人员发展、文化氛围、协同支持等"软性"贡献却反映得不够。已经有不少的深度好文分析过薪酬机制的"硬性"贡献，如 MGA 创始人陈亮所写的《猎头薪酬面面观》，本文则侧重于分享对"软性"贡献的看法。

"软性"贡献很有价值，但很难量化，只好机制性地忽略。举个例子，某位顾问自身非常具有正能量，同时还能带动周围的同事，这对团队业绩和组织氛围显然有贡献。既然有贡献，就应该在薪酬机制上体现出来，但怎样测量？怎样记取？类似的还有综合行政、后台系统运营、财务等支持部门同事的努力，他们的贡献意义重大，最终会影响组织的整体业绩。但这些贡献比较"软性"，很难设立服众的可量化标准。如果将此纳入计算薪酬的基础，容易把事情复杂化，甚至分散了对业绩目标的专注。所以实践中，公司可能只会对"软性"贡献特别突出的个人进行个别奖励，比如老板口头感谢、发红包、送礼物等，而很少通过薪酬机制的方式进行普遍的制度性奖励。

解决上述难题的一个可行方法是，多角度匿名评估，从绝对值到相对值排序，变通解决"测量"难题。"软性"贡献难量化，是因为没有绝对值，如完成多少万元的业绩、推荐多少位候选人，评判起来主观性强。既然如此，可改用相对值排序——团队内部同事之间，就某个维度（如工作责任心、合作精神等）彼此打分排序。当更多人有机会匿名参与打分评估时，多人多视角的主观反而更接近客观，因而也更容易服众。比如某位同事的团队合作精神有待改进，如果只是由上司提出，下属未必服气。但如果在10个人的团队里，被其他9人匿名打分，团队精神排名最后，事实胜于雄辩，自然会促使这位同事自我反省。这种变通的测量方式，使用得当还可以缓解管理压力。

奖励"软性"贡献的一个好处是，可以用具体的行为诠释抽象的文化价值观。企业的文化价值观，表述容易落实难，部分原因是对符合文化价值观的行为缺少薪酬制度方面的奖励。比如，企业提倡"团队精神",如果践行"团队精神"的人总是吃亏,时间久了,团队精神就只会流于口号。相反,如果能在薪酬上给予制度性的奖励,理念就更容易落地为行为,从而形成良性循环。"软性"贡献设置的思路是:确立企业提倡的文化价值观,把文化价值观转化成具体的行为范例,把行为纳入不同的评估维度。

"软性"贡献激励的实操建议

公司的文化价值观不同,"软性"贡献的界定也会不同,但在落地实操的思路上是有共性的。下面分享一些可能有用的建议:

1. "软性"贡献评估与文化价值观的沟通、宣讲结合:让团队明白、理解并认同公司这样倡导的初衷和为此付出的努力。

2. 尽可能地为评估的维度提供易观察的行为范例:比如针对"团队精神"这一抽象价值观,可以与团队成员一起讨论并整理出在实际的工作中,有哪些具体的行为能体现出团队精神。

3. 不同维度、不同评估人的权重可以不同,并且可以阶段性地进行调整,比如直接上司的权重可以适度提升。

4. 评估的流程尽可能简化:有条件的甚至可以考虑在系统上开发相应的程序,以简化评估的过程。流程越简单,执行起来越容易。

5. 对于人数较少的团队,如少于5个人,流程可以进一步简化成团队成员自我评估、与上司沟通反馈、调整确认。

6. 提成基数与提成系数相结合:把业绩等"硬性"贡献作为提成的基数,把"软性"贡献的评估结果作为奖金的系数,这会是一个简单可行的方式。例如,业绩基数(50万元)×提成比例(30%)×"软性"贡献系数(1.0~1.5)。"软性"贡献系数的范围根据各公司对

"软性"贡献的重视程度而定。

7. 做有耐心的长期主义者：文化价值观的建设是润物细无声的过程，较难有立竿见影的效果。通过薪酬制度对与文化价值相关的行为进行奖励或抑制，短期可能会是"流程负担"，长期则会是"成果贡献"。

软要素，硬结果

公司里离钱最近的是财务人员，但多招财务人员，公司并不能挣到更多钱。同理，业绩是很多公司追求的"终极"目标，但紧盯着某几项业绩指标，业绩未必就会更好。有些看起来"软性"的贡献，如人员发展、团队协作、基础数据建设等，往往能在很大程度上长期影响业绩这个"硬性"结果。所以，在薪酬机制的设计上，值得把"软性"贡献纳入。

与其纠结人性化还是狼性化，不如选择成年人化

我们愿意为"人性化"喝彩，但却更倾向于为"狼性化"买单！很多猎头公司的管理者，清醒地或无意识地陷入这种纠结。这种纠结有非常合理的基础，因为"人性化"是必需的，"狼性化"是必然的，而这两者有时是相互矛盾的。

从顾问对公司的重要性而言，"人性化"是必需的！

"猎头生意往往跟着猎头顾问走，而不是跟着猎头公司走。""就具体客户而言，猎头公司的核心竞争力往往存在于顾问个人而非组织。"虽然很多猎头组织的老板未必喜欢这样的论断，但就我个人对猎头行业20多年的观察而言，这样的论断更接近于真实现状。尽管很多猎头组织付出了很多努力来改变这种局面，但总体来说收效甚微。

有人预言，科技，尤其是"大数据＋AI＋互联网"的组合，会彻底改变这种局面。我无法预测多年之后会如何，但是就可以预见的未来而言，我个人的看法是：技术的进步对顾问个人与猎头组织博弈关系的影响大体上是中性的，可能对顾问个人更加有利。因为在这种科技发展的大趋势下，猎头顾问个体对猎头公司的数据、品牌、办公室基础设施的依赖程度在降低，而中高端猎头业务是"关系型"生意的

本质并没有多大的变化。

既然好的顾问对猎头业务有决定性的作用，那么看起来合理的推论应该是：猎头行业应该是最人性化的行业，猎头公司应该是管理方式非常人性化的公司，猎头顾问感受到的应该是非常人性化的管理。进而可以推论出，人性化程度高的猎头公司，业绩应该更好。然而现实往往与这种推论的差距很大。就我个人的观察而言：狼性化、绩效压力大的公司，业绩总体来说更好，却未必那么人性化。在公司文化建设上，大家会从道德上讲"以人为本""人性化"，但每个领导真正喜欢的却是努力追求业绩并且能产出成果的下属。

想深一层会发现，狼性化是必然的！

首先，日益激烈的竞争格局客观上推动了猎头公司更趋向于"狼性化"。因为在后付费模式下，客户的选择太多。如果在同等条件下，对手比你更具有"狼性"，也就是更勤奋、更勇敢、更灵活，那么你很有可能就输了。

其次，猎头成单的基本要素也决定了"狼性化"的必然。猎头成单的要素可以简要概括为：成单的数量＝推荐数量×推荐精准度。"推荐精准度"的提升，需要较长时间的努力，同时对顾问本身的基础素质也有较高的要求。因为这需要以顾问的"技能成长、知识成长、人脉积累"为基础。而"推荐数量"的提升则相对容易，对顾问的基础素质要求也相对较低，只要顾问有态度、有行动，短期就能奏效。纵观中国猎头行业发展的近 30 年，我基本见证了入行门槛越来越低的过程，这种变化也在客观上强化了"狼性化"的必然。因为当我们的资源不够丰富的时候，勤奋、勇敢、灵活就显得更有必要了。

同时，猎头顾问与猎头组织的博弈关系决定了猎头公司的人员流动性较大，加上把顾问个人的能力转化为组织能力的难度较大，这会促使猎头公司更加注重短期业绩。因为在中长期发展面临较多不确定因素的情况下，从商业管理的角度看，较为稳妥的方法就是通过高绩效、高压力推动"狼性化"管理，以确保顾问在职期间的财务贡献。

最后，人性使然，很少有人能够摆脱短期需求的束缚与局限。"狼性化"管理就如同打兴奋剂一样，不管对组织还是个人，确实见效很快。但长期来看，"狼性化"的效果未必能够持久。甚至在猎头行业，"狼性化"容易流于"平庸地忙碌"，而对真正有长期价值的"精准地勤奋"重视不够。所以猎头行业"工龄长，资历浅"的现象屡见不鲜，很多做了10年的猎头顾问极有可能只是把入行2~3年的经验重复了几遍。但"长期主义"知易行难，因为这是人性使然，正如巴菲特所讲，没有人愿意慢慢地变富。

人性化是必需的，狼性化是必然的。很多时候，必需与必然之间，其实是相互矛盾的。对很多猎头业务管理者而言，很多管理上的纠结都与此有关。不只是猎头行业的管理者，其他行业的管理者也会面临这样的纠结与挑战。管理者大体上都在追求两个极端：更科学（效率与有效性），更人性化（把人当人而非工具）。很多时候，这两者之间本身就存在矛盾。从这个角度看，好的管理，往往意味着在更科学与更人性化之间找到合适的平衡点。

成年人化是我在人性化与狼性化之间创造的一个相对能平衡二者的中间概念。

成年人化的核心要义是：成年人的责任与自由——承担责任的同时享受与责任相当的自由。成年人化有助于我们避免很多"人性化"与"狼性化"在个人感受上的冲突。据说，"成年人文化"极大地促进了奈飞（Netflix）公司的高速发展。奈飞是一家成长非常迅猛的公司，它于1997年成立，最初经营邮寄租赁DVD业务。2018年6月，奈飞当时的市值已成功超过迪士尼，成为全球第一的媒体公司，与脸书（Facebook）、亚马逊（Amazon）、谷歌（Google）并称"美股四剑客"。美剧《纸牌屋》及很火的纪录片《美国工厂》就是奈飞出品的。

相比奈飞，猎头行业更需要这样的文化！这个判断基于以下几点原因：

1. 猎头是一项很难管但又很好管的生意。很难管，是因为猎头的生意容易跟着顾问走，公司在与资深顾问的博弈中，往往处于不利地位。但猎头业务又很好管，这是因为业务结果与原因很容易测量，没有太多可以彼此推诿的灰色地带。

2. 猎头业务拥有既是科学又是艺术的双重属性。猎头业务在效率上需要有科学支撑，但在具体的人际互动上，则需要讲究艺术。

3. 猎头业务拥有"既需要顾问具备360度独立操作的能力，也需要组织协同"的双重属性。在具体的项目上，让同一位顾问全程跟进会让其对全流程有更全面的把控。但从公司层面看，在组织内有效地分工协同则会有更高的产出。

4. 绕开无效流程管控的陷阱。中高端猎头业务由于流程长、影响因素变化快，很难像制造业和简单的服务业那样，实现真正的流程管控。而强调自由与责任的成年人文化能帮我们绕开无效流程的陷阱。公司充分授权且顾问积极主动承担责任的方式最适应猎头业务的特点。

5. 从猎头业务决策的有效性上看，总体而言，分散决策比集中决策更有效。

FMC 的成年人化范例

成年人化,听起来可能有些抽象,但在操作中,却可以落实到很多实际的要点上。我在此举一个 FMC 践行"成年人化"的例子。2020 年,FMC 的年度主题是"成年人的包容与责任"。我们将该主题的内涵进一步明确如下:

我们包容的是:不同的成长背景,不同的行事风格,不同的职业规划兴趣,不同的创业探索热情。

我们承担的责任是:自己所扮演的角色的责任,自己所做出的选择的责任,自己所采取的行为的责任,自己所达成的结果的责任。

当包容与责任的要点明确后,组织内部更容易形成一种放松且不懈怠的积极氛围,不用过度"人性化"地安抚同事,也不用过于"狼性化"地"打鸡血",明确责任之后,积极正向地鼓励就好。

基于种种原因,每一个人也未必总是用成年人的态度行事,所以"成年人化"需要多管齐下:尽可能吸引、招聘符合"成年人化"要求的人,更多地激发大家的成年人态度,制度性地降低非成年人化行为的潜在危害。

新冠肺炎疫情期间,很多猎头管理者经历了挑战。而危机往往是可以促成改变的契机。过去一年,很多同行朋友找我交流团队管理问题,我感受到大家既焦虑又纠结,其根源都可以归结为:管理方式应该更"人性化",还是更"狼性化"?

综上所述,我个人的建议是:与其纠结人性化还是狼性化,不如选择成年人化!

职场友谊与公司家园的三重境界

"你最好的朋友是在人生的哪个阶段结交的？"——这个问题我曾随机问过上百位同事及朋友，绝大部分人的回答都是"小学、中学或大学"。因为相比进入职场后结交的朋友，学生阶段的友谊几乎不会掺杂利益关系，更值得珍惜！

我个人的看法是：大家说出了实情，但未必看到了人际关系中的最优选项。甚至，"不掺杂利益关系的友谊更值得珍惜"会成为阻碍我们发展与享受职场友谊的限制性观念。

在FMC的早期阶段，同事之间的关系就像家庭成员一般，大家田园牧歌般就把钱挣了。随着人员的增加、公司规模的扩大，处理人与人之间关系的苦恼骤然增加。在一个培训课上，老师的话让我醍醐灌顶，我顿悟到问题的症结。他说："家的基本规则是无条件的爱，而公司的基本规则是按劳取酬，当我们尝试把公司当家园时，就会因走不通而苦恼，这是因为规则不同。"我们摸索了几年，慢慢地，我发现老师虽然说出了鱼和熊掌很难兼得的实情，但老师的话却未必那么高明。

一个成年人，绝大部分时间在工作中度过，绝大部分收入因工作而获得，绝大部分人际关系因工作而产生。所以，在很大程度上，工作开心与否决定了一个成年人的幸福基本水平。如果我们再把视野放宽、放远些，我们就会认同：工作与生活有紧密的关系，而非工作只是谋生的手段。从工作对成年人的意义来看，职场人也需要如家人般彼此关爱。把公司规则与家庭规则截然分开，确实可以让我们行事更简明、局部效率更高，但未必是最优选项。真正值得我们去努力尝试的，是把公司规则与家庭规则结合起来。

就我的观察、思考与实践而言，职场友谊与公司家园大体可以分为三层境界：

第一层：看山就是山，看水就是水，即同事都是家人，公司是另外一个家。

第二层：看山不是山，看水不是水，即职场中无友谊，公司不是你的家。

第三层：看山还是山，看水还是水，即与同事在利益关系中发展出真诚的友谊，在按劳取酬的公司规则中融入家人般的彼此关爱。

第一层境界是美好的，但未必成熟：不经历大风大浪，也许职场友谊能维持一段时间，但往往会因为经不起考验而幻灭。第二层境界大体上是"成熟的"，但未必是美好的：认清"现实"，是一个人成熟的标志。但被"现实"束缚，往往是另外一种无奈与悲哀。第三层境界既是成熟的，也是美好的：成熟地认清现实，但不忘美好的初心。如果能创造性地、因地制宜地、坚韧地拓宽现实与初心的交集，生命力往往会更加旺盛和持久。

在利益关系中发展出真诚的友谊，在按劳取酬的公司规则中融入家人般的彼此关爱，确实比单纯地只看利益、只讲规则更难。但世间之事，往往是越难的事，越有价值！

如何达到第三层境界？我在此分享几点个人见解，供大家参考！

1. 认清现实。真正的职场友谊都不"纯粹"。但儿时的纯粹友谊，未必就比面向未来但掺杂了利益关系的职场友谊更值得珍惜。一位智者在论及人生幸福时提到过两个"一致"：能力、兴趣与职业一致；性、爱情与婚姻一致。我认为如果还能加上友谊、利益与事业一致，人生会更加美好。这才是我们真正应该看清的现实：职场利益，也可以是我们友谊的沃土。

2. 成年人态度。讲爱的家庭也是讲责任的。无条件的爱，只适合没有长大的孩子。持守成年人的态度，我们就不会把强调爱的家庭规则与强调按劳取酬的公司规则简单地对立起来。

3. 交集思维。公司与家二者之间虽然有不少的差异，不能简单画等号，但也有很多的交集。关注交集还是关注差异，往往只是我们的选择而已。如果选择关注交集，我们就更能感受到家庭规则与公司规则的和谐美好。

4. 阳光分歧。公司与家的交集也会动态地变化，当分歧大到几乎不能化解时，坦然接受，阳光面对：来，欢迎；走，欢送。阳光分歧有助于把公司建设成每个人不同程度上的家园。

在 FMC 过去 20 多年的前行探索中，我们交了很多"学费"，逐渐明白这几层境界的内在关系，并因地制宜地做出了相应的调整。因此，我们认真地在 FMC 的愿景中加入了"友谊"与"健康"两个关键词，把公司的发展方向定位为"成为价值、友谊、健康驱动的最具创新力的招聘机构"：创造价值，是基本的成年人态度；友谊，既能让我们的生活更美好，也能让我们的业务更高效；阳光分歧，不但能让同事之间的关系更健康，也能促进组织的健康。在公司机制上，我们从注重资历职级转变为奖励实际的"军功"，充分体现公司按劳取酬的规则。在组织文化上，我们逐步从分享资源转变为分享成长，让同事之间的关爱充分体现为"在一起，让彼此变得更好"。这些调整，不但让大家的感受更好，也让公司的生命力更强了。

尽管通向第三层境界的路坎坷曲折，但值得探索前行。因为职场友谊与公司家园是有望实现且富有生命力的美好前景！

用交集思维与长期主义做好"过客"管理

我常被同事调侃情商忽高忽低,因为我会不时地问一些让人尴尬的问题。比如我会问刚入职的新同事:"你打算在FMC干多久?想在这里收获些什么?"坦诚地说,一个人只有极低的概率会在一家公司工作一辈子。从这个意义上说,当下的绝大部分同事都是"过客"。对一段工作旅程有个好的规划,以便收获更多价值,如经验、技能、人脉等,对新人的长远发展会更有帮助。只是,我在新人入职时就问这个实在的问题,难免让人尴尬。

为何要做好"过客管理"?

我现在比以前成熟,较少在新人入职时如此发问。但基于以下几点原因,我对"过客"管理则越发重视。

1. 以往,猎头顾问大多是有了丰富的人生和职场经历之后,转行来做猎头。猎头工作甚至有可能是他们想长期发展的终身职业。然而,从近些年的行业状况看,猎头行业的从业人员越来越年轻化,甚至不少是大学应届毕业生。猎头工作是否真的适合自己?猎头是否可以作为自己长期发展的方向?对于这些问题,很多人一时间是难以有明确答案的。在没有确定答案之前,沦为"过客"就再正常不过了。

2. 不同公司、不同岗位给员工提供的成长养分各不相同。加上"边际收益递减"效应，当一个环境不能再提供支持可持续成长的养分或空间时，更换环境对个人的成长和发展会更有帮助。

3. 诚实面对，比掩耳盗铃、假装问题不存在更健康、更有建设性。有的管理者担心触碰"过客"问题会触发更多同事离职。在个案上的这种担心是有一定道理的。但从全局看，管理者其实不怕人走，而是怕人突然走，破坏性地走。一旦看透并接受这个现实，管理者就可以主动地、有建设性地来面对"过客"问题。

在"过客"管理上，交集思维与长期主义会很有帮助。

交集思维

"交集思维"的核心在于：管理者坦然地面对公司与员工在各自的发展轨道上只是有一段交集的现实，通过着眼于交集、不断发掘并扩大交集，从而自然淡化分歧。在实际操作上，以下三个交集尤其值得重视。

1. 支持年轻人快速取得业绩：对很多职场经历尚浅的年轻人来说，对究竟什么适合自己，需要很多现实验证才能确认。猎头工作的本质其实是销售：把猎头公司的服务"销售"给客户，把客户的职业机会"销售"给客户感兴趣的候选人，把潜在的候选人"销售"给客户。销售的本质自然意味着从事猎头工作会遭受很多挫折，挫折容易让人放弃。让年轻人快速取得业绩，建立基本的信心，继续积极前行，对公司和员工而言是很好的交集。

2. 支持年轻人获得当下及未来都需要的成长：很多基础的观念和技能基本是通用的，除了适用于猎头工作之外，也适用于其他的工作，比如时间管理、压力管理、快速学习、沟通技能等。这些观念与技能的成熟，对当下的工作、将来的职业和人生都很重要。支持年轻员工以面向未来的眼光学习、掌握对当下也很重要的观念与技能，是非常值得管理者关注的交集。

3. 拓宽成长空间，让年轻人成长的跑道更畅通：一个组织可供年轻人成长、学习的资源即便再丰富，它的成长营养浓度也会因"边际收益递减"而逐步降低。在这样的情况下，拓宽年轻人的成长空间，让他们的成长跑道更畅通，有助于扩大公司与员工之间的交集。

长期主义

长期主义的本质是把事情想得透彻的战略思想：横向上，看到多个因素相互影响的关系；纵向上，看到各个因素在时间延展上的变化。在"过客"管理的长期主义上，我倾向于将其概括为这样一句话：来，欢迎；走，欢送；回，迎接！这样的总结，主要基于以下几点考虑：

1. "过客"现象不会因为管理者的一厢情愿而改变，积极地接纳往往更有建设性。一旦真正接纳，我们就更容易做到：即使知道员工有一天会离开，也更容易以他们要永远留下的态度给予支持；即使员工的离开会带来工作上的阶段性压力与情感上的不舍，我们也更容易做到带着祝福去欢送，而非人走茶凉。

2. 离职的员工其实也能以很多不同的方式支持原公司。离职后，前员工更容易坦诚地向管理者反馈原公司存在的问题，帮助公司改进成长；离职后，前员工加入客户公司，可以从客户的角度为原公司的业务提供支持；离职后，前员工加入竞争对手的公司，然后向原公司的管理者提供对比反馈，能让原公司看到自己的长短优劣；离职后，前员工的正向口碑能支持原公司对于新员工的招聘……

3. 离职后，重新加入的前同事往往能更客观地看待公司的优点、缺点，更有可能成熟地与公司一起前行得更远。

以上分析，不仅仅是理论上的推演。过去 20 多年，我们用一步一个脚印的实践验证过"过客"管理的价值。我在 FMC 成立 10 周年的纪念文章中，曾经这样描述"过客"管理的理念：

> 有一处开放的房屋，房屋里有很多人，大家对这处房屋的意义看法颇为不同。有些人觉得这里很好，想永远留下；有些人只是想把这所房屋当作起点，去探索房屋周围广阔的世界；有些人在跋涉中，经过这里，只是想进来休息一下，然后再远行；有些人觉得这里挺好，但外面的世界也深深地吸引着他/她，他们想出去走走，过些日子再回来……于是这所房屋成了很多人不同意义上的家园：永久定居的家，娘家，亲戚家，朋友家……虽然大家想法各异，但大家都爱它，都期望这个家园能变得更加美好。

基于这样的认知，我们非常认真地实践"来，欢迎；走，欢送；回，迎接"。这些努力，也很好地促进了同事间的友谊。而友谊不仅让人们的生活感受更美好，也能促进业务上的协同。有很多前同事反馈，在 FMC 打下的一套基本功对自己的长期职业发展很有帮助。也有很多前同事，离开后，又选择回来……

猎头是经营长期关系和信任的业务，用交集思维和长期主义的视角来支持看似是"过客"的员工或同事，组织和个人都会前行得更远！

从分享资源到分享成长

　　成长是每个人显性或隐性的需求。我们面临的所有挑战，本质上都是通过成长来解决的。钱不够，通过学习，让赚钱的能力提升；因自身能力不够和未来充满不确定性而焦虑，可以学习如何提高能力，来降低自己的焦虑程度；甚至是害怕死亡，都可以通过学习，让自己临终时更平和……学习与成长的内涵非常丰富！在这个多变的世界里，没有什么人和物是可以长久依靠的。真正让我们内心安定的，是拥有通过不断学习、成长来应对变化的能力。

　　资源会越分越少，成长则会越分享越多。在猎头行业，资源分享因为直接且现实，成为连接彼此很好的起点。但由于资源的有限性，总体上，资源会越分越少。而成长则不受资源稀缺性的限制，而且往往是教学相长、彼此促进的，会越分享越多。而且，成长有助于获得更多的增量资源，也容易让分享进入正向的良性循环。

　　能让彼此变得更好的人际关系是最珍贵的。哈佛大学有个跨度达70年的关于人生幸福的研究，其结论是：幸福感本质上来源于良好的人际关系。让人产生愉悦感的人际纽带有很多。例如一起赚钱，一起游乐，一起喝酒，一起唱歌……在一起让彼此变得更好，能把彼此身上好的品质激发出来。让彼此成长的关系，大多数人都会非常珍视。

　　职场是分享成长的重要场所。大多数成年人的大部分时间都是在职场中度过的，生活的幸福程度大体上取决于职场中的综合成就，大多数的成长挑战也因为工作而产生，职场理所应当地成了成年人分享成长的重要场所。

然而，分享成长往往会流于形式。这是因为，真正的成长往往是多维度循序渐进的成果，而职场工作追求的往往是快速而明确的结果。短期来看，基于现有的能力做事情比发展潜能更高效。另外，职场是个利益交错的场所，分享成长有时难免会被异化或被误解为组织及上司操控人的工具，容易受到员工们的抵触。成长的过程本质上是"反人性"的，因为成长要求人们走出舒适区，在不适感中激发自己的潜能。所以，分享成长启动很费力，放弃却很容易。

在猎头组织中分享成长，我有以下几点建议：

1. 牢固树立"从分享资源到分享成长"的理念，如果理念能扎根，方法自然会生成。

2. 运用交集思维，逐步扩大工作需求与个人成长的交集，培育分享成长的职场沃土。

3. 营造重视成长的公司环境，尽可能地把成长转化为个人发展需求，而非工作绩效需求。

4. 夯实成长小组建设，让组员们互为镜子和良性的外部压力，扎实地收获成长并逐步滚大雪球，让成长小组建设逐步沉淀为组织的传统。

分享资源，交换现实利益，启动容易并且见效很快。分享成长，投资未来，启动很难且见效慢。但资源会越分越少，成长则会越分享越多！猎头组织如果能够从面向现实的利益入手分享资源，并以此为纽带，激发员工分享成长，面向有无限可能的未来，就会拥有更持久的生命力！

猎头公司品牌建设的着力点

一位朋友在长江商学院的 EMBA 课堂上做过一项调查。他问在座的 60 多位职场精英："大家有没有听说过猎头？"所有人都举了手。朋友再问："有谁能说出一家猎头公司的名字？"这次只有一个人举手，表示好像听说过一家叫"Manpower"（万宝盛华）的猎头公司。

这个调查结果尽管有点极端，但说明了一个基本事实：猎头作为一个行业的知名度极高，但猎头公司在客户端及候选人端的知名度却很低。

这个判断对猎头公司的品牌建设有两点启发：

1. 善用"信息不对称"，快速扩大品牌影响力：绝大部分客户，尤其是数量巨大的中小企业，并不太了解猎头行业内的情况。除了通过尝试合作外，它们缺少有效的途径来评估哪家猎头公司更适合自己。所以，通过一些高效的营销手段，如百度竞价排名、媒体曝光等，猎头公司有机会获得众多的中小企业客户。但这种方式的投入相对较大，对没有能力或意愿快速扩大业务规模的公司来说，性价比可能不高。同时，这种方式的长期效果如何，有待进一步观察验证。

2. 耕耘"同行口碑"，长线建设品牌：想要大规模地提升在客户端及候选人端的知名度，难度极大。但针对猎头同行，尤其是对专注方向相同的猎头同行而言，提升公司知名度的难度就会大大降低。由于相较于公司品牌，资深顾问与客户及候选人的黏性更强，所以猎头公司只要通过"同行口碑"建设引起同行顾问的关注，就容易间接获得客户及候选人。另外，大部分的猎头转行后都是去客户方做 HR，转行后的猎头会把对原公司的认知带到客户方。在同行知名度提升的过程中，猎头公司也会间接、自然地获得一种促进自身成长提升的外部力量。与此同时，注重公司在同行中的口碑建设，对内部招聘也有非常大的积极作用：这说明公司是一家注重持续成长、积极向上的公司，而非简单地凑个班子一起做单、分钱。

猎头公司的品牌需要较长的时间来建设。但绝大部分猎头公司都是成长型的中小企业，"耕耘同行口碑，长线建设"可能是一条更加切实的品牌建设之路。

领导力的"八条鱼"

很多生意，一定程度上都是"堆人"的生意。如果能够高质量地把团队发展得足够大，而且相对稳定，公司就会盈利，就会发展。成功"堆人"涉及的因素有很多，在我看来，领导力是关键因素之一。

"领导力"这种能力既实在，也抽象。说它"实在"，是因为现实中，我们很容易看到不同的领导力带来的迥然不同的结果。说它"抽象"，是因为我们研究了领导力的种种定义与领导者应具备的种种素质后，在具体实践中却仍然感到茫然。

一般来说，管理强调控制，领导强调激励。而 VUCA 时代的到来，给管理与领导带来了前所未有的挑战。VUCA 时代的特征是易变（Volatile）、不确定（Uncertain）、复杂（Complex）、模糊（Ambiguous）。在这样的大背景下，管理和领导的界限越来越模糊，我们往往需要在管理中领导，在领导中管理。只有将二者充分结合，组织才会更有生命力。

在我看来，一个人的领导力如何，其评判标准在很大程度上应该取决于被领导者的感受。着眼于被领导者感受到的价值，领导力的提升就会更加有的放矢。

所谓领导力的"八条鱼"，就是我从被领导者能够感受到的八个维度的价值出发,提供的一个简单易行的领导力框架。下面,我结合猎头行业的具体场景,来简要解析这"八条鱼"。

第一条:授人以鱼

授人以鱼,即发工资、给客户、给单子、给人选……支持下属挣到谋生的钱。

某个顾问业务做得好,就自然会去带人,做团队领导。现实中,领导的成长大体遵循这个路径。然而,自己做业务与当领导带领他人做业务所需的能力往往是不同的。所以,"某顾问自己做业务的时候做得挺好,但带人后反而做得差了"这样的情况经常发生,令人非常遗憾。

但这样的情况还会反复出现,因为这个遗憾有其内在的合理性。因为只有业务做得好的顾问才能给予下属更多的客户、更多的单子、更多的候选人资源……支持下属挣到谋生的钱,这往往是最靠谱的领导力基础。理解了这一点,我们在抱怨业务能力强、领导力"弱"的上司时,就会给予更多的宽容。

第二条:授人以愉

授人以愉,即气氛好、关系好、娱乐多、关怀多……支持下属把辛苦的猎头工作干得开心。

做领导的挑战,不仅仅是带领大家赚到谋生的钱,往往还需要"让下属开心"。领导力本质上是被领导者的感受。很多时候,我们以为自己很理性,但想深一层,我们的决定受感受、情绪的影响很大。

让团队成员感觉愉快开心,是极为重要的领导力。

第三条:授人以渔

授人以渔,即多启发、多讲解、言传身教,支持下属学会客户拓展和做单的方法及思路。

尽管授人以"鱼",给予员工实实在在的资源,如客户、单子、人选等,是最靠谱的领导力基础。但资源型领导往往走不远,因为资源会越分越少。只有教会下属获取资源的技能,才是长久之计。授人以渔,是资源型领导扩大业务需要突破的关键瓶颈。

第四条:授人以愚

授人以愚,即大智若愚、打好根基、少走"捷径",支持下属绕开"工龄长,资历浅"的职业陷阱,建设能支持自己可持续发展的猎头成长操作系统。

这条"鱼",用时髦一点的术语来讲,就是要有"长期主义"的视角。在一定程度上,乔布斯当年所讲的"Stay Hungry, Stay Foolish"(求知若饥,虚心若愚)也是这个道理。

猎头工作的核心就是"如何发展候选人""如何发展客户"与"如何成单"这三个维度,可以进一步细分为十多个环节。一般的猎头顾问跟着一个业务能力不错并且愿意传授技能的领导,2~3年的时间下来,相关的基本招式应该都掌握得很熟练了。但很多猎头顾问会发现,做了10年猎头,只是把入行两三年的技能重复了几遍,不知不觉滑入了"工龄长,资历浅"的陷阱。而有一些领导则能引导、督促下属大智若愚地打下一个持续成长的根基，建立一套可持续发展的成长操作系统。

第五条：授人以欲

授人以欲，即多鼓励、多信任、多唤醒……激发下属成长与成功的勇气和动力，帮助下属看到潜在的可能性。

有了前面四条"鱼"，猎头顾问可以打下一个很好的基础。但要想在这一行实现成功，还需要有强烈的欲望。

我之前读到过一个关于华为的故事，颇有感触。华为成立初期，任正非问刚加盟华为的高管郑宝用：华为能做到多大的规模？郑宝用很认真地回答说：至少能做 1 000 亿元吧。那是 1989 年，当时华为的销售额还不到 1 亿元。有华为人评价：郑宝用当年最重要的作用就是给任正非壮胆。

多年前，曾经有一位猎头老板给我分享他是如何发奖金的：每周发一次，集中所有人一起发，而且是很有仪式感地发现金。我当时觉得这种方式过于直接了。但我后来才意识到，这位老板算是因地制宜、因时制宜地找到了激励下属的合适方法，比跟员工讲道理有效多了。

如果连任正非都需要"壮胆"，那么普通的猎头顾问就更需要壮胆了。当下属还没有那么成功时，作为领导能够看到其潜在的可能性，并用切实可行的方法激发出他们成长与成功的勇气和动力，这是一个领导能给予下属的最重要的价值之一。

第六条：授人以遇

授人以遇，即带团队，成为合伙人，助创业……主动、有序地给予下属成长发展的空间。

人与人之间的差异源于很多因素，其中很大的一个因素是机遇。一方面，机遇需要自己有所准备、努力争取。另一方面，好的领导则会主动带领下属并为其创造机遇。

具体到猎头行业，我认为领导为下属创造机遇有三个核心节点：一是让其带团队，二是让其成为合伙人，三是助其创业。

三个核心节点的基本逻辑是：用2～3年的时间，素质较高的新人基本能打下扎实的基本功，成为一个成熟顾问，接下来需要有机会通过带领团队来扩展自己的经验。熟练带领团队之后，得有机会做合伙人，学习如何管理猎头生意。各家公司对合伙人的定义可能很不一样。我个人觉得合伙人最核心的转变是从顶层思维转向底层思维，也就是从营业额思维转变为利润思维。这样的转变对顾问的成长而言是一个质的飞跃。更进一步说，猎头生意是关系型生意，生意跟人走，有机会从利润角度负责过猎头生意之后，很多人都希望实实在在地拥有属于自己的生意，实现"自己当老板"。能否主动、有序地给予下属成长发展的空间，这对任何领导来说都是很大的考验。

最核心的考验是对领导自身的成长速度与心胸格局的考验。因为很多时候，尴尬就在于：领导给予下属成长发展的空间之后，自己无法找到新的天地。而当自己无法跑得更快时，又如何能坦然接受下属跑得比自己更快、更远呢？这些问题从理论上看很容易明白，放在错综复杂的利益交织的公司现实中，如果想要实现多方共赢，彼此有尊严、有价值感地疏通人员的成长通道，就不那么容易了。但至少我们明白，优秀的领导者需要主动、有序地给予下属成长的空间。

第七条：授人以誉

授人以誉，即荣誉感、价值感、使命感……激发下属自我价值的提升与绽放。

自我价值，简而言之，就是觉得自己有价值、有能力、被重视、被需要、被爱的感受程度。自我价值感如果比较丰满，就会极大地增强人的前行动力和生活幸福感。自我价值感，跟我们的童年、家庭背景以及成长环境有非常深刻的关系，是人比较深层的心理机制，不那么容易受影响。然而，工作与上司对一个成年人来说，有特别的意义与影响。因为对多数成年人而言，他们大部分时间在工作中度过，绝大部分收入因工作而产生，大部分重要的人际关系因工作而发生。工作是成年人提升自我价值的最重要的场景，上司则自然处在一个对此有很高影响力的位置。

越来越多的人意识到自我价值感提升的意义，在市场上助力身心成长的课程也很受欢迎。然而，帮助下属提升自我价值感这样的努力，对短期绩效的影响不太明显。所以在企业的领导力实践中，人们对助力下属提升自我价值感未必足够重视。从短期绩效来看，这是可以理解的，也是合理的。

但有时，难的事情往往会更有价值。比如，在猎头业务管理中，因为种种原因，我们需要制定各种绩效考核指标。当没有更好的办法时，绩效考核作为不得不用的外部推动力，有着立竿见影的效果。但如果我们能够把绩效考核这种外部驱动力转化为员工内在的自我成长需求，激发了他们的自我价值感，他们的动力就会更强，感受也会更好。

第八条：授人以宇

授人以宇，即大视野、识大局、明人生……激发下属看清目前的猎头工作在其整个人生中的价值，进而让他们认识到这份工作对其人生的意义。

前面的七条"鱼"都在关注被领导者当下的工作，而第八条"鱼"的关注点则在当下的工作之外。大部分猎头顾问只把目前工作的公司，甚至是行业当作职业生涯中的一处风景。这是个显而易见的事实，但在我们的管理实践中却往往未能获得足够的重视。

在实际的团队带领中，领导们往往容易一厢情愿地期待下属会永远留下，并以此为出发点去规划团队的发展及下属的成长。当"意外"地发生人员离职或部门调动时，领导们往往会感到被动、焦虑，甚至有一种被人背叛的愤怒之感。

"目前的工作只是下属职业生涯中的一段旅程，刚好跟自己有个交集而已。"如果领导能意识到这个事实，并坦然面对，进而主动关注目前这份工作经历对下属的人生意义，那么领导与下属的互动、相处可能会更加阳光、健康，更有建设性。

以上领导力的"八条鱼"，如图3-1所示。

领导力的"八条鱼"

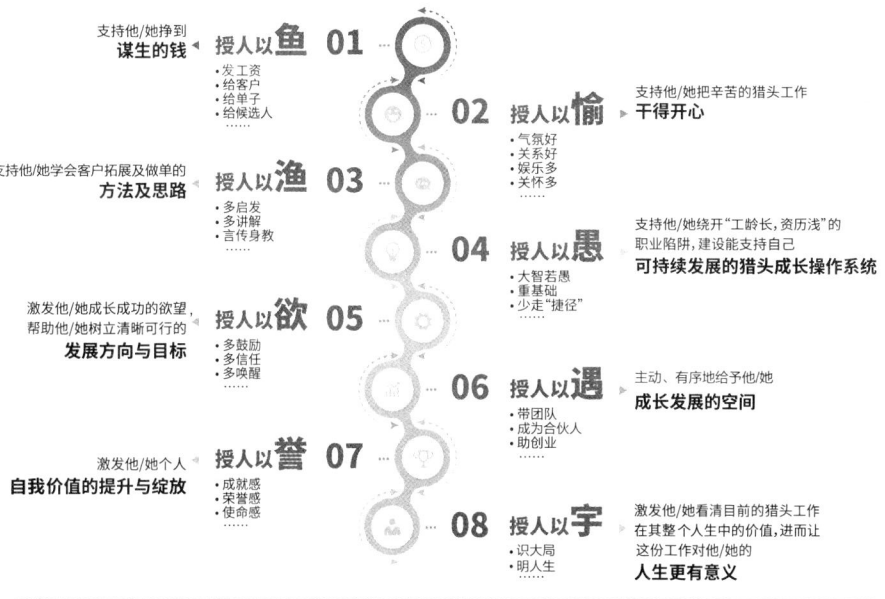

图 3-1 领导力的"八条鱼"

"八条鱼"框架的使用建议

逆向思维，落地生根

当我们将被领导者的感受作为领导力强弱的评判标准后，就很容易形成逆向思维，从关注"什么是领导力""领导者的个性特征""领导风格"这些较难把握的概念，转而关注"作为领导者，我们带给被领导者的价值具体是什么"。一旦形成这样的逆向思维，我们的领导力自然就更容易落地生根，让被领导者有切实的感受。

逐层递进，多层并行

以上"八条鱼"的层级排列，是我根据主观判断，按照人们通常关注的先后顺序设定的。不同的人可能有不同的排序。大多数情况下，被领导者的关注点是多层并行的。比如，刚入职的新人可能同时关注"鱼""遇""宇"等几条看起来层级差异较大的"鱼"。总体而言，越早关注到底层的领导力维度，对人的长期、综合发展越有帮助。

双向互动，教学相长

这"八条鱼"在概括领导力价值维度的同时，也在梳理猎头顾问的成长思路。为下属提供以上八个维度的价值，对任何领导来说，都是挑战。这恰巧是领导可以跟下属一起成长的机会：彼此给予成长的压力，互相"壮胆"。在所有学习方法中，我相信最有效的方法是去教别人，因为在教人的过程中会促使我们把种种问题思考得更透彻。从这个角度看，猎头顾问更早进入带人或教人的环节，会促使自己更快地成长。

Part 4
猎头创业困境怎么破？

猎头创业门槛不高，但门槛都在门里头

猎头创业门槛不高，但门槛都在门里头——从业 20 多年的我，深以为然！

只要稍有经验，并且有老客户愿意跟你合作，你就能很容易地开启创业之路。甚至依托一些猎头平台，你都无须费时费力找客户，就可以开办一个公司做单。因此，猎头可能是创业门槛最低的行业之一。不但门槛低，而且新创猎头公司往往还会迅速成功，因为大多数猎头创业者都是从原猎头公司离职的有经验、有资源的猎头顾问。

选择创业的猎头顾问的业务能力通常都很强，在原公司积累的客户与候选人资源很容易转移到新创公司，业绩往往不会因为转变公司而损失太多，甚至会因为猎头顾问当老板后更加努力，而使得营业额更高。而小团队创业往往无须为支持系统、办公场所、人员配备投入较多就能实现令人满意的业绩，所以小型新创猎头公司第一年的效益通常不错。

但对绝大多数新创公司来说，这样的好景不会持续太久，原因如下：

1. 很多新创公司的骨干往往由几个对前公司利益分配不满的顾问组成，并非因为怀有共同的价值与理想才聚到一起。创业初期大家容易团结，一旦度过生存阶段，"认为自己在利益分配上吃亏了＋生意跟

着顾问走"的行业规律也会在新公司发挥作用，新公司很快会面临核心成员间如何协调利益分配的问题。在这个问题的处理上，新创公司的老板未必能比前东家高明多少。处理不好，新创公司的核心成员也很难逃过"三年之痒"。

2. 敢于创业的人大多期望有所发展，初步成功之后，招兵买马和基础建设很快会消耗掉看起来可观的利润。

3. 新公司在"招聘并留住有经验的猎头顾问"这个方面的能力往往比较弱，加上没有品牌及可信度作支撑，想要突破既有资源持续发展往往会面临很大的挑战。

4. 从受雇的顾问到自己当老板，创业顾问的能力需要全面发展。从单纯的业务能力扩展到公司经营的各个方面：招聘、人事、行政、财务、IT、公司策略、市场营销等。但是，能力的全面发展很少能够转化为现实的公司业绩。相反，由于分散了注意力，结果往往是单产与利润逐步下降。

5. 由于很难招到有经验的顾问，新公司往往会迫于形势培养新人。但两三年后，新人成熟之际往往又是离开之时，如此循环，除了老板，好的猎头顾问几乎都没有留下。

少数的新创公司可能因良性发展度过了"三年之痒"，少数公司可能倒闭关门了，大部分新创猎头公司可能在关闭可惜、继续干又没劲的尴尬中迷茫前行。这似乎是猎头行业新创公司的成长"魔咒"。

不断分裂的业态与新创公司的成长"魔咒"使猎头公司的老板们通常面临多个艰难的抉择：

1. 把客户及关键候选人资源牢牢控制在自己手里。虽然老板的控制力变强了，但员工丧失了成长的机会，最终的结局是开了一个公司自己当顾问，操着当老板的心，可能还赚不到做顾问的钱。

2. 建设小公司的家庭气氛。个人在情感上对下属顾问投入很多，期望以此留住人，最后往往是自己很受伤。

3. 通过极高的提成比例吸引并留住顾问。提高提成比例的办法很快就被用到极限。即使老板自己不赚钱，受雇的猎头顾问还是会觉得自己吃亏了，老板再次受伤。

4. 把猎头顾问发展成合伙人，大家一起做大。这是很好的想法，但并非所有老板都有与他人真诚分享的心胸与智慧。同时，协同难度会大大提高。

5. 提升公司的品牌知名度，完善系统，拓展规模。这样做会增强公司实力，但公司也会面临投入过高的风险。

6. 防止顾问复制公司数据，加强顾问之间的相互制约，制定严格的竞业禁止协议等。从机制上降低顾问离职对公司业务的影响。然而，这样做会使公司的气氛变得比较紧张，员工的幸福指数会降低。

7. 好不容易把创业公司坚持了10年以上，也有了一定的规模，但在人员的来来去去中，公司进一步扩张乏力；当初的创业激情，10年下来也燃烧殆尽。公司虽说能赚点钱，但离上市还远，想卖掉变现也不容易。把公司基业留给下属，又心有不甘。对猎头创业者来说，把自己、公司及团队带往哪里是一个终极难题，对公司的出路非常迷茫。

面对这么多两难甚至多难的选项，以至于有人说"做猎头公司的老板，可能是天下最郁闷的事"。

上面描述的场景和问题，并非每家猎头公司必然会经历，但基本可以印证"猎头创业门槛不高，但门槛都在门里头"这个判断是有根据的。

猎头行业有很多的"套利型创业者"，他们开公司的核心诉求是变现已经积累的客户与候选人资源，方便自己签合同、做单、收款并能灵活地处理税务成本。当然，这没有什么不妥，只是每个人的价值诉求不同而已。对于想长期发展猎头公司的创业者而言，尽管每家公司的情况不同，每个创业者的体验也会有很大的差异，但他们需要跨越的门槛却是基本相同的。

概括起来，猎头创业的所有高门槛都指向猎头公司如何实现可持续发展。我们又可以将此门槛拆分为四大门槛：

门槛一：视角转换门槛

猎头顾问更多的是业务专才，他们需要的是营业额与业务经营视角。而猎头创业者必须是生意通才，他们需要的是利润与企业经营视角。麻雀虽小，五脏俱全，成立小公司同样涉及工商注册、办公室租赁及装修、办公家具购买、人事招聘、IT系统搭建、财务核算、发奖金等事务。初创的小公司往往缺乏专业的中后台，创业者往往要变成"通才"。顾问关注的焦点是按营业额计提业绩提成，而创业者需要迅速地将视角转变为靠利润生存。对顾问而言，由于公司不是自己的，专注于当期的业务经营就好。而对创业者来说，由于公司是自己的，因此要尽快从长期主义的企业经营视角来看问题。

上述视角转换的道理易懂，做起来却未必容易，因为每个人都有惯性思维。但对这种转换的必要性保持清醒的认识，对落实转换会很有帮助。

门槛二：造血育人门槛

新创公司由于种种原因，除了一起创业的资深顾问外，较难吸引到大量有经验的顾问。在这样的情况下，对于想要持续发展的创业者而言，具备培育新人的"造血"能力就非常重要。但对很多创业者来说，他们的首要任务是让新公司生存下去，同时新创的小公司似乎也没有足够的资源来培养新人。这个矛盾感，往往会妨碍新公司跨越造血育人门槛。

以下三点认知对于跨越这个门槛可能会有帮助：

1. 对育人的长期主义的坚定信念。过去 20 多年，就我对诸多猎头公司的观察而言，我从未见过任何一家有规模的猎头企业靠"挖人"实现了长久的繁荣。这意味着猎头公司具备造血育人能力，是长期健康发展的根本。

2. 公司创立初期，能够培养出来的新人在与公司一起成长的过程中，往往会为公司的长期发展奠定很好的基础。因此在创业初期，可着重培养一些综合素质较高的新人。

3. 猎头行业在中国市场发展了近 30 年，外部培训资源已经非常丰富，因此创业者无须从零开始整合培训资源。只要思路清晰，用一些弹性整合的方式，在不需要投入过多的情况下也能搭建合适的新人培养体系。

对大部分新创猎头公司来说，越早跨过造血育人门槛，后劲就会越足！

门槛三：连接"堆人"门槛

在初创的小猎头公司，创始人之间的连接纽带相对纯粹：要么是对原公司怀有共同不满的前同事，要么是家人、同学等特殊关系。但是随着公司的发展，人与人的关系会发生很多动态的变化。例如，对原公司的共同不满逐步淡化；与新加入的合伙人未必有很深的情谊和渊源；以前的同事关系转变为现实的老板与雇员关系后，相处的方式不一样了；各个初创合伙人给公司所做贡献的比例在发生变化，但利益格局却较难调整……

猎头公司的成长实质上就是不断"堆人"扩展的过程。这个过程很像滚雪球，在滚大雪球的过程中，球体越大，内核的受力往往也会更大。如果内核有太多裂缝、不够稳定，雪球往往就会从内部瓦解。反之，如果内核稳定，外部的压力反而能使内核更加坚固。

所以，如何通过增加同事间的情谊，分配好各种利益，发展和沉淀共同的价值观等多种连接方式来实现"堆人"而不塌方，是每家猎头公司都要跨越的重要门槛。

门槛四：终局迷茫门槛

"上市或卖掉"作为企业的终极出路，也许是很多创业者奋斗的主流方向。但在猎头行业，真正的主流却是，在上万家猎头公司中，有机会上市或卖掉变现的概率极低，也许连0.1%的机会都没有。

创业初期，这个问题不会给猎头老板带来太多困扰。但创业多年后，猎头老板不得不思考：上不了市，也卖不掉，猎头公司的出路在哪里？猎头创业的终极目标在哪里？对于这个问题，很多猎头创业者都难免感到迷茫。

对终局的迷茫，会显性或隐性地影响创业者当下的决策与状态。猎头老板尽早跨过终局迷茫门槛，以终为始，对初创猎头公司的健康成长可能有较大的帮助。

"没有过不去的坎，但有过不完的坎。"猎头创业的过程，就像是跨越一道道门槛的过程。这很考验每个猎头创业者的动力管理能力与持续学习能力。期望本书能支持更多的猎头创业者跨越更多的门槛！

猎头创业的常见误区

"创业"与"误区"是两个相对宽泛的概念。我在本文开头先界定这两个概念的边界，以便后续的讨论更精准、更有针对性。

猎头行业有很多的"创业者"，他们开公司的核心诉求主要是方便自己签合同、做单、收款并能灵活地处理税务成本。当然，这没有什么不妥，只是每个人的价值诉求不同。本文所指的"创业"，针对的是在此基础上，期望并致力于持续成长，让公司长期保持旺盛生命力的创业实践。

本文所指的"误区"不是泛指猎头公司经营过程中可能存在的种种问题，而是聚焦于对猎头创业认知的偏差，比如，决定猎头创业的种种错误假设、本应该留意却常常忽略的关键点等。这样的误区更多地集中在创业的早期阶段，并且很致命，以至于很多创业者根本没有后续的机会在持续成长中逐步纠偏修正。

以下是我们在实践、与同行交流及行业研究中，体验过或观察到的各种误区。

没想明白为何要创业

创业这种事,既需要深思熟虑,也需要激情和冲动。实际情况是,很多创业者基于某个特定需求的驱动,冲动地做出创业的决定,比如,自己做老板更具有掌控感,自己做老板可以赚更多钱、更自由,朋友或同事怂恿……在猎头行业,因冲动、考虑不周而创业是常态。但不能长期处于冲动状态下,而应逐步过渡到深思熟虑阶段,弄清楚自己为何要创业。初心不清,是很难前行致远的。

把平台能力当成自己的能力

不少顾问在之前的猎头公司业绩很好,但觉得自己在前公司的薪资分配上吃亏了,于是离开创业。自己当老板时,更尽力,却有可能发现业绩甚至不如以前。比如,在之前的公司带团队,业绩能做到800万元以上。但把团队从原公司带出来成立新公司或自己组建新团队,服务同样的客户,却很有可能连400万元的业绩都完成不了。没有离开前公司时,也没有感觉到原来的公司平台对自己的业务有什么实质性的帮助与支持,认为都是自身能力带来的结果。当这个平台不存在时,才真正意识到平台的价值。

因此,猎头创业者要明白平台价值容易被低估的道理:创业前,尽可能地客观评估个人能力在业绩中的价值比例,有助于客观预期创业收益;创业后,感受到了平台缺失后的影响,从而加强公司的基础建设,会有助于创业公司走得更远。

低估杂务负担

猎头创业没那么难,但也绝对不只是注册个公司、自己做单收钱开发票那么简单。其中让很多猎头老板头疼的是,不直接跟业务挂钩的杂务负担可能比创业前预料到的要多得多。麻雀虽小,五脏俱全,小公司同样涉及工商注册、办公室租赁及装修、办公家具购买、人事招聘、IT系统搭建、财务核算……创业公司往往缺少高效的中后台团队的支持(能有个靠谱的打理杂事的支持人员可能已经很好了),创业者被这些必须处理的杂务牵扯的精力可能比预期的高出很多,因此拖慢了业务进程。

表层创业感

公司注册、租办公室、忙装修、跑工商、跑税务、跑银行……这些新公司诞生的标志性事件,往往会让人很有创业的感觉。但对于真正的创业而言,这些只是必要的杂事而已。创业者尽早从这些表层创业感中脱离出来,把精力聚集到业务与人员的发展上,才是真正抓住了创业的本质。

资金规划不当

资金规则不当有两种极端表现:一是启动猎头创业时,有些人会过于担心钱不够;二是没有备用金意识,导致现金断流。一方面,很多人觉得开公司不准备200万元,至少也得准备50万元,担心资金不够而迟迟迈不开步。事实上,创业者带2~3人的小团队自己做单,采用联合办公模式，也许有 20 万元就足够了。如果能够基于一些成熟平台创业，进一步压缩后勤投入成本，则对启动资金的要求可能更低。另一方面，团队拓展短期内会需要增加成本，内外部意外情况可能会导致阶段性成本增加，收入减少。而新创业者通常会快速分配完所得利润，享受创业的成就感，使得公司留存不多。当公司打算扩展规模或发生意外情况时，极容易遇到现金断流的挑战。现金断流的挑战不但是业务上的，而且是心理上的。坚持长期主义的创业者必须严格执行备用金留存机制，让公司在资金上有一块锚定的基石。

股权结构陷阱

多人合伙创业时，由于顾及情面或者想尽快促成交易等原因，合伙人之间往往倾向于较为平均的股权结构方案。在创业初期，所有人都容易心悦诚服地接受这样的利益分配格局。这种格局也更容易激发大家团结一致，从而快速启动公司，获得初步的成功。但随着时间的推移，每个合伙人对公司的实际贡献会因为能力差异、投入程度甚至运气的不同，不可避免地发生动态变化。有些人的贡献可能越来越大，有些人的贡献则可能越来越小，但这时想要调整基于股权格局的利益分配格局则非常困难。

财务投资陷阱

猎头顾问在创业初期，出于减轻风险压力、获得心理安全感等原因，可能需要部分财务投资。不太了解猎头行业的投资者，由于猎头业务的高毛利以及似是而非的想象空间，可能也愿意投一些钱，但结局可能是：投资人分得的红利不多，他们会觉得不值，然而猎头公司除了几个核心顾问外，较难创造出其他利润以供分配；投资人分得的红利过多，顾问团队又会觉得不公，因为单从业务层面看，投资人的贡献确实不大。在中高端猎头业务上，除非创始人和投资人之前已经商定好明确的进入和退出机制，单纯的财务投资最终很可能形成双输的局面。总体来看，如果没有明确的上市或卖掉计划，猎头创业量入为出、稳步发展，反而有可能走得更远。

生存第一的"合理"误导

"先活下来再说"，这句能够激发热情、看似正确的口号，在猎头创业初期，极有可能"合理"地误导创业者：只要有钱赚，什么业务都接；只要能做出业绩，什么人都要。这会导致在业务方向的选择与人员价值观的选择上，一开始就错了，接下来可能需要花更大的代价来调整。我并非弱化"生存第一"的意义，而是想说，如果创业者在创业初期没有准确定位，只是依赖于对当下环境的刺激反应，缺乏足够的智慧与勇气去专注于长期利益与短期需求的交集，猎头公司则很难发展得长远。

凝聚力转型迟缓

几个猎头顾问一起从前公司离职或是带着团队出来创业，能快速产生凝聚力的原因，可能是对前公司怀有相同的不满，或是出于义气，又或者是认为单干挣钱更多……以这样的连接方式共同创业，在公司启动初期可能是很有凝聚力的。但随着创业者们对前公司的共同不满逐步淡化，以前的同事关系转变为现在的合伙人关系或老板与雇员关系后，如果不能形成价值观层面的连接，这种凝聚力会被逐步削弱。

如果凝聚力转型迟缓，利益连接不能转变为彼此的价值观和愿景认同，猎头创业公司则很难走得长远。

错判猎头业务的利润增长空间

有些创业者，尤其是从猎头行业外进入猎头行业的创业者，基于单笔猎头业务的高毛利（如推荐一个年薪 100 万元的候选人，收费 20 万元以上），容易对猎头业务的利润增长空间产生误判，并把这一误判作为他们投资猎头行业或到猎头行业创业的基础。

业务利润增长的基本方法论，大体上都是扩大规模，同时能控制住成本。猎头业务中最有价值的是对客户与候选人的了解以及与他们的关系。这往往取决于顾问个体，从而决定了高额提成是猎头行业的必然趋势，而且有可能越来越高，人力成本很难简单控制。同时，猎头公司不断分裂的内在动力很难改变，猎头公司想实现较高单产利润的规模化，难度极大。

高人力成本和很难实现规模化，决定了猎头业务的利润成长空间并不像表面看起来那么大。

误以为当老板就一定赚钱更多、更快

自己当老板，如果公司发展得好，确实可以赚钱更多、更快。但这只限于熬过了初创艰难期并能把公司发展起来的创业者。

部分猎头老板创业初期的现实可能是：过低估计了各种隐性成本，如税收、社保、业务费用、员工活动费用等；赚的钱先要养活公司和团队，剩下的部分，自己才有可能分到；赚到的钱得留下一部分当作备用金，以备不时之需……

因此，当老板赚钱更多、更快只是一种美好的愿景。在真实的创业实践中，剧情发展往往会偏离想象中的剧本。

误以为当老板更自由

当老板不用打卡，想几点来，就几点来，想几点走，就几点走，而且无须请假特批。自己创业当老板，确实能获得这些浅层次的自由，但这种自由是基于老板承担了很多不可推卸的责任：企业的亏损责任；企业的法人责任；公司发展面临挑战时，员工可以说我尽力了，然后心安理得地奔赴下一站，但是老板不可以，他们是需要奋战到最后的人。创业者心理上承受的责任担当远比打卡之类的约束，要厚重得多！

线性规划与"三年魔咒"

资深猎头创业，一般是从前公司把重要团队成员以及相应的客户及候选人资源直接带到新公司。因为这些人才及业务资源的积累需要很高的成本。但这样做，往往可以低成本地将新公司快速运作起来，所以一些新公司刚开始会很快盈利且利润丰厚。快速实现的成功，可能让新创业者意气风发地线性规划公司的业绩如何逐年按一定的比率持续增长，然而这样的线性规划往往有些一厢情愿。

对于大部分新创猎头公司，还有个"三年魔咒"的说法。创业第三年，对初创团队而言会是一个重要的坎：创业初期的激情在消退；低成本变现业务资源的速度可能放缓；核心成员的贡献比例发生动态变化，进而导致利益格局失衡；还有其他各种矛盾的积累……很多创业公司可能在第三年就会经历一轮核心人员的更替，导致公司发展面临重大调整。

对倾向于做线性成长规划的创业者而言，提早做好心理建设，接受创业公司的发展可能会高低起伏甚至会阶段性地跌入深谷的这一事实，反而更容易放平心态，带领公司走得更远。

过早针对客户端及候选人端进行性价比不高的品牌建设

猎头公司如果具备客户端及候选人端的品牌影响力，将非常有助于业务的发展。这个判断貌似很有道理，也有一些坚持"长期主义"的新创猎头公司在客户端及候选人端的品牌建设上进行了较大的投入，但效果却不如人意。在有结果才收费的猎头业务模式下，获客门槛大大降低，竞争的焦点更多地集中在业务交付上。这意味着，把有限的资源更多地投入到猎头公司招聘推广，尤其是同行口碑建设中，吸引到更多更好的人加入，往往比投入到客户端及候选人端的品牌建设中，效果会更好。

未能从业务经营思维升级到企业经营思维

业务经营可能是企业经营最核心的部分，但从业务能手到合格的企业老板确实需要很多成长。其中最重要的成长可能就是拥有战略思维：能够在很多复杂因素中找到关键点与平衡点；能够动态地精准定位长期利益与当前利益的交集。大多数猎头创业者在前公司都是猎头业务能手。他们接地气的业务经营思维在创业初期能支持公司生存下来。但如果不能有意识地逐步从业务经营思维升级到企业经营思维，挣点钱不难，却很难实现公司的可持续发展。

终局迷茫

中国有上万家猎头公司，有机会上市或卖掉变现的猎头公司却极少。创业初期，大多数猎头老板都拥有"活在当下，随遇而安"的心态：能赚钱，就继续经营；赚不了钱，或者赚钱难，就另谋他路。他们大多把创业当成人生阶段性的体验，可以坦然接受创业失败。但随着时间的推移，以及时间、精力、情感的投入，创业者的选择越来越少，机会成本越来越高。"上不了市，也卖不掉，你的公司出路在哪里？"这个问题会越来越困扰猎头创业者。对创业终局的迷茫，显性或隐性地影响着创业者当下的决策与状态。尽早思考这个问题，以终为始，对猎头创业公司的健康成长可能有较大的帮助。

猎头可能是最适合创业的行业之一：门槛低，收益快，公司规模可大可小……所以这个行业可谓创业者辈出！但猎头创业有很多道门槛，比如，从初心不清到终局迷茫，创业过程中业务、凝聚力、思维方式的转变等，持续成功的创业需要跨越很多道门槛。在跨越这些门槛的过程中，很多创业公司默默无闻地倒下了。

以上对猎头创业误区的总结，期望能够帮助猎头创业者降低试错成本，让猎头创业的幸福感多一些！

本文合著作者

宁晋

RECC（中国）招聘联盟联合发起人，具有15年国内外企业培训及招聘行业经验、10年创业经验，国家认证职业规划师，国际教练联合会（ICF）PCC认证教练，《第一财经》职场专栏特邀专家顾问。

猎头公司发展的一般顺序与"最优"顺序

一幢几十层高的商业大厦突然倒塌,你听说过几次?一家看上去颇有规模的公司突然倒闭,你听说过几次?

我猜,对于前面这个问题,你可能会去搜索一下,但未必能很快举出一个例子。而对于后面这个问题,你极有可能列举出不少案例。

创办一家颇具规模的公司与建造一幢有数十层高的商业大厦,二者在结构上有很多相似之处,但二者的稳定性却天差地别。为什么相似的结构,其稳定性会有如此大的差异?弄明白其中的原因,对猎头公司的可持续发展会有很大的启发。

商业大厦与公司大厦

我发现,尽管商业大厦是有形的实体,公司大厦是无形的组织,但二者在结构上却有能够一一对应的相似之处,如图4−1所示。

1. 商业大厦的物业管理如同公司大厦的业务营运:这是客户感受最直接的层面,对短期的收益可能影响巨大。

2. 商业大厦的内外装修如同公司大厦的业务发展:装修或营销做得好,有助于吸引更多的客户,并让客户支付更高的价格。

3. 商业大厦的通信、水电等配套设施如同公司大厦的综合支持系

猎头公司发展的一般顺序与"最优"顺序

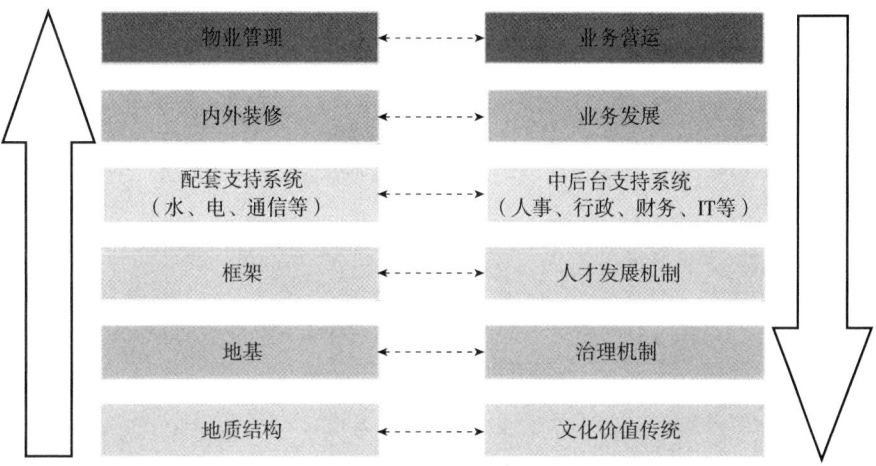

图 4—1　商业大厦与公司大厦在结构上的对比

统。虽然这些配套支持系统不那么引人注目,但一旦这些系统运作失灵,整幢大厦就会陷入低效、混乱甚至停摆,进而导致客户的流失。

4. 商业大厦的框架如同公司大厦的人才发展机制:尽管大厦的框架对于客流量的直接影响不明显,人才发展机制对于业务收益的直接影响也不明显,但它们却实实在在地支撑着整幢大厦。

5. 商业大厦的地基如同公司大厦的治理机制:客户看不见大厦的地基,也无须看见。尽管它们无须时时维护,却是大厦受力承重的根基。根基有问题,肯定难以支撑整幢大厦。

6. 商业大厦地基周边的地质结构如同公司大厦的文化价值传统。这些看似"软性"的环境因素,润物细无声却又深远地影响着地基和治理机制的稳固。

以上对应关系未必严谨，但二者确实有内在的相似性。商业大厦和公司大厦有着相似的结构，但稳定性却差异极大，核心原因在于：二者在建设顺序上有很大的不同，甚至截然相反。

当我们建设一幢几十层高的商业大厦时，我们会严格遵循如下顺序：首先是选址，确认这个地点的地质结构是否适合建高楼；其次，按照大厦所需的承重打地基；然后，在地基上开始建框架；接着，铺设水电、通信等配套设施；接下来，砌墙装修内外墙；最后，进行物业管理。

而公司的发展顺序，则恰好相反：创业之初，对创业者而言最关键的可能是业务营运问题，即服务好现有客户，让公司启动并存活下来。稳住阵脚后，创业者开始关注业务发展，即如何获取更多客户、扩大经营。公司规模尚小的时候，创业者在行政、人事、财务等支持性事务上都得尽量亲力亲为，以节省成本；业务量增大之后，创业者开始关注中后台的支持系统建设。业务体系、支持体系发展起来之后需要更多的人力，创业者开始关注公司的人才发展机制。人力多了之后，小公司变成中大型公司，人际关系、协同事务比之前更复杂，创业者开始关注薪酬、绩效、股权等公司治理机制。公司治理机制的设计并不难，因为即使创业者没有足够多的经验，也可以邀请外部顾问参与设计，但极有可能治理机制设计出来之后运作并不顺畅，因为它的运作需要与公司的文化价值传统兼容。最后创业者们殊途同归，都会关注企业文化。

中国近代学习西方的过程，也大体经历了与公司发展类似的顺序：羡慕西方船坚炮利——→向西方国家买船、买炮、买枪——→洋务运动兴起，办厂自救，造船、造炮、造枪——→官派留学生出国学习，培养人才——→学习西方的国家治理机制，变法图强——→最后开始关注西方的文化、思想、哲学。

建大厦的顺序、办公司的顺序、向西方学习的过程，给我们的基本启发是：看得见的繁荣一定有看不见的基础作支撑。

建公司为何很难遵循建大厦的"最优"顺序？

理论上来讲，建大厦的顺序可能也是发展公司的"最优"顺序：

尽早沉淀有长期生命力的文化基因——在规模还小、业务还没有做大之前，就制定好如何分配利益的规则，避免将来面对现实利益的内部纷争——→有前瞻性地搭建好人才发展的支柱与框架，避免业务量增大后人力跟不上——→搭好人事、行政、财务、IT系统等中后台支持系统，让组织中的各项业务运作顺畅——→敲锣打鼓地建品牌、发展新业务——→狂飙突进地进行业务营运，把田里的麦子收割回来。

这样的顺序合乎逻辑，相信也有助于公司实现稳定、健康的可持续发展。但看起来理所应当的发展顺序，在现实中，却极少有公司参考借鉴，为何会这样？

原因主要归结为三点：一是偶然性与不确定性，二是多层并行VS逐层递进，三是人性的弱点。

偶然性与不确定性

一方面，生意机会的偶然性较高，并且稍纵即逝。条条框框的"顺序"束缚往往会成为抓住机会的阻碍。另一方面，由于不确定性因素太多，未来很难预测，在艰难的现实选择中无法很好地规划发展"顺序"。比如，打下建50层楼的地基，却只有机会建到10层，这属于典型的过度投资。又如，原来只打下建10层楼的地基，却抓住了建

50层楼的商业机会，若担心因地基不牢、建楼太高会倒塌而放弃，这显然太可惜。然而推倒后重打地基再建，机会成本又太高并且有可能错过易逝的机会。如果冒险继续往上建，最后大厦坍塌又会让人悔不当初。如果两头兼顾，一边想办法加固地基，一边继续往上建楼，又会面临艰难的"变革管理"。

多层并行 VS 逐层递进

建一幢商业大厦，只要设计完善、资源到位，就可以线性展开、逐层递进，基本没有悬念地按时、按质完工并且具有长期稳定性。而公司大厦的建设则是动态调整、多层并行的。公司在成长过程中持续与外部市场环境保持互动，"表层"的业务运作直接关联并贯穿业务发展、综合支持、人才发展、公司治理、文化价值等所有层面。在多层并行的过程中，保持逐层递进的清晰思路顺势而为、持续动态调整，难度自然较大。

人性的弱点

现实中，抓住某个机会迅猛发展却昙花一现的企业比比皆是。也有很多公司稳健发展本可存活得久一些，却在高速的拓展中轰然倒下。其本质上是由创业者的自我膨胀、过度贪婪等人性弱点所致，但也从另一个角度印证了公司大厦的建设确实需要遵循其内在的顺序，虚假繁荣、根基不稳是走不远的。

以上三点也反向证明了，远见、智慧与自律在创业成长中的意义。尤其是建立一家基业长青的企业，需要创业者拥有远见，如马云对电商的远见；需要有掌握企业动态重构的智慧，如任正非借助 IBM 重构华为；需要有抵御似花实毒的机会诱惑的自律，如张小龙对微信商业化扩张速度的自律。

分析猎头公司"最优"发展顺序的意义

既然这个"最优"顺序在现实中极难做到,那么分析这么多又有什么意义呢?

简而言之,相对单纯强调对现实刺激进行快速反应,基于对现实及企业策略的动态认知来进行主动选择,企业健康成长的概率会高很多。关于猎头公司如何用好公司发展的"最优"顺序框架,我有如下几点建议:

对一般顺序中的合理缺陷保持清醒的认知

猎头创业者关注焦点的通常顺序是:近期业务→业务拓展→支持系统→人才梯队→公司治理→企业文化。在将"活下来"当作首要任务的残酷现实中,这个一般顺序是合理的。但要想企业"活得久""活得好",创业者需要关注的顺序往往是反向的。对这种内在矛盾的清晰认知,有助于创业者把握好企业发展过程中的阶段性重点。

尽早关注"最优"顺序中重要而不紧急的底层问题

底层的问题,如企业文化、公司治理、人才梯队,往往都是解决难度较大、重要却不紧急的问题。提早解决这些问题往往是超越创业者当前的舒适区的。在业务紧迫、生存第一的"合理"原因下,这些问题的解决就会被不断延后。但越拖延,问题就越难解决,解决问题需要付出的代价就越大。在现实条件允许的情况下,尽可能按照"最优"顺序进行公司的长远建设,尽管有可能影响短期利益,但长远来看却可能是高性价比的时间、精力、资源投资。

把顺序框架当成企业健康程度的诊断工具

如同人需要实现身心的整体健康一样，企业的持续发展也需要实现业务营运、业务发展、中后台支持系统、人才发展机制、治理机制、文化价值传统各个层面的整体健康。"最优"顺序框架可以用作企业健康的诊断工具，帮助我们清晰准确地了解企业各个维度的健康状况，从而实现多层次的均衡成长。

适度的超配

有长期发展决心的企业，在条件许可的范围内，在关键职位上尽可能超配，表面上看要多花一些钱，但在长期的发展过程中，避免了要倒回去修地基而可能产生的更高的综合成本。蔡崇信放弃500万元的年薪，以月薪500元的薪资作为第19号员工加入阿里巴巴，算得上是经典的超配案例了。因为这样的超配，阿里巴巴在很多方面的地基打得很牢固，绕过了很多创业公司难以避免的致命陷阱。

"陪跑"借鉴

高度重视其他创业者的"踩坑"经验。大部分人是从自己的血泪史中获得成长教训的。但如果能够从别人的血泪史中借鉴经验教训，我们成长的代价就会小一些。在有条件的情况下，可以找一个或几个比你经验更丰富的创业者"陪跑"，降低自己的试错成本。

创业不易，发展艰难，能持续发展更难。期望本文对猎头公司发展的一般顺序与"最优"顺序的比较分析，能启发更多的猎头创业者，带领公司实现健康、可持续发展！

猎头公司合伙人机制的基本原理

创业艰难，财散人聚。合伙人机制，对猎头公司的创业者而言，是很自然的选择。

究竟怎样才算合伙人？在有些公司，成为合伙人的要求极高，难度极大。而有些公司则喜欢给很多团队成员冠以"合伙人"的头衔，颇有点头衔通胀之感。我们越来越难凭借"合伙人"这个头衔去推测其真实的资历与能力。

合伙人与非合伙人之间，只是头衔不同，还是确有差别？这个问题见仁见智。就我个人的观察和评判标准而言，合伙人与非合伙人的核心区别在于：是否为所负责的业务承担盈亏责任。非合伙人更多的是拥有营业额思维，而合伙人更多的是拥有利润思维。营业额思维与利润思维，从做业务的形式上来看区别不大。二者之间有共通点，毕竟营业额增长可能意味着利润增长。但二者的内在逻辑却是不同的，因为营业额增长并非总使得利润增长。

合伙人机制应该如何建立？这涉及一系列复杂问题：股权，利润，进入和退出机制等。各家公司的出发点不同，基因与资源不同，价值观和目标也不尽相同，较难有标准答案，所以合伙人机制往往需要定制化设计。在建立合伙人机制的过程中，如果说必须遵循什么思路、方法，我觉得核心焦点在于：因地制宜、灵活且稳定地组合企业的经营权、收益权、所有权这三个核心要素。我把这点认知视作猎头公司合伙人机制的基本原理。

在我从事猎头创业的 20 多年里,我在合伙人机制上做过很多尝试与探索,也观察过很多同行公司的实践,与同行交流过经验。我发现,以下几条应用原则,对于建立有效的合伙人机制可能会有普遍适用的参考价值。

合伙人机制并非所有猎头公司的必然选择

无论是一个人独创的小公司还是股份制的大公司,都可以成长为非常优秀的猎头公司。合伙人机制只是组合经营权、收益权、所有权这几个价值维度的选项之一。只要能够因地制宜地分配好公司内部的各种价值,并相对稳定地达成内部共识,其实不用拘泥于合伙人机制这种形式。

合伙人不等于股东

很多时候,当我们提到"合伙人"这个头衔时,会自然联想到:如何获得股份?获得多少股份?股份是否需要新加入的合伙人花钱购买?如果合伙人退出,股份如何处理?如果公司亏损,新加入的合伙人是否需要承担?……问题复杂之后,合伙人机制启动的难度自然会大。

为什么合伙人一定要是股东呢?其实想深一层,大家所要的不是合伙人这个头衔本身,而是合伙人这个头衔能够带来的价值。除了公司所有权外,其他要素也可以成为合伙人的价值诉求:利润分享,决策空间，认同感，归属感，成就感等。

回到前述的基本原理，当我们深度理解合伙人机制的本质在于经营权、收益权、所有权这三个核心要素因地制宜地灵活组合后，就不会被"合伙人是否一定是股东"这样的想法所束缚。把合伙人与股东这两个概念分开，就比较容易根据实际情况设计一个循序渐进的合伙人发展机制。比如，对于初级合伙人，完全可以绕开股权、经营风险等复杂问题，从单纯的利润分享开始。然后随着合伙人的成熟，逐步发展到股东的权利与义务阶段。

只要不把合伙人与股东绝对等同起来，合伙人的进入门槛就会降低，合伙人机制就容易建立。

避免简单平均的股权结构

猎头创业时，往往会找人合伙。猎头公司的合伙人机制，股权往往相对平均。相对均分的股权，在创业初期容易平衡人心和凝聚人心。但在公司动态发展的过程中，平衡会被打破。被打破的平衡，修复难度往往很大。长期失衡的股东关系，会逐步导致公司的衰败。相比之下，公司存在绝对控股、能够决策主事的大股东，比均分的股权结构往往具有更持久的稳定性。

彼此心悦诚服才是最重要的"公平"标准

公平感很重要。不公平的感觉如果发生在普通员工身上，可能造成局部的人才流失。但如果发生在合伙人之间，且长期得不到调整，最终则会"伤筋动骨"，导致公司出现结构性问题。

合伙人之间如何实现利益分配上的公平，是个难度极大的问题。因为它涉及把哪些因素纳入利益分配考虑的范畴，以及如何衡量这些因素。尽管我们有很多的评估标准，但都很难精准测量，最后都只沦为见仁见智的主观判断。所以，各种评估标准只是参考，而不应是束缚，合伙人之间在坦诚沟通、尊重彼此价值选择的基础上，心悦诚服地接受才是最重要、最有价值的公平标准。"心理合同"往往比"书面合同"更能得到有效执行。

合伙人机制的稳定性与动态调整之间的平衡

合伙人机制是公司治理的核心内容之一，如果调整过于频繁，不能相对稳定，会伤及合伙人的安全感与信任感。这如同建一幢大厦，如果地基不稳，大厦看起来建得很快、建得很高，但坍塌也会很快、很惨烈。

一幢大厦的地基，按设计标准修好之后，基本不会再改变。如果公司发展也像盖楼，那么这幢楼究竟需要盖多少层，事先很难有准确的计划，往往需要一边往上盖楼（发展组织，发展业务），一边往下调整地基（公司治理机制的不断调整）。

拿捏好稳定性与动态调整之间的平衡，对每家公司的决策者而言都是极大的挑战。尽管每家公司的情形不同，每个决策者面临的挑战不同，但以下三点建议在一定程度上具有普适性：第一，促进合伙人群体，以成熟的态度接受"既需要稳定，也需要动态调整"的理念；第二，在没达成新的共识之前，恪守已经达成的共识，让稳定得以保证；第三，遵循"阳光分歧与建设性分离"的原则，让合伙人机制的调整得以实现。

尽可能精准透明地计算成本以促进信任

合伙人的收益大体上来自利润。精准透明地计算成本，是精准核算利润的基础。就猎头业务而言，每个合伙人比较容易精准地了解自己实现的营业收入，但未必能精准知悉自己消耗的成本。因为有些成本是跟其他团队关联发生的，有些成本是由公司整体处理的。成本核算上不够精准、不够透明，会在无形中侵蚀合伙人之间的安全感与信任感。在条件允许的情况下，对每一笔成本都进行精准的分摊处理，尽管会带来额外的工作，但长期来看是值得的。

财务分制以促进协同与决策效率

合伙人机制的基本原理在于对经营权、收益权、所有权进行不同的组合。这意味着不同的合伙人在权利与义务上不尽相同，对企业的长期投入度也不尽相同。比如，利润分享（没有公司所有权）型合伙人更关注当期利润，而股东合伙人（有公司所有权）则更加重视公司的长期发展。不同的权利义务视角，会使得不同的合伙人对同一事项的价值取向有很大的差异。比如，对于一笔有长远意义的 IT 系统研发投入，有公司所有权的股东合伙人认为值得投入，而没有公司所有权的利润分享型合伙人则可能因为回报周期太长、会影响当期利润而认为不值得投入。针对这类问题，从大量的实践观察来看，财务分制，往往比一刀切的实际效果更好。

财务分制的核心在于：根据合伙人权利与义务的不同，把他们各自需要承担的成本与分享的利润不同程度地分开处理。比如，按不同业务独立核算盈亏，按照合伙人的权利和义务来分配，并提供不同的成本支持等。财务分制会降低必须达成一致的决策难度，从而有效减少合伙人机制下有可能出现的议而不决的情况。很多时候，好的协同不在于达成一致，而是创造出无须协同、直接行事却不互相干扰的组织空间。

阳光分歧与建设性分离

就我个人的观察而言，大部分最终失败的猎头公司都不是被外部市场因素击败的，而是败在内部分歧，尤其是合伙人之间的分歧。

猎头公司的合伙人之间，某个时点上相对静态的共识与平衡容易达成，但难度在于：如何在长期动态变化的过程中，在接连不断的分歧与失衡中重建平衡？产生分歧是必然的。有些分歧在充分沟通并适当调整后，会形成新的共识。有些分歧，则会扩大至无法弥合。

在合伙人机制的设计上，阳光分歧与建设性分离就显得尤为重要。阳光分歧的核心是合伙人之间以相互尊重、坦诚沟通的健康态度来面对分歧。建设性分离的核心是彼此祝福地分开发展，非但不是失败，而且具有建设性意义。

合伙人群体，一旦深刻理解并接受了"阳光分歧与建设性分离"的原则，在具体操作上，就总能找到实现双赢的具体办法。

从利益兼容到价值观兼容

合伙人产生连接的方式往往会经历三个阶段：第一个阶段是因家人、同学、前同事等特殊关系而产生连接；第二个阶段是因利益兼容而产生连接,即"分好钱,财散人聚,以利聚人";第三个阶段是因相同的价值观和愿景而产生连接。特殊关系稳定性较强,但瓶颈在于它具有稀缺性。利益兼容打破了特殊关系的稀缺性限制,但稳定性较差。随着利益格局的动态变化,既然合伙人为利而来,也可能会为利而走。价值观连接,既打破了特殊关系的稀缺性限制,又比利益连接更具有稳定性,但却是一剂见效较慢的药。三者之间的交集是一个组织最值得珍惜的财富:相互之间有深厚情谊的人,如果对人对事的价值取向一致,还能一起共事赚钱,创业旅程就会无比美好。

长远来看,企业中能够长期维持合伙人关系的创业者基本上都是价值观比较一致的人。所以对于想实现公司可持续发展的创业者来说,在创业的过程中,如果条件允许,尽早完成合伙人之间从利益连接到价值观连接的转变,对公司的长期发展会很有帮助。相较于利益连接的立竿见影,价值观连接往往见效较慢,提早实现会促进公司更快、更健康地发展。

猎头公司股权结构的观察与思考

20多年里,我见证了很多猎头公司的起落。具体到每家公司,起落的原因各异。如果把原因简要分为外部环境因素和公司内部因素,这些猎头公司的衰败,更多的是源于内因。

内因也比较复杂,其中"股权结构不合理"可能是重要的内因之一,但较少被认真探讨。

分析猎头公司的股权结构时,我倾向于将其分为四类:A类,即单一股东绝对控股,通常是70%以上;B类,即多个股东相对均分股权;C类,即家族成员集体控股;D类,即能够被相对公允计价的股权结构,如上市、实际交易的注册资金、收购等。

能够上市或卖掉的D类猎头公司可能不及猎头公司总数的千分之一,所以本文将关注的重点放在A类、B类及C类猎头公司上。尽管缺少严谨的统计数据,但就我20多年的从业经验来看,A类公司与C类公司通常比B类公司更容易实现长期稳定,发展也更健康,公司的寿命因此更长。

导致这种局面的核心原因在于:股权相对均分的猎头公司股权结构,在初始阶段容易达成平衡,促成创业合作。但在长期的动态变化中很容易失衡,而且重建平衡的难度极大,进而使得公司的地基不稳,从而导致衰败。

很多猎头公司的创业故事大体是这样演进的：有经验的顾问或团队负责人由于种种原因，对其所在的猎头公司怀有不满，打算离职创业。创业充满不确定性和风险，于是创业者需要拉几个人一起壮胆，而最熟悉、最容易拉到，也最容易协同合作的往往是对原公司同样怀有不满的同事。创业初期，创始股东之间的相互团结、彼此鼓励很重要。公司暂时没有太多可以分配的现实利益，而且每个人的贡献也较难估算和测量。因此两个或者更多个创始股东之间进行股权分配时，基于情面和尽快促成合作等综合原因，往往倾向于采用不太"计较"的较为平均的股权结构方案。这样容易实现利益打通，不分彼此。在这个阶段，所有人都心悦诚服地接受相对平均的利益格局。而且这样的格局，在创业初期，很容易激发大家团结一致，快速把公司启动起来，获得初步的成功。随着时间的推移，每个股东对公司的实际贡献，会因为能力差异和投入程度的不同，甚至是运气的不同，不可避免地发生变化。有些人的贡献可能越来越大，有些人的贡献可能越来越小，但想要调整基于股权结构的利益格局则非常困难。难在以下四点：

1. 认知障碍：在通过群体努力达成的结果中，每个人对自己的付出都体会很深、感受很足，对他人的付出只能感知一二，所以每位合伙人都有放大个人贡献比例的倾向。如果大家都放大自己的贡献比例，对重新调整利益格局就很难达成共识。

2. 测量难度：很多贡献是较难用大家都能接受的标准来精准测量的，比如硬性业绩之外的多种"软性"贡献——公司策略、公司文化、团队管理等。

3. 计价难度：由于不是上市公司，进行股权调整时，如果涉及股份的价值，往往缺乏真实交易的价格作为参考，因此很难达成让彼此都心悦诚服的股权计价标准。

4. 价值观难度：创业早期，可供选择的合伙人往往不多，将大家凝聚在一起的未必是相似的价值取向，更多的可能是对前公司怀有共同的不满，或者是对共同创业的利益畅想。调整缺乏价值观支持的利益失衡的格局，难度往往更大。

在公司动态发展的过程中，原来平衡的利益格局必然会被打破。基于股权结构的利益格局一旦发生变化，如果没有及时、有效调整，那么必然会通过影响核心股东之间的相互关系，进而影响公司大厦的稳定性。若长时间的失衡得不到修复，公司稳定的基础会逐步被蛀空。

我见过很多这样的创业案例：几个人合伙创业的猎头公司，前两三年，大家意气风发，发展得很好。两三年后，由于公司内部核心成员之间的利益格局失衡且无法调整，因此分裂出更多公司，进而逐步衰败或垮掉。这个过程生动地印证了"做朋友容易，做合伙人难"的说法。

相对而言，如果存在绝对控股的创始人股东，即使核心成员之间有较大的分歧，绝对大股东出于不可推卸的责任、担当与权威，也能相对容易地调整这种阶段性失衡的利益格局。同理，在家族控股的股权结构下，即使家族成员之间存在很大的分歧，通常也不会触及公司分裂的底线，因而容易形成一个支持公司长期稳定发展的基础。不少规模较大的猎头公司往往以家族关系为核心纽带，这是有其内在合理性的。

基于以上观察，在处理猎头创业的股权结构问题时，我的基本建议是：对不以上市为目标或不以出售为短期目标的中小猎头公司而言，要尽可能避免相对均分的股权结构。确有必要相对平均地分配股权时，要把在动态变化中可能导致利益格局失衡的因素考虑进来，未雨绸缪，以"天晴时修屋顶"的思路，尽早预估可能失衡的格局并提前构思调整对策。

"创始人财务利益最大化"与"公司生命力最大化"

追求"创始人财务利益最大化",还是"公司生命力最大化",跟道德的考量无关,本质上是关于价值的选择。

"活在当下,随遇而安",把创业仅仅当成人生某个阶段的体验,无可厚非。公司生命力最大化,未必就是一个必须考虑的问题。

以 FMC 为例,它到 2021 年刚好成立 22 周年。创业的前几年,我们忙于生存,埋头于各种战术上的探索,公司生命力的问题几乎不会困扰我。随着时间的推移、公司的演进,我才对公司的生命力越来越看重,逐步探索出创始人财务利益最大化与公司生命力最大化之间的异同,进而形成了长期主义型的公司发展策略。下面简要分享一下我在这个问题上的思考与实践:

什么是"创始人财务利益最大化"?什么是"公司生命力最大化"?不同的人,在不同的阶段,对二者会有不同的定义。但这不妨碍创业者把它们作为思考公司发展走向的底层视角。

"创始人财务利益最大化"与"公司生命力最大化"之间有交集,但不会完全重合。清楚地认识到二者的交集和区别,有助于创业者明确决策的价值取向,减少决策与期望值之间的内在矛盾。

发现并强化交集部分,是企业稳固的基础;接纳并拥抱冲突部分,是企业成长的空间。总体来看,企业创始人承担了最大的企业投资的不确定性，同时是企业中最愿意为之拼搏、付出的个人或群体。公司生命力增长与创始人财务收益增长的重合度越大，企业的基础自然就越稳固。然而，当企业度过生存期、进入持续成长期后，由于种种原因，推动企业前行的力量中，创始人所占的比例会有所下降。这有可能导致公司的生命力增长与创始人的财务收益增长因步调不一致，从而产生冲突。如何接纳并拥抱冲突部分，就成了企业成长中的关键问题。

公司生命力增长与创始人财务收益增长的最大交集可能在于，创始人的成长速度。唯有如此，才能确保创始人会对公司的生命力增长持续做出贡献，才能使公司成长与创始人的收益增长步调一致。长期来看，这可能是扩大"创始人财务利益最大化"与"公司生命力最大化"的交集的最根本的办法。

接纳并拥抱冲突，则需要更多的智慧和勇气，甚至是情怀！由于种种原因，在漫长的企业发展中，创始人对企业的贡献比例下降是难以避免的事情，而这会促使企业内部对财务利益分配格局进行调整，甚至迫使创始人接纳有序的失控来刺激创新，以满足"公司生命力最大化"的诉求。在这个阶段，很多创始人未必会纠结于财务利益本身。但如何有尊严、有安全感、有意义、有价值感地进行财务利益分配的调整，既需要智慧，也需要勇气。做好这些调整的起点往往在于，创始人有意识地把决策出发点从"创始人财务利益最大化"过渡到"公司生命力最大化"。能够支持创始人迈过这道坎的，除了细水长流的长期收益外，确实需要一些超越财务收益之外的情怀，比如，追求人生意义和美好人际关系，发展组织和获得成就感，等等。

创业者的动力管理系统

创业 20 多年，我经历过很多挑战。很多时候都会觉得"过了这个坎，就会轻松些"，也经常跟家人许诺"等忙完这个季度，就能空出很多时间陪你们"……周而复始，我想象中的轻松从未出现过。我个人的真实体验是：创业中没有过不去的坎，但有过不完的坎。

创业会持续地考验创业者的脑力、心力和体力：需要脑力去持续学习，理解环境，洞察商机；需要心力去激励自己，带领团队一起前行；需要体力去起早贪黑地工作。能持续驱动创业者脑力、心力、体力的，是背后的动力。

了解自己的内在动力并非易事。高度概括地讲，人们想要的大体都是自己主观感受上的幸福生活。当你不能结合内心召唤与现实可行性，一层一层地具象化、目标化地想明白自己在当下、短期、中期、长期以及最终想要什么，就很难形成持久的内在驱动力。然而，人想要的东西是会动态变化的，很难一劳永逸地彻底想明白。

有些创业者很幸运，也许从未思考过"动力管理"这个问题，就被天赋、环境、机遇推着滚滚向前。而对大部分普通创业者来说，认真探索"动力管理"，有意识地构筑自己的长期"动力系统"，可能会很有帮助。基于 20 多年的创业体验，我认为构建动力系统的要素有如下几个方面：

1. 信号系统：学会积极地把负面体验解读为"这是提醒我们需要有所改变的信号"，或是"我们正在走出舒适区，经历成长"。这样有助于减少负面体验的摩擦力，避免负面体验降低我们前行的动力。

2. 习惯系统：习惯本质上是我们的自动程序，无须额外驱动，是性价比很高的优质动力。

3. 意志力：意志力是可以通过学习提升的，而且"自律让人自由"。如果我们把意志力聚焦于养成新的习惯，而非仅仅约束自己，投入产出比则会更高。

4. 良性外部压力：人需要有意识地为自己创造良性的外部压力，比如，找到驱动自己去挣钱的现实需求，寻找并进入更能驱动自己的环境，设定目标并公布出来，等等。

5. 自我价值感：自我价值感是觉得自己有价值、有能力、被重视、被需要、被爱的感受。自我价值感会不知不觉地影响我们一生。自我价值感在很大程度上取决于早年环境和对自己重要的人在我们身上植入的情感自动反应程序。创业可能需要持续几十年的动力。学习提升自我价值感是个看似见效很慢的工作，却能为我们提供源源不断的动力，值得探索。

6. 意义与使命感：每个人的内心，一定潜藏着某些与物质收益无关的意义追求。发掘这些意义，将其转变为自己创业过程中的使命感，就能形成创业过程中的深层动力。

经营一家体面的、小的却能赚钱的猎头公司,是否离幸福生活更近?

工作上的幸福感在很大程度上奠定了人生幸福感的基调与底色。因为对大多数成年人而言,他们的大部分时间是在工作中度过的,绝大部分收入因为工作而获得,大部分重要的人际关系因为工作而产生……一个人如果喜欢自己的工作,并且能做好,也能赚到钱,同时这份工作又是可以长期做下去的,可想而知,这个人的幸福感会很高。

工作大体上分为两类:受雇打工与自雇创业。在此,我想谈谈创业,尤其是猎头创业,与幸福感的关系。

猎头可能是最适合创业的行业之一:门槛低,利润高,公司规模可大可小……

在相当长的时间里,我一直认为:经营一家体面的(Decent)、小的(Small)却能赚钱的(Profitable)猎头公司,可能离幸福生活更近!体面,意味着我们从事的工作受人尊重,跟外部世界有良好的连接与互动;小的,意味着规模不大,人与人之间容易彼此熟悉,会多些人文关怀,少些大机构因规则而产生的冰冷,因为人的幸福感在很大程度上是由人际关系决定的;能赚钱,这一点无须多言。我把这样的公司类型命名为 DSP 模式,甚至还为此注册过 theDSPway® 这样的商标。

依据上述思路，我设想过，在猎头行业，一家DSP公司的标配大体是这样的：一个创业者，带20人左右的团队，有宽窄适度的专注方向，一年完成1 000万元左右的业绩，创业者能获得15%～30%的利润。这样的生意容易做成，对很多猎头从业者也有吸引力，这种创业的生存状态也比较容易让人有幸福感。

在猎头生意中，顶部的业务就像奢侈品，普通顾问和普通公司够不着。底端的业务大多是简历搬运的体力活，从业者的持续成长空间不大。而中高端猎头业务，既有一定的质量，也有较大的体量；一个有扎实猎头业务经验的创业者，选定一个宽窄适度的专注方向，潜心持续耕耘，容易形成专业度并受到客户与候选人的尊重；用3～5年时间，发展一个20人左右的团队，可行性较高；初创公司人数不多，老板与员工之间，员工与员工之间，都容易彼此熟悉，容易营造有温度的人文氛围；对于有一定专业度的猎头业务，人均单产40万元以上是一个合理的目标；在1 000万元左右的年度业绩中，根据创业者对一线业务的参与度，其不难获得15%～30%的利润。相较于打工，这种小规模创业的收入会更高，更有灵活性，同时自己更有掌控感，人际关系也不会太复杂……因而更有可能收获幸福感！

遗憾的是，就我对猎头行业20多年的观察来看，能够阶段性践行DSP模式的公司不少，但能够长期保持这种模式的公司确实不多。可持续性较差的主要原因在于，老板容易累，同时DSP公司留住人才和吸引人才的难度较大。

DSP公司的规模虽小，但也得五脏俱全。因此创业者通常被逼成"通才"，奔忙业务的同时，行政、财务、人事等支持性事务迫不得以还要亲力亲为，累的同时未必能做好，并且分散了专注于业务的精力。另外，DSP公司如果长期没有发展，留住人才和吸引人才都很难。安经营一家体面的、小的却能赚钱的猎头公司，是否离幸福生活更近？

于现状的创业者，可能会经历团队的离散重建；加快发展的创业者，可能会面临公司规模扩大后的诸多不确定性因素，比如，猎头公司从20人发展到100人的过程中，创业者有可能操心更多，但赚钱更少。能够做大、上市或卖掉的猎头公司凤毛麟角。从较长的时间段来看，大部分创业者都倍感艰辛，很多都难逃创业失败的结局。

猎头创业者，想实现短期的成功相对容易，想实现可持续发展则相对较难。而且做过几年老板之后，重新打工的难度更大，所以阶段性地创业赚点钱，可能还不如长期打工来得轻松、实在和可持续。

综上所述，我的看法是：经营一家体面的、小的却能赚钱的猎头公司，确实可能离幸福生活更近，但前提条件是能够解决DSP公司面临的一个又一个挑战。反之，创业几年黯然退出，则会遭遇极大的职业尴尬，代价甚高。从猎头创业高尝试率和猎头创业高失败率的现状中，我们不难推导出，"如何实现猎头创业的可持续性"会是猎头创业者要探索的终极命题！

管理的基本追求与猎头组织创新的突破方向

尽管管理理念、方法与工具纷繁复杂,管理的追求却相对简单,大体上可以归结为两点:更科学与更幸福。

更科学往往意味着更高的效率和更高的有效性;更幸福往往意味着更人性化,更能照顾到个体的不同需求。很多时候,管理在这两个方向上的追求可能是相互矛盾的。比如,凡事能做到标准化、流程化,尽可能减少个体差异,效率与有效性往往更高。但每个人都是非常独立的个体,个性化的需求能被包容、被照顾到,往往会使人更有幸福感。

在"更高效和更有效"与"更人性化和更注重个体需求"这两种追求发生冲突,而不得不进行取舍时,大部分管理者都倾向于选择"更高效和更有效"。在绝大部分行业,公司及管理者控制着核心资源;在管理者与被管理者的博弈中,被管理者处于从属地位。因此尽管很多管理者愿意为"人性化"喝彩,但更倾向于为"狼性化"买单。

在猎头行业,"生意往往跟着核心顾问走,而不是跟着猎头公司走"。就具体的客户而言,猎头公司的核心竞争力主要体现在顾问个人而非组织。虽然很多猎头组织的老板很努力地想要改变这样的格局,但总体来说收效甚微。

猎头行业市场极度分散、竞争异常激烈,而大多数时候,没有结果，就没有任何营收，成本投入的风险极高。因此，猎头业务天然对"效率"和"有效性"都有非常高的要求。而"生意跟着顾问走"的资源格局又迫使猎头公司的管理者必须关注个体的需求，而非简单粗暴地追求流程化、标准化、狼性化。在这样的形势下，猎头组织就需要进行更多的组织创新，以便兼顾"更科学与更幸福"这两个分列两端的管理追求。

在我看来，猎头行业的组织创新将沿着三个方向进行：

1. 组织形态上：改变传统的控制思维，通过组织结构、组织理念的创新来实现猎头组织与猎头顾问更稳定的双赢。

2. 价值上：改变猎头价值集中在提供简历和进行流程性沟通的现状，逐步形成不易被技术和低成本方式取代的深度价值。

3. 科技应用上：把科技进步变成提升猎头顾问的效率和有效性的催化剂。

组织结构的创新：从"公司帝国"到"群岛平台"

传统的猎头组织不断分裂，并不是因为猎头顾问不需要一个强大的公司平台。而是其他方面的需求，如成就感、归属感、收益预期等，超过了对公司平台的需求。传统的猎头组织通常是以"公司帝国"的组织方式做大的。与公司帝国相关的词语有权力结构、层级关系、服从命令、统一规则、执行与效率等。符合公司帝国的这些特征，意味着与个人相关的很多个性化的需求将被压制。当在公司与个体的博弈关系中，个体处于弱势时，公司帝国容易维持内在的平衡。相反，个体处于强势时，这种公司帝国的内在平衡将被打破。

对于生意与核心顾问的黏性更强的中高端猎头行业而言，以公帝国的组织方式来做大猎头业务的模式将日益受到挑战。管理上更加人性化的内在诉求与实际的权力格局变化将促使猎头组织的结构更加群岛化（扁平化和"去中心化"），更加平台化。

群岛化意味着中心控制的降低，个性化需求更多地得到满足。群岛化运作不好，就会走向孤岛化，形成一盘散沙。这样的结果综合来看，可能还不如公司帝国更能满足顾问的需求。避免孤岛化的重要路径之一就是建立分享的平台，形成"群岛＋统一平台"的治理模式。

在猎头行业，很多公司正在尝试的合伙人机制及一些基于互联网的平台，本质上都是对"群岛＋统一平台"模式的探索。相较于公司帝国模式，群岛平台模式的协同难度更大。但信息科技的发展，将使它的协同难度大大降低。

在360度职能专注业务模式的发展趋势下，猎头顾问对平台呈现出两个方面的需求。一方面，业务从单一顾问负责客户的所有业务，转向多个顾问协同服务同一个客户。这使得顾问对公司平台的依赖性增强，因为只有各个职能做好协同配合，负责某个职能的顾问才能发挥得更好。另一方面，顾问对核心资源的掌控力更强，顾问在不同公司平台间的转换会更容易，平台切换成本会更低，这意味着不同公司平台对顾问的争夺将更加激烈。

所以在组织结构上，创新的方向是：从帝国到群岛，从公司的竞争到平台的竞争。

组织理念的创新：从"家庭"规则到"公司"规则，再到"家庭＋公司"规则

大部分猎头公司在发展过程中，都或多或少会经历组织理念上的困惑。这种困惑源于处理"家庭"规则与"公司"规则的冲突。

初创猎头公司，往往是由几个意气相投的资深顾问，或者是资深顾问和自己的下属构成的。公司在大家相互支持、不分彼此的家庭式氛围中成长。当公司逐步扩展、人员增多时，这种家庭式氛围就不太合适公司的发展了。家庭成员之间讲的是基于爱的包容与奉献，而公司成员之间讲的是基于契约的按劳分配与公平交易。家庭规则与公司规则是很难兼容的。公司要向前发展，则必须摒弃家庭规则，严格按照公司规则来处理一切事务。

如果把人理解为完全理性的经济人，这是成立的。然而，人除了理性之外，还有感性的一面。一个成年人的大部分时间在工作中度过，大部分收入、重要的人际关系都在工作中产生。如果公司能给顾问带来家庭般的归属感，那么他们的幸福感可能更高。在拥有公司规则的基础上，能给予员工家庭归属感的组织，将更容易走得长远。相反，过度强调员工"工具属性"的组织未必符合人性，长期成功的可能性会降低。

如果猎头老板关注"家庭"规则与"公司"规则的精髓实质，而不是浮于表面地生搬硬套，会发现这两种规则是可以融合的。因为公司实质上是人的组合，应该具备人的特征，而不是被异化为没有感情色彩的公司机器。

好的组织不是在"家庭"规则与"公司"规则之间做排他性的选择，而是有机地融合这两种规则，实现"家庭＋公司"的组织理念。猎头是"生意跟着人走"的行业，"家庭＋公司"的组织理念更符合人性，因而能给员工带来更强的归属感。

猎头价值的创新：构建不易被替代的生存空间

尽管"加强专业化"的口号喊了很多年，但大部分猎头顾问给予客户的价值仍然表现为提供简历和进行流程性沟通的体力活。为何如此？其核心原因在于，客户与猎头顾问之间存在信息不对称，猎头顾问凭借这一点，仍然有足够的生存空间。但随着信息技术的发展，情况正在快速发生变化。大部分猎头顾问现在所做的工作，客户会逐步以更加低成本的方式，更高效地达成。

未来，能够生存发展的猎头顾问提供给客户的将是不容易被技术和低成本手段取代的深度价值。能提供深度价值的基础，是猎头顾问在细分领域的专注深耕。当猎头顾问在某个细分领域能准确把握客户的需求，同时客户找不到更低成本的方式来满足自身需求时，客户才愿意按你的价格，掏钱买你的服务。在细分领域深耕的同时，猎头顾问也可以探索在传统猎头业务的基础上拓宽满足客户及候选人需求的渠道，以便从更多的维度来为客户及候选人提供价值。

科技应用的创新：从"大数据，泛协同"到"深度数据，精准协同"

"通过同质化职位高效利用资源"和"通过精准协同高效兑现单边机会"，是猎头业务提高效率和有效性的基础途径。前者需要我们调整业务模式，比如从反应式搜寻模式到强调主动专注的PS模式；后者需要科技与文化的良性互动。

大多数时候，猎头顾问能获得的机会都是窗口期极短的"单边机会"：有实实在在的客户需求，但缺乏合适的候选人；有优秀候选人，但缺乏合适的客户需求。猎头之间协同效率的提升会极大地提高"单边机会"的兑现概率。长流程、多环节、变数多的中高端猎头业务，依靠"互联网＋大数据＋AI"的技术思路能否走通，尚需更长的时间观察验证，但科技与文化的良性互动则是现实可行的路径。其具体做法是，通过建设良好的协同文化，使得猎头之间愿意分享深度数据（主要表现为需要进行人际接触才能获得的客户和候选人知识）。在此基础上，借助科技的力量实现猎头之间的精准协同，从而提高业务执行效率，进而实现科技与文化的良性互动和彼此促进。

猎头公司老板可能被逼成最有创新精神的管理者

如果效率更高了、营收更多了，但人的幸福感却降低了，这样的管理其实是失衡且不可持续的。杰出的管理，追求的是更科学与更幸福相结合。

由于无法有效控制生意的核心资源，公司在与顾问的博弈中未必能处于优势地位。随着科技手段、客户内招、其他招聘途径对传统猎头服务的替代能力越来越强，猎头公司的老板面临重重挑战。有很多人可能会逃避、不适，甚至倒下。但也有部分人会在形势的逼迫下沿着"组织形态＋猎头价值＋科技应用"的道路创新。这样的创新将促使猎头公司的老板不断地去扩大"更科学与更幸福"的管理目标的交集，从而使他们成为最具有创新精神的管理者。

被逼，尽管听起来很无奈，但是，如果因为创新而寻找到更开阔的发展空间，这样的"被逼"就是值得的。

如果有些猎头公司的老板没有"被逼"感，而只是基于远见进行了同样的创新，那么这将是一段无比快乐的旅程。

上不了市，也卖不掉，猎头公司的出路在哪里？

2017年，是我从事猎头行业的第20年。作为对20年"从业生涯"的纪念，我静下心来，写下我对猎头创业终局的思考：上不了市，也卖不掉，猎头公司的出路在哪里？

也许很多猎头创业者根本不会为此感到纠结，认为"活在当下，随遇而安"即可。如果能坦然接受这样的安排，也不失为一种洒脱的选择。尤其是对35岁以下的年轻人来说，他们把创业仅仅当成人生中的阶段性体验就好了。

然而，并非每个创业者都能如此幸运地长期持守这样的心境。中国猎头行业有近30年的发展历史，有数万家猎头公司。有十年以上历史的公司可能超过千家，随着时间的推移，这个数字还会继续增加。基于我对猎头行业的观察，我发现，有十年以上历史，没能上市，也没能卖掉的猎头公司，大多数的情况可能是：创业者经历了多轮的人员变化后，感觉疲惫、倦怠，甚至可能对公司未来的出路感到焦虑和疑惑，公司的生命力已经不够旺盛，甚至处于逐渐式微的过程中。

在创业公司普遍短命的现实中，一家猎头公司能够存活十年以上，一定是积累了相当的价值：客户关系，候选人关系，数据，品牌，商誉，创业过程中的经验教训，一批有成长交集的同事……但公司上不了市，也卖不掉，就没有变现的机会。有十多年经历的创业者，大都应该超过 35 岁了。对他们而言，转行的机会成本太高，"随遇而安"的心境估计也很难持守。而且经过十多年的创业激情燃烧之后，他们也可能心生倦怠。但除了按照惯性茫然前行外，还能有什么选择？

在种种无奈中，主动去拥抱"传承制创业"，可能会"柳暗花明又一村"，创始人、团队、公司可能都会因此绽放新的生机！

什么是"传承制创业"？

所谓"传承制创业"，就是把业务的经营权、收益权、所有权给予合适的业务经营者，让公司已经积累的价值得到继承、延伸和发展。

换句话说，就是在缺少或放弃上市或外部出售机会的情况下，公司创始人主动、有序地把全部或部分经营权、收益权、所有权以无偿或低于市场定价的方式赠送或出售给公司内部合适的业务经营者，让公司多年积累的综合价值，如经验、资源、商誉、品牌、平台、文化、团队等得以继承、延伸和发展，让创始人、资深顾问和公司达成三赢，从而避免创始人倦怠、老板天花板、资深顾问因上升空间不足而流失等情况，扭转公司日渐式微、逐步消亡的无奈结局。

传承制创业有什么意义？

尽管传承制创业可能不是大多数猎头老板的首选，但它却能解决大多数猎头公司的常见症结。

公司结局困惑

能够把一家猎头公司做到上市或者卖掉变现，从财务角度看实在是太吸引人了，绝大多数创业者都把公司上市或卖掉当作公司结局的主流追求。而实际情况是，在中国的数万家猎头公司中，能够上市或卖掉变现的只有数十家，只占千分之一的比例。同时，随着投资者对猎头行业了解程度的加深，他们会明白，单纯的中高端猎头业务不是资金驱动型业务，即使要买，买掌握资源的人也比买公司要划算得多。

对绝大多数以中高端猎头业务为主的公司而言，上市或卖掉，事实上是很难走通的独木桥。不能清醒地意识到这个"残酷"的现实，很多猎头公司创始人往往表现出两种状况：对于公司的结局，无奈地随遇而安，只好以"活在当下"的情怀，看看命运之河把自己和公司带到何处；时不时地陷入"出路究竟在哪里"的困惑中，在迷茫中耗费宝贵的精力。

如果我们承认上市或卖掉变现不会成为主流这个现实，主动选择"传承制创业"，我们就能走出关于公司终局的无奈与困惑。

创始人倦怠

创业是一个极度耗费心力、体力的活儿。因为种种因素决定了猎头行业会是一个人员流动大、内部分裂频繁的行业。有十年以上经历的公司创始人，大都经历了公司的几轮人员变动，在一次次没有什么新意的轮回中，难免心生倦怠……创始人往往是公司前行的发动机，而一艘发动机老化的船，注定是无法远行的。主动选择"传承制创业"，有可能实现多台发动机接力或一起加速，绕开"创始人倦怠"这个陷阱。

老板天花板

一个公司成长的高度，往往取决于创始人的高度。创始人不但有可能倦怠，而且当公司发展到一定程度时，他们的视野、能力等方面的不足往往会成为公司进一步成长的阻碍。这个道理很容易懂，但这道坎却不容易跨过，因为管理一个见识比自己高、能力比自己强的下属，是一件有风险的事。

如果创始人对公司的发展更有远见，也更有情怀，主动拥抱"传承制创业"，就更容易吸引和包容综合能力比自己强的人，并主动给予他们成长空间，从而绕开"老板天花板"这个公司成长的阻碍。

公司内部最能干的人流失

猎头行业是容易从内部分裂的行业。敢于从原公司出走独自创业的人，通常都是公司中最有担当、最有能力、最有野心，同时也是最有影响力的人。对于这些骨干，很多创始人的做法可能是分享一些看似合理的利润与股权，然后激励大家一起先把饼做大，并天真地认为把饼做大了就一切都好了。现实中很多创始人会发现，公司的合伙人机制运作得并不顺畅，合伙人之间甚至矛盾重重、相互抱怨……除了利益分配之外，合伙人机制还涉及更多的空间感、成就感、掌控感等问题。

主动拥抱"传承制创业"，有序地支持那些最能干也最想干的人，让他们在自己负责的业务上拥有真正的主导权，同时以打破天花板的方式为他们创造出足够大的成长空间，创始人就有可能不断凝聚公司内部最能干的人。

永续经营的生命力不足

对公司终局的定位不同，会极大地影响创始人的决策思路。随遇而安（只要能赚钱就行），或执着地追求上市，或努力冲杀几年后卖掉变现……在每一种对公司终局的认知中,每一位创始人都在实施着与之相应的策略。这些策略深深地影响着公司作为一个组织的生命力。

主动选择"传承制创业",创始人最有可能从永续经营的角度去思考公司的未来。当一个决策者选择以这个角度去思考未来时,他们就容易突破短期得失的束缚,转而注重公司的长远发展。这样的思维与决策,更能促使公司获得长久生命力。

传承制与合伙人制有什么不同?

从广义上看,我们可以把传承制视为合伙人制的一种。

然而,它与我们常说的合伙人制又有着本质区别。在猎头行业,大多数合伙人制都是创始人或投资人通过分享部分利润或股权来达成激励资深顾问的效果,创始人或投资人仍然保持着对公司的控制权,出发点大体是创始人或大股东财务利益的最大化。而传承制的核心在于,让公司里最合适的经营者在他们所负责的业务中,在经营权、收益权、所有权上处于主导地位,创始人或投资人可能并不控制公司,出发点从公司创始人或大股东个人财务收益的最大化,转向公司生命力的最大化!

传承制创业为何对猎头行业具有特殊意义?

猎头生意虽然赚不了大钱,但不失为一门好生意:风险不大,很容易过得滋润;同时能够真正影响他人,收获很多朋友,在工作中享受友谊;"互联网+大数据+AI"对很多工作有所侵蚀,但中高端猎头顾问拥有相对坚固的"护城河"……总之,这是个值得长期耕耘的行业。

猎头业务是最容易管，也最难管的生意！猎头业务的绩效很容易衡量，而且人与人、部门与部门之间，较难互相推脱责任，所以猎头业务本身很容易管理。但这样的业务特点使猎头顾问对具体客户的影响力往往比公司的平台与品牌更大，公司可能失去有效管理的控制力，因为资深顾问带着生意跳槽到其他猎头公司或者自己创业非常容易。因此，从人员管理的角度看，猎头业务也是最难管的生意。

很多猎头老板尝试过从技术手段、业务流程、组织结构重组等多个维度来降低业务对人的依赖程度。这些努力虽然能够降低猎头业务对人的过度依赖，但改变不了猎头顾问掌握核心资源的现状。

时常有人拿猎头公司与会计师事务所和律师事务所进行比较，并试图从它们的业务模式中获得启发来改造猎头行业，从而削弱猎头顾问对客户及候选人资源的掌控。我个人的看法是，按结果收费的中高端猎头业务与会计师事务所业务及律师事务所业务有本质上的不同。比如，在知名会计师事务所负责一家《财富》500强公司审计业务的合伙人，离开原来的事务所独立创业后，在多数情况下，尽管他能做同样的审计工作，却拿不到这家500强公司的业务，因为他的新创公司缺少原公司的品牌与商誉。而一家在知名猎头公司负责同一家500强公司猎头业务的资深猎头顾问，在独立创业之后，多数情况下却可以延续与该客户的业务往来，而且往往比原公司新接手该业务的猎头顾问更有竞争力。再如，我们请A律师帮我们打官司，在同样的案子上就不能再请B律师，而且即使A律师把官司打输了，他的律师费还是要付的。而猎头业务则没有这样的排他性，而且多数是有结果才收费。从客户的角度看，有多家猎头公司竞争同一个职位，对客户还更有利。律师行业、会计师行业、猎头行业都属于专业咨询行业，有一些共性。但三者在业务上的关键差异，决定了彼此间的组织方式不能简单地套用。

很难找到一个像按结果收费的中高端猎头业务那样，个人对生意的直接影响是那么简单直接、那么纯粹。如果我们改变不了"生意跟着猎头顾问走"的格局，我们就只能接受和顺应这样的现实。

越来越多的猎头公司老板认识到，合伙人机制可能是个出路，于是通过分享利润或分享公司股权来发展合伙人，却发现同样困难重重。核心原因可能是，公司创始人的控制力太强，合伙人在自己负责的业务上，无法在经营权、收益权、所有权这几个维度获得主导权。为何这几个维度的主导地位如此重要？

1. 在依靠群体努力才能达成的结果中，人们都倾向于放大自己的贡献比例。所以无论如何分配，每个人都可能觉得自己的贡献比例被低估了、钱分少了、自己吃亏了。

2. 中高端猎头业务本质上是基于人际互动的关系型业务，而非数据型业务。这个特点使业务与个人而非公司的黏性更强。

3. 非上市公司的少量股权，大体上只能解决认同感的问题，因为无法卖掉变现或带来公司的主导权。对事业心极强的合伙人来说，这样的股权其实意义不大。

4. 除了利益分配外，这几个维度的主导权往往意味着，资深猎头顾问能拥有更多的空间感、成就感、掌控感等。

如果猎头顾问觉得自己吃亏了，自己又能轻易带走业务，即使在原公司能分到少量股权，对他们来说也没有太大的吸引力。他们会认为换个平台或自己创业，获得的空间感、成就感、掌控感可能会更多，虽然实际情况未必如此。在这样的主观判断下，分裂就容易被触发。即使给予他们合伙人资格，让他们能分享利润，甚至拥有股权，老板也依然留不住人。而当我们跳出创始人的身份看问题时，又会发现这些离开是那么自然、合理。

考虑到猎头业务如此独特的业务特点,"让顾问在自己实际负责的业务上,在经营权、收益权、所有权这几个维度上都拥有主导权"可能是把人留住的最彻底的办法。因为当下的机会成本太高,猎头顾问跳槽或是自己创业的意义已经不大。

在帮助核心成员获得这些主导权时,公司创始人为何需要"无偿赠送或按低于市场水平的价格出售"?原因在于如下几点:

1. 避免大家就怎样才算是公平的价格产生对抗情绪。在你多我少的冲突格局中达成彼此都心悦诚服的共识,难度是很大的。而对传承制来说,彼此之间的信任和认同则是基础与前提。

2. 想要把人留住,虽然短期来看要"吃些亏",但长远看,这个结果对创始人可能更好。

3. 在工业时代,按出资分配股权也许是合理的。但在知识经济时代,这个思路就有点过时了。尽管可能未出资或出资较少,让实际经营这项业务的人在经营权、收益权、所有权上处于主导地位,就商业本质来说,可能会更加合理。

从 FMC 创业团队的实践来看,传承制创业对猎头行业可能具有非常特别的意义。其他行业的特点不同,未必能够简单套用,但传承制的精髓在于思考问题的出发点从公司创始人或大股东个人财务收益的最大化,转向公司生命力的最大化。这种思路,可能具有借鉴意义!

有些猎头公司凭借"常规合伙人制"就能做到数千人的规模,传承制创业还有意义吗?

在与同行朋友讨论猎头行业的传承制创业时,我被多次问及这样一个问题：市场上有些猎头公司凭借"常规合伙人制"就做到了数千人的规模，还有必要考虑传承制创业吗？这里所说的"常规合伙人制"是指主导权仍然掌握在创始人手中的合伙人机制。

市场上有一批擅长服务长尾客户（平时不那么容易被注意到的客户）的猎头公司，它们的发展速度和已经达成的规模确实令人佩服。其中的个别公司，甚至是我所知道的猎头公司中最有创新力的猎头公司之一。这些公司在合伙人机制、品牌、系统、文化等多个方面也颇有建树。但在我看来，这些建树在它们的成功中并非最关键的因素。

打个比方，麦当劳、肯德基实现的商业规模要比很多中餐馆大得多，它们在实现规模化上的成功通常被归结为标准化、流程化、品牌化、资本化这"四化"。而麦当劳、肯德基的"四化"得以成立的前提是：在它们的餐饮体系中，大厨的作用基本为"零"。如果像中餐馆一样，产品的品质取决于大厨，那么这"四化"基本上是空中楼阁。

借助这个比方，我们就能明白，这些擅长服务长尾客户的猎头公司的真正革新在于，找到了极大地削弱顾问个人对业务影响力的办法。这与它们能高效且低成本地获取数量巨大的长尾客户的能力密切相关。这些客户资源的基本特点是重复利用率低。这类猎头公司有基数巨大的客户，但能多次服务且单产较高的大客户资源很少。在这样的情况下，公司需要数量庞大的猎头顾问在大量客户的零散需求中淘金。在这种业务模式下成长起来的团队负责人离开原来的公司平台后，很难持续获得数量如此大的客户，同时也很难吸引并维持一个人数众多的团队。这种模式下，尽管顾问的人均单产极低，但老板们却盈利颇丰，而且公司平台还相对稳定。这样的猎头业务模式，确实非常具有创新性，但传统的中高端猎头业务，服务的都是能形成长期合作关系的"主流"客户，盲目借鉴这类擅长服务长尾客户的猎头公司的合伙人机制，恐怕会适得其反。

除非我们能够改变猎头业务对资深猎头顾问的依赖，否则，传承制创业的思路还是值得认真探索的。

如何实践好传承制创业？

"传承制创业"这个概念听起来很美好，那如何实践好？下面，我基于FMC和我自己走过的路梳理了一些经验，分享给大家。

悟透利益格局的智慧

能干的核心成员离开，不但他们原来能贡献的价值消失为零，而且往往会对公司未离开的人员造成极大的负面冲击。因此，能长期稳定地留住最能干的人，无论利益分配格局如何，总体上对于创始人和公司而言，都是利大于弊的。

要想长期稳定地留住最能干的人，最彻底的方式莫过于让他们在其所负责的业务的经营权、收益权、所有权上处于主导地位，同时打破天花板，让他们拥有无限的成长空间。

所以，传承制创业首先需要创始人看透公司内部基于业务特点和人性的利益格局和利益博弈机制。

超越财务收益的情怀

"传承制创业"的出发点是"公司生命力的最大化"，而非"创始人或大股东财务利益的最大化"。这两者之间有交集，但往往不能完全重合。

创始人承担了很大的风险，付出了很多的心血，才让一家公司发展起来,"把全部业务或部分业务的经营权、收益权及所有权,无偿赠予或低于市场价出售给合适的公司内部经营者"。这个坎较难迈过去,是因为人性使然。这也解释了为什么大多数猎头老板认为让公司上市或将其卖掉变现是最好的出路,尽管这个过程充满了艰辛。

能够支持创始人迈过这道坎的,除了看重细水长流的长期收益外,确实需要一些超越财务收益的情怀。比如,追求人生意义和美好人际关系,以及发展组织和培育接班人的成就感等。

设定能满足动态变化需求的机制

新人猎头从入行到完全独立创业,要经历以下身份转变:新人→成熟顾问→团队领导→利润分享型合伙人→有少数股权的股东合伙人→共享品牌的独立公司控股股东→共享后台的独立公司控股股东→完全独立的公司负责人。不同的角色代表着不同的成长阶段。他们在每个阶段都会有不同的诉求,并且每个猎头顾问的成长速度、风险偏好、创业的欲望也不尽相同。理想的情况是,针对这些动态变化且多样化的需求,发展出一套渐进且灵活的机制,对猎头顾问在不同成长阶段对经营权、收益权、所有权的诉求,予以阶段性的满足。

是否采取传承制的关键影响因素

创业之路没有一条是坦途,无论是独自创业、上市、出售,还是合伙人制、传承制,各有各的酸甜苦辣,没有简单的对错,只关乎创业者的价值选择。合伙人制可以是传承制很好的过渡阶段。是否采取传承制的关键影响因素,不是公司的人数与规模,而是创始人对业务活动的掌控程度。

健康而非病危时做手术

公司组织健康、盈利状况良好时，是最适合进行公司传承制安排的时候。如果公司创始人因为倦怠、疑惑或公司经营困难才将公司交给内部同事继续打理，这样的传承制往往效果欠佳，甚至适得其反。因为没有人会因为接手一个烂摊子而心生感激。当然，公司健康的时候，让创始人"放弃"本该属于他的利益，往往也比较难。因此创始人要看透利益格局，并且要有超越短期财务收益的情怀！

让公司有序地"失控"

公司的创始人在公司的经营权、收益权、所有权上都不占主导地位，公司岂不是失控了？是的，公司确实有可能失控。但你需要做的是有序地、阳光地让公司逐步"失控"。如果你愿意，公司就有可能在这个"失控"的过程中获得更加长足的发展！

尝试去控制自己无法掌控的因素，是很多猎头老板苦恼的根源。作为猎头公司的创始人，你其实无法控制你的下属，只能陪伴他们成长，并在这个过程中找到让彼此共赢的最大公约数。

随着下属的成长，公司创始人和公司平台对他们的价值有可能逐渐减少，直至有些人选择了一片新的成长天地。要学会尊重下属的选择，动态地顺应这些变化，把关注点集中在能让彼此实现双赢的交集上，带着祝福去面对这些变化。相较于一方努力控制，另一方努力反控制，在博弈的过程中费尽心思，种下种种恩怨，让公司阳光有序地"失控"反而更有建设性！

事实上，一个公司里愿意去独立创业的人只是少数，而这些人的影响力却是非常大的。在机制上为这些人打开天窗，让所有"分裂"

"失控"阳光化，在这个过程中，公司里大多数人的内心反而能安定下来，最终的结果可能是：公司局部越是有序地"失控"，公司整体越健康；逐步"失控"的过程，其实是彼此获得更多成长空间的过程。

没有友谊与信任，就没有真正的传承

创始人与公司核心成员之间的友谊与信任至关重要，这样的文化基石是传承制得以实施的基础。若仅仅从财务角度来处理彼此间的关系，传承制则很难有效运行。

FMC 实践传承制创业的效果如何？

FMC 20 多年的发展史大体上就是对传承制创业的探索史。我们最初给 FMC 设定的长期愿景是：成为由价值、健康、友谊驱动的最具创新力的招聘机构。这样的愿景，促使我们把"公司生命力最大化"放在核心位置：均衡地强调对客户和同事的价值；利润健康，组织健康，个人由内而外的身心健康；友谊不仅让我们的生活更美好，也会提高我们的生产力；均衡地注重机制、战术与科技应用这三个维度的创新；同时，我们把业务清晰地定位为中高端职位的招聘。

20 多年里，我们经历了传承制创业的每个阶段：新人→成熟顾问→团队领导→利润分享型合伙人→有少数股权的股东合伙人→共享品牌的独立公司控股股东→共享后台的独立公司控股股东→完全独立的公司负责人。我们用实战证明了传承制创业的可行性。从单纯的财务角度看，我们的表现只能算中等偏上。而从公司生命力的角度看，我们确实打下了扎实的基础：在北京、上海、广州，我们都取得了连续十年以上的颇有规模的成功；在人员发展上，我们内外并重，也就是以内部培养和外部招聘为主，不同的团队因地制宜地在每种人才发展模式上获得了成功，而且彼此包容、相得益彰；在每个主流行业，我们都站稳了脚跟。过去两年，我们还有序地完成了传承制创业的关键阶段：通过内部传承的方式，各项业务的经营权、收益权、所有权更多地由一批实际的业务经营者主导。作为一家有20多年历史的猎头公司，FMC没有上市，没有被卖掉变现，却不但没有暮气已深，最近两年反而以更强大的生机在快速向前发展。

这一切的发生，确实是得益于"传承制创业"的思路。没有人能确保沿着这个思路一定会成功，但如果公司上不了市，也没人收购，而又不想无奈地随遇而安，那么这个思路确实值得一试。

公司被传承后，创始人干什么？

传承制创业的精义在于超越"创始人倦怠"与"老板天花板"，为公司内部成员开放不受限制的成长空间。创始人在什么时间段、年龄段，把公司经营权、收益权、所有权的部分还是整体给予内部成员，可以视公司创始人的情况而定。

公司被传承后，创始人可以有以下三种选择：

1. 保全价值，逐步淡出：出于种种原因，如累了，烦了，干不动了，想换战场了……创始人不想继续创业了。无偿赠予或以低于市场水平的价格转让给内部合适的人，然后逐步淡出，祝福公司发展得更好就可以了。

2. 重新定位，"陪跑"喝彩：安排传承，开放公司内部更多的成长空间后，创始人不用离开赛场，只需重新定位自己的角色，承担一部分自己感兴趣又有能力胜任的工作，然后"陪跑"喝彩。

3. 放大经验，创造更多精彩：创业过程中的很多经验与能力，需要自己亲身经历后才能获得。创始人通过传承的方式，从公司的营运角色中解放出来后，其实可以帮助公司内部的更多人实现成长和创业，从而发展更大的事业，经历更多的精彩。

很多时候，退一步海阔天空。创业开公司，并非一定要上市或卖掉变现才算是善终的选择。立足于传承制创业，猎头公司创始人反而拥有更多的选择！

传承制创业，是否生意就一定做不大？

在实际操作上，传承制强调"最合适的实际业务负责人逐步在业务的经营权、收益权与所有权上获得主导地位"，这是绕开"创始人倦怠""老板天花板"，确保"公司生命力最大化"的有效办法。按照这样的操作模式，公司总体上会处于一个不断裂变的过程中。传承制创业是否最终只是成就了一个个小公司，生意就一定做不大呢？

首先，如果我们把视野从公司发展扩展到创业者的人生幸福上，你也许会同意，经营一家DSP公司往往离幸福生活更近。小并没有什么好苦恼的！一家DSP公司的生意规模可能不大，但如果你能通过"延展的森林模式"发展很多家DSP公司的组合（A Group of DSP），你也是可以把生意做大的。

传承制创业的精神很有利于公司像不断延展的森林一样，按照良性裂变的方式成长：经验不多的公司成员，像一棵棵成长中的小树，在它们还不那么强壮时，可以种在同一块地里，彼此相互借力以抵御强风暴雨。而当这些小树苗长得越来越粗壮后，逐步展开的枝叶树冠就会变成对彼此成长空间的限制。有传承制精神的创始人会主动地、有序地把这些长大的树木移植到更加空旷的土地上，让它们获得更为充足和自由的成长空间。这样，尽管每棵树都需要更加独立地面对风雨，但它们却有机会长得更高、更大。

由于避开了上市或出售所需的控股权或财务报表合并之类的束缚条件，公司创始人无须控制，只是支持每一棵树按照它们本来的天赋去生长即可。公司创始人可以专注于每一片小树林的各种连接纽带，如品牌、数据系统、业务支持、人员成长、生意思路、文化、友谊等。把这些拥有相对独立成长空间的小树林连成一片不断延展的大森林，也是有机会把生意做大的。

传承制创业是否与上市、卖掉等出路水火不容？

首先，对单纯的中高端猎头业务而言，猎头不是一门靠资本驱动的生意。对充分了解猎头行业的投资者而言，投资关键的人，可能比投资猎头公司更划算。

其次，相较于一家急于卖掉变现的猎头公司，一家有永续经营能力的健康公司对投资者的吸引力更大。由于传承制强调友谊与信任，只要创业团队能够达成共识，随时可以尝试让公司上市或将其卖掉变现。而一家本来就立足于上市或卖掉的公司，想要回归到合伙人制或传承制，难度却相当大！

从这个角度看，遵循传承制创业的思路，以"公司生命力的最大化"为出发点，按照业务与人性本来的特点和逻辑去发展，路反而会越走越宽。

传承制创业可能是大多数猎头公司的最佳出路

让真正经营业务的人逐步获得业务的经营权、收益权、所有权，直至支持他们拥有一家完全属于自己的公司，把公司的发展目标从创始人财务收益最大化转变为公司生命力最大化；这暂时还不是大多数猎头创业者的主流选择，却有可能是大多数猎头公司的最佳出路。因为在传承制创业的机制下，无须去挤上市或卖掉的独木桥，猎头创始人、资深顾问、公司更有可能实现多赢！

一粒麦子，保存到烂掉，终究只能是一粒麦子；而种在地里，则有可能结出更多麦子，让生命得到延续！

Part 5
猎头业务模式如何创新？

弹道交集原理与 PS 模式的精髓

深度理解猎头成单的弹道交集原理,有助于我们抓住 PS 模式的精髓。

关于猎头成单的弹道交集原理

猎头成单的原理如同一颗导弹去拦截另外一颗导弹,需要两者的弹道产生交集才能击中。客户的招聘需求与候选人的职位需求是一个不断动态变化的过程。猎头顾问只有在合适的时间点上,让客户与候选人这两个动态变化的需求轨迹形成交集,才能成单。

按此思路,猎头顾问的核心能力可以界定为三个方面:掌握客户动态变化的需求的能力,掌握候选人动态变化的需求的能力,匹配候选人与客户动态变化的需求的能力。所有高绩效顾问的方法都殊途同归:熟悉目标客户群体,熟悉目标候选人群体,同时能精准匹配双方动态变化的需求。

从这个界定中,我们很容易就能分析出导致猎头顾问业绩不佳的种种原因。比如,很多客户资源很好的顾问业绩不好,很多熟悉候选人群体的顾问业绩不好,有些对客户及候选人都很熟悉的顾问也业绩平平。这是因为,只有三个要素同时齐备,猎头顾问才能持续高效地成单。

PS 与成单原理

PS 模式是我 2013 年提出的一个术语。当时,一些英国猎头公司在候选人驱动模式上的成功,激发了大家对客户驱动和候选人驱动的关注与比较分析。我自己也非常认真地研究过这些英国公司的模式,并意识到我们不能停留在候选人驱动的模式上,而应该关注其背后的逻辑。在我看来,其背后的逻辑就是主动(Proactive)与专注(Specialization)的精神。如果能有主动专注的精神,无论是客户驱动还是候选人驱动,猎头顾问都能取得很好的业绩。

只有专注,猎头顾问才能深度了解目标客户与目标候选人这两个群体。专注的本质是要提升客户与候选人资源的重复利用率,从而降低资源获取成本。多方向出击,看似遍地开花,实质上却是虚假的繁荣,因为多方向出击意味着重复性生意出现的概率低。

就专注而言,我们可以按照 CSFILL 的六个维度来因地制宜、因时制宜地组合聚焦。这六个维度分别是客户(Client)、技能(Skill)、职能(Function)、行业(Industry)、地域(Location)、级别(Level)。每家公司、每个顾问的资源结构不同,因此在专注维度的具体组合上也应有所不同,比如从"行业+地域+级别"的角度确定专注领域。参照的维度越多,意味着专注的领域越小,就越容易实现专注。但过细的定位往往意味着更少的生意,所以在专注的路上需要由宽到窄、逐步聚焦,同时宽窄适度、保持弹性。

只有主动,猎头顾问才能有效地发现或预判客户及候选人动态变化的需求,并高效精准地匹配,从而抓住市场上瞬息万变的机会。"主动"可以在三个层面上实现:一是战术层面,比如通过主动向客户推荐候选人，发现生意机会并匹配候选人与客户；二是战略层面，比如通过主动进行行业及人才流向研究，预判客户未来的需求，提前进行针对性准备；三是协同层面，比如在组织内外的更大范围内进行协同，让自己在选定的专注领域内获得更多客户及候选人资源，从而获得更多的生意。

PS 与可持续发展

只有能有效结合专注与主动的 PS 顾问，才能耕耘好自己的"根据地"，修好自己的"护城墙"，挖好自己的"护城河"，从而绕开"工龄长，资历浅"的陷阱，成为有持续价值的顾问。如果只是在战术层面上强调对客户的需求进行快速反应，客户要什么人，猎头顾问就去找什么人，这样的"刺激－反应"模式看起来最简单，最容易"顺势而为"，但按照这种模式发展，顾问极有可能是干了 10 年猎头，只是把入行 2~3 年的经验重复了几遍。猎头这份工作，虽然有个"猎"字，但大概率上却是农夫（Farmer）比猎人（Hunter）走得更远。如同农耕文明往往胜过游牧文明，尽管游牧民族显得更加骁勇善战。道理很简单：打猎因为结果不可重复，往往成本更高。

猎头顾问的"护城河"，本质上表现为在特定领域的人脉与见识（见解与知识）的宽度、深度与高度。通过专注于特定的领域（根据地），然后持续不断地主动拓宽、挖深、垒高这个领域的人脉与见识，也许只有这样，猎头顾问的价值才能随着年资的增长而增长，从而真正体会到拥有一份可持续的事业的美好感觉，而非每天被焦虑所困扰！

对实践好 PS 精神的几点建议

1. 不要把 PS 当成一种有固定流程的模式,而是聚焦于主动专注的精神,以及 PS 模式与猎头成单原理的底层逻辑。

2. 组合 CSFILL 中的不同元素,以书面形式清晰、详细地描述自己的专注领域。每个季度根据现实情况回顾,进行必要的修正和调整,同时确保自己有清晰的方向,而非随遇而安地依据现实刺激做出反应。

3. 因地制宜,由宽到窄,逐步聚焦;宽窄适度,保持弹性。专注,往往意味着先舍后得,照顾到各方面并平衡现有资源、顾问冒风险的意愿、公司组织能力等多个维度。尽管这样的成长速度未必很快,但实现持续成长的概率往往更高。

4. 以猎头成长操作系统为主体,将 PS 精神作为催化剂,避免本末倒置。猎头顾问成长需要系统的技能、知识、资源,并非仅靠 PS 精神就能解决。

5. 按照客户技能、候选人技能、成单技能这三个维度梳理出相应的 PS 战术。把这三个维度与实战中的 13 个环节紧密结合起来。这 13 个环节分别是:4 个候选人拓展环节,即主动寻访、媒体广告、候选人电话联系、候选人面试;3 个客户拓展环节,即客户开发、客户拜访、合同谈判;6 个成单环节,即职位访谈、推荐报告、客户面试、背景调查、offer 谈判、入职跟进。

6. 制订严谨的 PS 成熟顾问计划:PS 精神的发挥其实对顾问本身的要求较高,需要顾问在知识、技能、资源这几个方面综合积累。这如同耕地:能有秋天的收成,是因为春天的播种、夏天的浇灌,这是一个持续运作的过程。良好的 PS 成熟顾问计划,会是一份清晰的行进地图，能极大地提高成功概率。

7. 成立成长互助小组，从组织 KPI 驱动转向个人成长需求驱动。"明白很多道理，却依然过不好这一生"这句话用来形容 PS 顾问成熟的路径非常合适。猎头工作短期的业绩压力巨大。在业绩压力下，很多效果滞后的成长性支出往往会主动或被动地演变成不接地气的形式主义。尤其是当这些成长要求被组织用绩效指标进行衡量之后，更是如此。按自愿原则成立的成长互助小组看似松散，但往往能更有效地把成长需求内化。成员之间互相分享成长的点点滴滴，彼此提供良性的外部压力及鼓励，可能会收到更好的实效，同时实施的难度也会更低。

重新定义 PS

我虽然提出了 PS 模式这个术语，但在很大程度上，是孟凡超（Vincent）老师把这个术语推向了全行业。我提出 PS 模式的本意是在传统的客户驱动模式与候选人驱动的"新"模式之间，找到一个交集。因为我相信对业绩一直很好的顾问来说，无论哪种模式，其底层的逻辑应该都是相通的。稍有遗憾的是，这个术语逐步被片面地理解为"与大客户模式相对立的候选人驱动模式"，而忽略了其本质在于主动专注的精神。

如果一定要有个对立面，那么与 PS 模式相对的是 RS 模式。RS 是指反应式搜寻，即被动地按照客户的需求去搜寻候选人。

借助这篇关于猎头成单原理与 PS 模式精髓的文章，我们可以重新定义这个术语，避免产生更多的误解与误导。

PS 模式不是一种有固定流程的业务模式，而是强调猎头业务中主动专注的精神。这种精神在猎头业务实践中往往表现为：因地制宜地按照 CSFILL 的不同维度进行组合，来定义自己的专注领域；然后主动地拓展在相应领域里的人脉与见识（见解与知识）的宽度、深度、高度；同时通过预判或发现客户的需求，主动地匹配客户与候选人之间动态变化的需求，并因此获得更好的业绩，奠定更容易实现持续发展的基础。

"一对多"与"多对多"
——猎头平台价值趋势分析

如同倾向于采取合伙人制一样,猎头公司走向平台化似乎也是猎头组织发展的必然趋势之一。但在具体实践中,很多知名的猎头平台和"平台化"程度较高的大型猎头公司,暂时还较难吸引到资源、能力和事业心都很强的大量优质顾问。

一方面是必然趋势,另一方面又很难吸引到优质顾问——这看起来有点矛盾。

这个矛盾形成的核心原因主要在于两点:一是对猎头平台价值认知的滞后;二是受困于从"一对多"到"多对多"的组织改变的难度。简要分析如下:

猎头平台究竟提供什么价值?这个问题,我随机问过很多有兴趣加入猎头平台或平台化猎头公司的猎头顾问和创业者。根据大家所描述的,他们想要获得的价值及其大体的排序是:客户资源、人选资源、资金支持、品牌支持、后勤支持。这与平台经营者所认为的应该提供的核心价值大致相同。

这听起来似乎本该一拍即合,而实际情况更多的却是平台抱怨吸引到的顾问不够好,好的顾问觉得平台没提供多大的价值。

在调查中，双方都很少提到"工作感受""成长营养"以及"协同效率"——这些看起来比较"虚"的价值，即使猎头顾问和猎头创业者有所提及，但往往也被认为是企业文化的附加价值。而我却认为这是对猎头平台价值认知的滞后。这些"虚"的价值，可能正是未来猎头平台最坚实的基础，所谓"软要素、硬结果"。下面我简要分析平台各个维度的价值要点，以及基于这些要点的基本判断，如表5－1所示。

表5－1 猎头平台组织价值维度及趋势分析

价值维度	核心要素	当期影响	基本评估	远期影响
客户资源	数量：客户总数＋行业广度 质量：重复、持续招聘需求的规模；对候选人的吸引力＋成单难易程度＋客户合作程度等	8	后付费（有结果，才付费）＋不排他（客户更愿意让多家猎头公司加入竞争）；获客门槛不断降低	1
人选资源	数量：候选人总数＋行业分布＋职能分布＋地域分布 质量：级别＋更新程度＋联系方式	7	互联网社交时代，获取候选人数据的渠道趋于多元，猎头顾问对猎头平台内部普通数据库的依赖程度可能降低	2
资金支持	投资金额的大小 股权分红等的回报要求 对公司营运发展方向的管控程度	6	本质上，猎头生意是由核心顾问而非投资资金驱动的；对中高端猎头业务单纯的财务投资，最终可能会导致双输的结果	3
品牌支持	客户端的知名度与美誉度 候选人端的知名度与美誉度 猎头同行间的知名度与美誉度	5	绝大多数猎头公司的品牌在吸引客户和候选人上没有什么实质性帮助，而在同行招聘和团队凝聚方面的帮助会更大一些；对客户、候选人和团队成员的影响力，本质上有赖于顾问个人的能力与资源积累	4

续表

价值维度	核心要素	当期影响	基本评估	远期影响
后勤支持	招聘、培训、财务、IT、行政、法务等综合性职能的完备程度 业务人员在非直接业务事务上的省心程度 中后台对业务绩效提升的支持程度	4	猎头公司的规模普遍不大，创业者普遍承担部分后勤工作，同时降低质量要求，把剩余部分外包出去；通过提升中后台的能力来提高前端业务绩效，在猎头行业的认知与实践普遍较浅	5
工作感受	公司氛围：是否感到开心？ 同事友谊：能否交到朋友？ 被关爱感：是否感受到来自组织的关爱？ 安全感：在组织中是否感觉安全？ 归属感：能否在组织中找到归属感？	3	工作感受很重要，会影响人员的稳定性及幸福程度；然而，工作感受太主观，很难把握。很多时候，多些"狼性化"管理，少些对员工幸福度的关注，业绩反而会更好。需要谈企业文化的时候提及就可以了，公司及员工都不会太认真	6
成长营养	成长文化：大家是否关注及如何关注成长？ 成长空间：有多少激发潜力的空间？ 成长支持：如何因人制宜地支持个人的成长？ 职业中转站的价值：如何支持公司"过客"的成长？	2	理论上，大家都会认同成长的价值。但由于成长是个人的事，容易流于形式，成果不好测量，难以快速转化为现实业绩，所以现实中接地气的技能培训才受重视，个人成长只是被当作口号，很少会上升为组织行为	7
协同效率	借力点的数量与质量：合同、单子、人脉、知识、技能、基础设施 协同的便捷流畅程度：数据分享、相同平台、利润分配、财务结算 协同的综合成本高低：协同的价值取决于"协同收益-协同成本"	1	绝大多数时候，猎头顾问只掌握客户或候选人其中一端的需求——"单边机会"。理论上说，在尽可能大的范围内，高效协同更有利于兑现单边机会。但由于协同的综合成本往往过高，大家宁愿选择不协同	8

注：数值越大代表影响力越大。

尽管客户资源、人选资源、资金支持比较容易实现价值变现，是硬资源，也接地气，但由于后付费、不排他、候选人来源互联网化、对财务投资依赖度低等行业特点，加上客户及候选人信息变得越来越透明，获取的难度会越来越低，对有经验、有资源、有技能积累的优质顾问而言，浅层的客户与候选人资源的价值并不大。比如，互联网公司的海量猎头订单往往依赖于猎聘、脉脉、领英等方便获取的公开数据。不少知名猎头公司的顾问甚至可以完全不用公司的数据库，也不依赖公司提供的客户。因此立足于浅层资源的平台，尽管资源数量看起来可能很巨大，却很难吸引到优质顾问。

对优质顾问而言，更重要的价值在于：

1. 通过公开渠道很难获取的深层次客户与候选人资源分享。

2. 高效的中后台支持使人更省心，有更多的时间、精力、心力专注于高价值的客户、候选人和团队事务。

3. 幸福的工作感受。

4. 在"营业额思维型顾问→利润思维型合伙人→长期发展的创业者→平台思维的经营者"这个逐级成长的过程中，有更好的成长陪伴，可以降低试错成本。

5. 能够在更大范围内高效协同，兑现单边机会。

基于以上认识与分析，我倾向于得出以下两个基本判断：

第一，对猎头平台来说，客户资源、人选资源、资金支持、后勤支持、工作感受、成长营养、协同效率这七个维度对当下和远期的影响，其重要性的排序可能正好是相反的。

第二，长期来看，在协同效率、成长营养、工作感受、后勤支持这些相对底层的价值上，基础打得更扎实的猎头平台和平台化的猎头公司，可能会走得更远。

基于对猎头成单原理与猎头业务模式的深度探索，下面我会就以上两个基本判断进行进一步的分析。

成单原理、单边机会、协同效率与平台化

猎头的成单原理如同一颗导弹去拦截另外一颗导弹，需要两者的弹道产生交集，才能击中。大多数时候，猎头顾问能获得的机会都是单边机会——有靠谱的客户需求，但没有合适的候选人可以推荐；或者有质量很好的候选人，但没有合适的客户可以推荐。客户与候选人这两条轨迹没有形成交集，就成不了单。"单边机会"的窗口期往往很短，很容易错过。但猎头顾问不可避免地会在单边机会上耗费大量的时间和精力。尽管这对将来会有积累效应，但对当下，很遗憾，无疑是不产生业绩的机会浪费。

由此推论，高效的协同和互通有无，能极大地提升单边机会的兑现率。熟悉的团队成员之间可能协同的意愿较强，但也可能因此导致资源同质化，使协同的效果大打折扣。不太熟悉的团队成员之间虽然在资源上差异互补，会产生更高的协同价值，但较难建立协同需要的彼此信任。

理论上看，能够协同的范围越大，产生的协同效果会越好。猎头组织平台化，是扩大协同范围的重要途径。从参与者之间互动的角度看，猎头平台大体可以分为两类：一类是"一对多"平台，另一类是"多对多"平台。目前的猎头市场，以"一对多"平台为主。若要高质量地扩大协同范围，"多对多"平台可能是更好的方式。然而，从"一对多"到"多对多"，协同的复杂程度会倍增。"一对多"与"多对多"猎头平台模式的简要对比如表5-2所示。

表5-2 "一对多"与"多对多"猎头平台模式的简要对比

比较维度	"一对多"猎头平台	"多对多"猎头平台
简要定义	主要由平台经营方单向地向参与方提供资源与支持	主要由平台的参与方相互提供资源与支持
聚人方式	以获得短期利益驱动为主	以认同长期价值驱动为主
聚人类型	以资源尚少、经验尚浅、资质普通或注重通勤方便的顾问群体为主。由于猎头行业的资源跟着核心顾问走的特性,在很大程度上,猎头顾问的职业发展最终都会是不同形式的创业。随着资源与经验的逐步增加,参与方会有离开"一对多"平台的趋势,由此可能导致负向循环	以具备相当经验与资源、对长期可持续发展有较强需求的顾问群体为主。猎头业务容易分裂出越来越多的新创公司,但"易分难长"。创业者因为对可持续成长的瓶颈有较深的认识,所以期望与他人协同并一起成长。基于深度连接,一方面,平台容易吸引到更强的参与方;另一方面,那些不能很好协同、助力他人成长的参与方有可能自然选择离开,进而形成正向循环
人际互动	主要为经营方与参与方双向互动,参与方之间的网状互动相对较少	经营方与参与方的双向互动、参与方之间的网状互动,同时并重
客户体验	由于中间环节较多、参与方的投入程度和责任感参差不齐、业务营运上偏粗放,客户和候选人的体验总体较差	由于中间环节较少、参与方的投入程度较高和责任感通常较强、业务营运上相对精细化,客户和候选人的体验较有保障
成本效率	成本通常较高:主要用于建立业务拓展团队、客户服务团队,以及广告宣传、品牌建设、投资系统建设和办公场地等基础设施建设	成本可以较低:非资金驱动,通常没有专门的业务拓展团队和客服团队等中间环节,大体上无须投入高昂的营销成本

"一对多"与"多对多"

续表

比较维度	"一对多"猎头平台	"多对多"猎头平台
管控能力	由于经营方的核心价值体现为提供客户资源、候选人资源及资金、品牌、后勤支持等"硬"价值,通常无须过多地沟通协同,平台方发布可行的规则即可,管控力相对较强	由于经营方的核心价值体现为协同效率、成长营养、工作感受等"软"价值,需要较多的沟通协同,管控力相对较弱
管理方式	基于规则的管理,以参与方被组织为主;边界清晰,组织分配,绩效驱动	基于原则的管理,以参与方自组织为主;无边界,拼人品,拼能力
连接纽带	利益连接是核心,客户、候选人、资金等利益容易感知和测量,所以以它们为基础建立连接的速度较快。但由于利益本身的动态变化,利益连接的稳定性相对较差	价值观连接是核心,由此衍生出的协同效率、人际友谊、相互促进的感受等比较主观,较难测量,需要时间沉淀。所以以此为基础建立连接的速度较慢。但由于价值观相对稳定,价值观连接的稳定性也相对较高
组织难度	复杂程度主要来自较大规模的体量,但组织方式相对简单。有基于资源和资金优势的管控力,设立清晰明确的规则后,逐步微调修正即可	相较于"一对多",组织难度呈几何级数增长。为了维持参与者之间既深度连接又相互独立的平衡,需要处理好数据共享、资源借力、利益分配、冲突处理、财务结算等关键环节。如果不能高效地"复制信任",组织将难以成长 松散型的"多对多",对参与者之间的彼此信任要求不高,因而在业务协同上也作用有限
工作感受	利益+规则驱动;同一性要求较高;狼性文化底色,相对冰冷	友谊+成长驱动;包容性较强;成年人文化底色,较有温度

续表

比较维度	"一对多"猎头平台	"多对多"猎头平台
成长潜力	先快后慢:"一对多"的价值更多地集中在客户、候选人、资金等方面,只要肯投入且管控得当,往往容易快速启动、迅速放大。但这些资源会越分越小,因此利益连接的稳定性较差。另外,其开放性也相对较差,内耗疏解难度大,不断熵增的过程中,较难保持高质量的持续增长	先慢后快:"多对多"的价值更多地集中在协同效率、成长营养、工作感受等"软"价值方面。初期信任建立及价值证明的过程较慢;价值连接的稳定性较高;价值观分享越来越多、越来越强;关键部位不塌方,长期来看,似慢实快;更容易形成网状开放的自组织,内耗较易疏解。前期启动难,成长慢;如果能突破"复制信任"的瓶颈,组织会高质、高速持续成长
价值排序	客户资源、人选资源、资金支持、品牌支持、后勤支持、工作感受、成长营养、协同效率 猎头平台对前五项价值的重视程度相对较高,但总体来看,获取的难度会逐步降低	协同效率、成长营养、工作感受、后勤支持、品牌支持、资金支持、人选资源、客户资源 作为猎头平台所能提供的价值,前五项目前受重视的程度相对较低,但对猎头组织长期发展的重要性会越来越高
定位与作用	资源提供者,由上而下的管控作用	土壤培育者,由下而上的基石作用
现状与未来	目前市场,以"一对多"平台为绝对主流;"多对多"平台的美好更多的是理论上的推演	未来存在不确定性:如果有"多对多"平台获得成功,会激发更多的猎头创业者对其进行探索

上表为了使分析深入,把"一对多"与"多对多"两种猎头平台模式进行了看似完全对立的比较。但在实际的运作中,两者并没有那么清晰的界限,往往是你中有我、我中有你。因为无论哪种类型,表5-1所列的8种平台价值都是重要且必需的。这8种价值都丰满完备的猎头平台,才是真正好的平台。在这个意义上,"一对多"和"多

对多"最终会殊途同归，只是二者关注的顺序和达成的路径不同而已。"一对多"模式更有可能从"利益连接转向价值观连接"，"多对多"模式则更有可能从"价值观连接转向利益连接"。前一种路径走得快，后一种路径走得远。二者兼顾，才可能走得又快又远！

组织的本质是协同。很多原因决定了猎头行业天然需要协同，比如，猎头业务真正高价值的核心资源并不集中储存在猎头组织的数据系统内，而是分散掌握在核心顾问的手中；客户业务不断跨界，人才流动不断跨界；猎头业务"单边机会"的浪费；顾问成长上"工龄长，资历浅"的窘境；组织内部"友军难容"的困局；猎头公司"易分难长"的尴尬；等等。解决这些问题的根本方法可能在于猎头组织协同方式的创新与协同效率的提升。创建猎头平台或猎头公司平台化，是非常值得探索的创新方向。

从理论推演的角度看，在所有的协同模式中，基于中后台紧密连接的群岛型"多对多"的协同模式，可能是最符合猎头业务特点的。这种模式更有助于达成猎头顾问及创业者的美好愿景——更低的猎头创业难度，更高的猎头创业成功率，更强的可持续性，更有价值的职场友谊和更精彩的猎头创业人生。

然而，这种"多对多"的协同模式，对于在更大范围内"复制信任"的能力要求极高，因此组织难度极大。尽管知易行难，但更难的事情通常有更高的价值，因而更值得探索尝试！

从"大数据与泛协同"到"深度数据与精准协同"

猎头顾问获得的机会,大多数时候,都是单边机会:有时有靠谱的客户需求,却没有合适的候选人推荐;有时有质量很好的候选人,但熟悉的客户却没有合适的职位空缺。你不能满足的客户和候选人需求,你的某个竞争对手总能满足,这样的单边机会通常窗口期较短,很容易错过。猎头顾问的很多时间、精力不可避免地会花在大量的单边机会上,尽管对将来会有积累效应,但对当下无疑是非常遗憾的,因为这属于不产生业绩的机会浪费。

为了改变这样的局面,我们做了很多的努力。比如,用"大数据+AI"来提升匹配效率,建立微信群来互通有无,等等。"大数据+AI"的方式,取得实质性成效的关键在于,"针对单个招聘岗位与单个候选人都需要有足够全面的信息,只有分析出全面准确的岗位个体画像与候选人个体画像,才可以在此基础上通过算法提升人岗匹配的效率"。但现实情况是,跳槽或招人(尤其是中高端职位的招聘)大体是受综合因素影响的长流程,很多隐性岗位需求往往很难表现在工作说明书上,很多隐性候选人的特质往往也很难表现在简历上,需要通过基于人际信任的沟通了解才能获得。比如,两份经历相当但特质迥异的销售经理简历，无论通过什么算法，分析出的画像都几近雷同。工作说明书也同样如此。比如，十家公司的财务经理工作说明书大同小异，算法画像类似，但如果有机会把这十家公司的财务经理按个体进行比较，大概率会差异极大。即使是招聘网站这样的海量数据平台，借助AI技术能够解决的也仅限于群体画像分析，以便洞察整体市场趋势。但对中高端猎头业务所需的个性化匹配也不会有实质性的帮助。我们基本可以得出这样的结论："在中高端猎头业务场景中，如果不具备采集候选人与企业岗位需求全面背景信息的大环境与技术手段，在现阶段甚至未来更长一段时间里，'大数据＋AI'这种方式可能走不通。"建立微信群来实现沟通协同，有事在群里说一声，看谁有兴趣、能帮忙的方式也有点尴尬：若群里人太少，协同范围太小，意义不大；若群太大，信息与个体的相关度下降，大家的关注意愿下降；冒昧打扰不礼貌，但减少打扰的同时也就可能错过潜在的高价值关联信息。

大数据大大增加了数据量，拓宽了信息宽度；泛协同激发了大家协同的意愿。猎头成单的原理是基于客户需求、候选人需求这两条动态变化的轨迹，精准地形成交集。因此，基于深度数据的精准匹配，才是成单的关键。从这个角度看，如果能够从"大数据与泛协同"升级为"深度数据与精准协同"，猎头工作的绩效会更好，幸福程度无疑也会更高。

5小时与5分钟："深度数据与精准协同"范例

举个我们工作中可能发生的例子：A顾问找一个年薪百万元的市场总监候选人，如果公司没有数据系统或者数据系统不好用，A顾问在有限的个人积累穷尽后，只能通过对标公司逐一寻访，或通过领英、猎聘等各大数据平台重新搜寻，或者将招聘要求发至微信朋友圈等待熟人转介绍。这样的场景很常见，但也很低效。如果公司的数据系统足够好，数据量足够大，在系统里能直接搜出很多有用的候选人信息，能找到明确的潜在候选人，这样工作的幸福程度比起不知道打电话联系谁，明显提高了很多。

从公司数据库中，A顾问发现，有一个候选人M从资料来看，非常符合客户的要求。A顾问在公司大群中问了一句，"有谁认识候选人M?"没有人回应，于是A顾问决定亲自面试候选人。约了好几次后，A顾问总算与候选人M认真聊了两个小时，觉得M是非常优秀的候选人，但对自己提供的工作机会确实不感兴趣。A顾问从邀约、路途往返到面谈，花了5个小时以上，最后发现候选人M对客户提供的职位不感兴趣。后来，A顾问跟公司同事聊起这个候选人，意外知道B顾问之前见过候选人M，对候选人M非常了解。A顾问感觉很遗憾，因为复盘这件事，A顾问如果当时就知道B顾问了解候选人M，花上5分钟与B顾问聊一聊，就可能很快判断出候选人M对客户提供的职位不感兴趣，但自己却花费了宝贵的5个小时。

在以上范例中，B顾问见过并了解候选人M，通过B顾问可能获得超越候选人M简历信息的深度数据。如果A顾问能够很快知道并找到B顾问来了解候选人M的情况，这就叫精准协同。深度数据与精准协同的缺失，往往导致企业内部知识及经验的浪费。很多时候，分散的个体知识与经验的浪费是企业最大的浪费。

深度数据的基本维度

从猎头业务营运协同的角度看，高效的协同必须基于共同的IT系统（微信群只能起到便捷沟通的辅助作用），系统中的候选人简历数据大体只是基于事实的"中性"数据。深度数据，总体而言，是由系统用户提供的"偏主观"的数据。深度数据的内容大致分为两个方面：一个是关于用户身份的数据，另一个是关于用户知识、经验、技能的数据。

用户身份数据可深可浅："浅"的信息，可以只是姓名、籍贯、所在单位、基本社会关系、联系方式等客观信息；"深"的信息，可以延伸到爱好、对人对事的见解、对自己的评价等，甚至是一个关于自己的简要视频介绍。由用户身份数据可以便捷地获取关于用户的较全面的信息，对不熟悉的用户之间快速建立连接甚至是信任会有很大的帮助。

用户经验数据，大体按照CCSFILL的思路架构，在系统中积累并分享相应的深度数据：

C1——候选人（Candidate）知识：认识哪些候选人？对他/她的了解程度及关系程度如何？类似于FMC ERP系统的人际关系参数及人才分类备注，既可以支持知识共享，也可以作为顾问盘点自己候选人积累深度的标尺。

C2——客户（Client）知识：跟哪些公司接触过？跟哪些公司签过合同？跟哪些公司做过业务？……

S——技能（Skills）：有哪些擅长的技能？比如，擅长网络搜索、擅长打电话拓展客户、擅长制作PPT等。

F——职能（Function）：关于具体职能（如财务、营销、HR等）的知识及做单经验。

I——行业（Industry）：关于具体行业（如房地产、半导体、互联网等）的知识及做单经验。

L1——地域（Location）：关于具体地域（如华东、西南等）的公司及候选人知识等。

L2——级别（Level）：主要定位什么级别的职位，如年薪50万元以上、100万元以上、个人平均收费等。

精准协同的基本要点

具备了用户身份数据及知识、经验、技能数据这样的基础，就可以逐步进入精准协同的良性循环。以下几个要点，对促进这样的良性循环会很有帮助。

1. 动态完善与更新的顾问画像：每个顾问使用系统的习惯、偏好不同，完整的顾问画像（用户数据与经验数据的组合）需要一步一步地推进。可以以顾问个人主页的方式，设定相对稳定的标准框架，然后以拼图积累的方式逐步完善。

2. 顾问自述数据与系统算法数据并重：比如，擅长哪些职能的职位，可以由顾问描述，也可以通过用户在系统上的实际行为来推算。双轨并行，顾问画像会越来越精准。

3. 系统推荐基础上的个人选择：定向合作时，比如，为客户的某个具体职位寻找候选人或尝试向客户主动推荐一个高潜力候选人时，系统会基于用户画像推荐相关度最高的顾问，在具体项目的负责顾问被选择和确认后，再知会和邀请相关度较高的顾问来协同合作。

4. 常设组合与专项组合并行：在业务交集较大的顾问之间，可以基于系统形成常设的协同小组，便于他们高效协同。对特定项目可以按需专项临时组合。

5. 私密评估，权重优化：顾问可以对其他顾问，以及具体的合作单子进行匿名的协同满意度评价，评价结果将影响以后两者之间系统推荐的权重因子。

"深度数据与精准协同"的理想状态

在用户身份数据、用户经验数据、精准协同机制较为完善的前提下，同一平台的顾问协同有可能一步一步地接近以下理想状态。

1. 单边机会兑现率提升：手里有单边资源（客户或候选人）的顾问，将单边机会的核心参数在系统中明确后，系统将分析单边机会的内容，与顾问画像进行匹配，向用户推荐可以在该机会上进行合作的潜在顾问。顾问选择合作伙伴，自动根据机会线索建立一个合作群，进行线上沟通交流。

2. 快速切入潜在客户：基于系统信息快速定位哪些顾问跟这个潜在客户打过交道，认识这个公司中的哪些人，跟他们的关系程度如何，从而精准地连接能够提供支持的顾问。

3. 快速连接潜在候选人：基于系统信息精准了解哪些顾问认识潜在候选人，跟他的关系如何，从而借助同事对候选人现有的了解和与候选人的关系，快速而精准地连接潜在候选人。

4. 快速精准地寻求帮助与支持：需要特定支持时，基于用户身份数据、用户经验数据，通过系统推荐快速、精准地了解到谁可以帮忙，而非简单地在微信群里寻求支持。

5. 借力成长文化的良性循环："深度数据与精准协同"使协同成本极大地降低。随着大家在协同中彼此借力，互促成长的收益增加，整个组织进入借力成长文化的良性循环。

达成路径及难点分析

很多时候，我们之所以不想协同，不是因为协同不好，而是因为协同的成本太高、协同体验太差……从"大数据与泛协同"到"深度数据与精准协同"，屏蔽更多似是而非的协同杂音，做到精准协同，协同成本会降低，协同体验会更好。以上所描述的思路，从理论上看技术难度不大，达成的效果也很好，但实现起来未必容易。下面简要分析"深度数据与精准协同"的达成路径及相应难点：

1. 基于远见的耐心：组织最大的浪费，往往是知识、经验的浪费。在有结果才付费的生意模式下，通过精准协同，在尽可能大的范围内去兑现单边机会，将是猎头业务模式的终极出路。持守这种方向性的远见，更容易在过程中，尤其是遇到挑战和障碍时保持耐心。

2. 基于效果的框架拼图，小步快跑：有了精准协同的前提，理论上看，协同的范围越大，兑现单边机会的可能性就越高。但参与的人越多，协同的难度也就越大。这是必然的内在冲突与矛盾，在协同的框架性设计上，需要保持前瞻性与稳定性，在此基础上不断试错，挖掘出更多能够快速带来效果的协同点，逐步激发更多人自然参与，在稳定的框架下小步快跑，逐步完善框架拼图。

3. 基于技术的便捷：实现大范围的协同，必须有 IT 技术手段的支持。技术产品使用上的便捷，是降低协同成本的关键。

4. 利益机制与文化传统的配套：协同的系统与规则，必须有与之配套的利益机制与文化传统才能真正发挥作用。

想深一层，模式推演、技术产品、机制设计都容易一步一步理性地达成，其底层难度在于打造能够"复制信任"的文化。没有人与人之间的信任,"深度数据"就无法收集。兑现单边机会,在越大的顾问范围内,精准协同的意义越大。范围大了,不熟悉的人会增多,人与人之间建立信任的难度又会加大。在这种情况下,需要长期深入接触才能建立起信任的传统方法,会越来越有局限性。只有通过培育特有的组织文化,才能快速地在更大的范围内"复制信任"。

本书合著作者

沈仁国

FMC 合伙人,主要负责 FMC IT 系统的规划建设,拥有超过 25 年的 IT 行业从业经验,加入 FMC 之前主要为大型企业客户提供 ERP、CRM、SCM 解决方案,擅长大型复杂系统的架构设计与开发。

从打杂、配角到基石
——猎头组织的中后台支持系统建设

FMC有幸蝉联RECC（中国）招聘联盟猎头行业2019、2020年度最佳中后台大奖。多位同行问到我们的获奖心得，我们感受最深的是这样一句话："从打杂，到配角，再到基石。"

打杂

小型"孤岛"公司，因为规模限制，不适合在支持系统上大量投入并进行相对专业的分工，同时也无法为从事支持工作的人员提供充分的发展通道，公司较难长期而稳定地凝聚有能力的支持人员。在这样的状况下，支持工作本质上就是"打杂"：很难专业，也很难长久，能帮助老板及业务人员省出更多的时间、精力做业务即可。

配角

随着公司规模的扩大，支持系统团队的规模也会增大，分工会越来越细，专业度也会越来越高，支持人员会逐步从"打杂"升级为专业的"配角"。之所以是配角,是因为大部分有规模的猎头公司的组织方式都是"帝国"型的存在,其核心特征表现为:总部将控股权作为制约底层的方式,实现对各分支机构不同程度的支持、协同与管控。在这样的组织模式下,支持系统最合理的功能,就是发挥好"配角"的支持作用,根据总部或公司实控人的目标与要求,配合落实好各项支持服务和对流程的管控。

基石

猎头行业最核心的矛盾之一就是"易分难长"。解决这个核心矛盾的基本出路在于,首先让猎头业务的实际营运人逐步有序地在业务的经营权、收益权、所有权方面获得主导地位,而打通这条出路的突破口在于重新定义猎头公司的中后台支持系统的作用——逐步从打杂,到配角,再到基石,让猎头公司的中后台支持系统像商业大厦的基石一样,起到承重、连接、稳定的作用。

那么,猎头公司的中后台支持系统的基石作用是如何具体落地的呢?

每家公司的具体情况不同,很难有一个最优的猎头公司中后台支持系统可供复制,只有最适合自己的"私人定制"方案。但从方法论层面看,则是可以彼此借鉴的。

过去 20 多年,我们在中后台支持系统建设上投入良多、探索良多,取得了很多成绩,也交过很多"学费"。下面,我将认真梳理我们对中后台支持系统建设的实践与思考。期望这些总结能成为一盏盏灯,照亮前行的路,同时也能激发更多的同行朋友来一起探索,共同成长,让猎头创业真正成为可持续发展的长期事业!

过去 20 多年，FMC 在探索"基石型中后台支持系统"的过程中，最核心的经验、教训与心得可以归结为如下几点：

为什么"群岛型"猎头组织的成功，必须建立在中后台支持系统的基石之上？

猎头业务具有"天然容易分裂，却极难持续成长"的特性。"群岛型"组织方式，就理论模型而言，有可能是最优的模式：每项业务的实际营运人在经营权、收益权、所有权上都处于主导地位，以此达成组织的长期稳定。同时，各个有充分空间的"岛"之间又有充分的连接纽带，能实现综合资源上的高效协同、人员能力上的互补以及相互的鼓励激发，得以成为深度融合而又高效协同的"群岛"，从而避免形成"孤岛"效应。

猎头组织要将"充分空间"与"整体融合"两个极端都做到，必须建立强大的中后台支持系统。理由如下：

1. 两家独立的猎头公司或松散的猎头联盟之间，很难实现持续高效的协同。

2. 完全靠组织权威规划猎头业务分工及其他各种界限，可能会在组织内部引起很多非建设性内耗。

3. 各个业务单元之间，根据清晰公正的"原则"，按照实际业务需求自然分工形成的"自组织"也许效率更高，人们的协同感受更好。

4. 由于人的"自私"天性，高效的"自组织"机制不可能凭空产生，需要扎根于稳定的、能够深度连接各方并能高效促进协同的基石之上。

5. 猎头公司中后台支持系统最适合成为这样的基石。猎头业务的归属权具有较多的排他性，而中后台支持系统的共享性却极高。猎头业务比较容易快速启动，而强大稳定的中后台支持系统需要有耐心地持续投入，绝大多数业务团队无法承担。对中后台支持系统的刚性需求、易共享特性及建设难度决定了中后台支持系统在"群岛"型猎头组织中最适合扮演这样的基石角色，起到连接各方并提升协同效率的作用。

为什么必须以"干业务"的思路来建设"群岛型"猎头组织的中后台支持系统？

中后台作为支持性职能，如果要在"群岛型"猎头组织切实发挥"基石"的作用，必须以"干业务"的思路来建设中后台支持系统。核心的实践与思考要点如下：

1. "干业务"的精神面貌：中后台的支持性工作，由于其流程性与重复性的特点，对人员的要求可能与业务部门有所不同。但如果中后台变成一个逃避业务压力、混日子的去处，人们是不可能长期稳定地做好这项工作的。同时，时间长了，中后台人员也会感到迷茫、被动。所以，以"干业务"的精神面貌来要求支持人员成长尤其重要。

2. "干业务"的知识能力：包括懂业务与支持业务两个维度。从"懂业务"的角度，最好是能吸引到有实际业务经验的人来从事中后台的支持性工作，为没有业务经验的同事创造条件，同时也提出要求与提供推力，让他们去了解自己所支持的业务与从事业务的人。支持性工作所需的工种、知识、技能会比较复杂：招聘（熟手，新人，实习生），人事营运（入职/离职，工资/奖金的计算与发放，社保/公积金，员工关系），培训发展（体系，资源，资料，日常跟进），财务（成本核算，财务报表，税务/银行，款项管理)，IT（系统开发，网络/硬件，日常运营/维护），市场营销（品牌策略，与客户、候选人、同行、同事等不同群体的沟通，各类渠道研究与维护，视频、文案、美工的基础性工作），数据营运（数据收集渠道的开发、运营与维护，日常录入和更新，候选人报告的制作，专项信息研究支持等），行政支持（前台，办公环境，各类节假日活动，会议支持等），法务支持（合规管理，合同，追款，诉讼等）……有价值的事情、环节较多，但资源总是有限的，因此需要厘清如下问题：哪些是关键环节？哪些能力需要自己发展建设？哪些环节需要外包？哪些环节需要被压缩或放弃？……要有业务投资的思维，确保将有限的资源投向能持续产生价值的环节，而非面面俱到、求大求全。

3. "干业务"的组织方式：在很多商业组织中，业务部门与支持部门最大的不同往往表现在，业务部门需要为财务结果担责，而支持部门往往只需依据流程按部就班就行了。如果能够创造性地让中后台也承担与财务结果有直接关联的责任，则有助于提升中后台的紧迫感、责任感，进而促进中后台的整体绩效。

FMC的中后台团队十年前就已经以盈亏单位（P&L Unit），而不是以成本中心（Cost Center）的方式来运作了。过去五年，我们进一步改制，调整成由中后台支持系统来发挥"基石"作用的平台化公司。在这个过程中，"干业务"的思路起到了极大的推动作用。目前，每一位中后台的同事，都被要求熟悉和理解：我们要成为一个什么样的支持团队？如图5—1所示。

从打杂、配角到基石

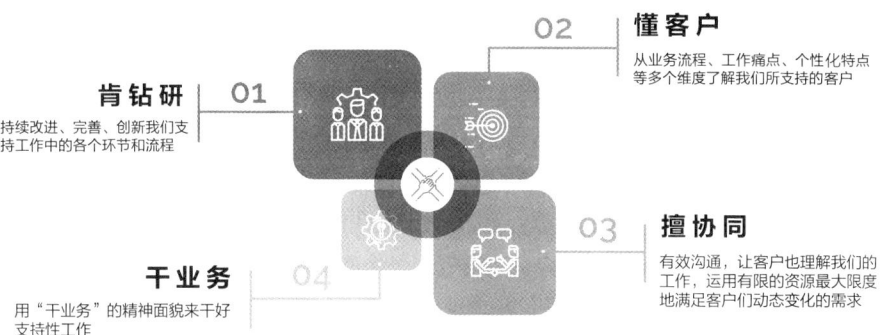

图 5-1　我们要成为一个什么样的支持团队？

"干业务"的思路,不但能激活支持团队内部的活力,更有助于吸引有业务经验的人加入。近期,有多年经验的百万顾问加入了我们的中后台团队,使这种"干业务"的精神更能得到提振,从而让中后台支持系统的发展步入良性循环的轨道。

为什么"虚拟中台"的方式是群岛型猎头组织"中台"建设的快捷之道？

我们曾被多次问及这样的问题:"猎头公司的中台"是什么？它只是在概念上赶时髦,还是有真实的价值？因此,我们有必要先分清"平台"与"中台"的区别,以及前台、中台与后台在功能上的区别。

平台是指连接两个或以上不同群体的服务载体,而中台的功能是组合各种能力,以便实现高效共享。中台与平台有本质区别。对猎头公司而言,前台的重点是高效灵活地对接客户与候选人,中台的焦点是沉淀并组合各类"通用"能力以提升前台业务的绩效,而后台的核心则是打造各类基础能力和提供管理保障。

即使是在互联网科技公司，"中台"也是一个仍在发展中的概念。对猎头组织而言，中台并非一个必需的存在。当变化频率非常高、响应速度非常快的时候，将中台功能整合进前台会更合适。而当变化频率非常低、响应速度非常慢的时候，则不如将其整合进后台。

直觉上，"孤岛"型小团队猎头公司聚焦于前台即可，因为其资源有限。"帝国"型大规模公司的行政命令可以解决大部分问题，因此聚焦于"后台"即可。而营运"群岛"型猎头组织，由于其各个"岛"具有较高的自主性，同时有极大的相似性和极大的差异性，因此"中台"的功能就具有非常现实的意义。也就是通过把各种通用能力提炼、萃取、总结成可以重复利用并迭代提升的模块要素，根据各个战场（各个岛）动态变化的战况，打包成各个不同的能力组合，高效快速地赋能各个战场。

由于中后台功能界限的模糊性与资源的有限性，就猎头组织而言，创建"虚拟中台"的方式也许更加快捷、经济和高效，而不用清晰地区隔组织及人员的分工，实现物理上的中台。

在FMC的支持系统建设上，我们首先强调把人事、财务、IT、行政、市场营销等基础后台功能真正建设扎实。在此基础上，我们再发展后台人员，让他们向前端业务靠拢，延伸现有后台人员的中台支持能力，以"全员中后场"的思路来解决中台的能力组合问题。在前述的"干业务"的思路下，每一个支持系统的人员都在践行以下的"专才—通才—特种兵—大团队"的战法，如图5-2所示。

中台功能的焦点是动态变化的。现阶段，我们强调以下几个核心点：

1. 人员发展：招聘进来→培训融入→成长方法论提升。

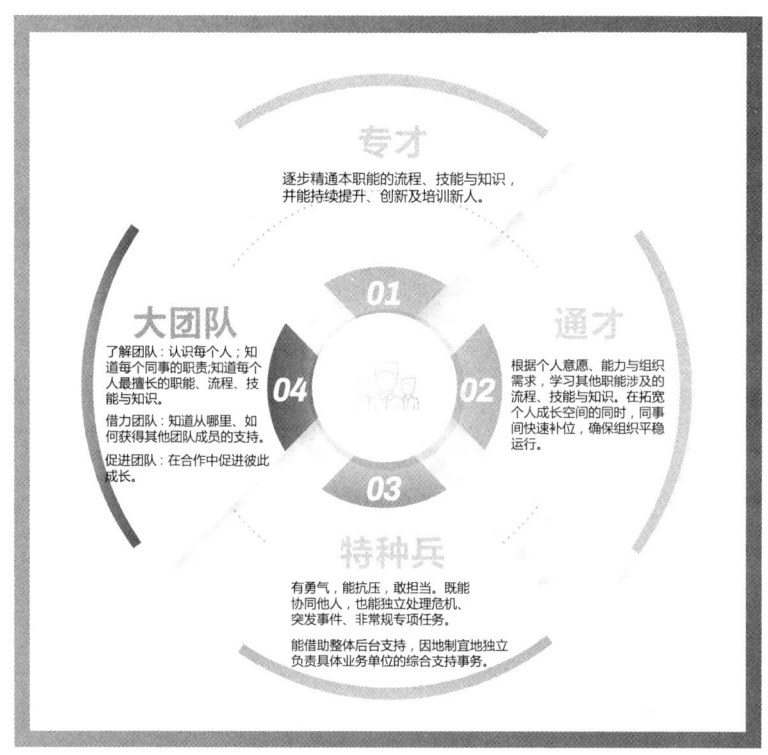

图 5—2　FMC 支持团队人员画像

2. 项目驱动：后台不同功能模块的人员组合成多个虚拟团队，形成多个项目支持团队。

3. 协同效率：从机制导入、文化传承、信任复制等多个维度，整体持续提升多个单位之间的协同效率。

我们过去多年在中台能力上的建设，在新冠肺炎疫情爆发期间取得了较为丰硕的成果：半年多时间，我们新开了八个创业项目，从北京、上海、广州、武汉四个城市扩展到了十个城市，其余六个城市分别是沈阳、天津、青岛、苏州、深圳、成都，所有新项目大体上都落实了"快速启动，迅速成功，长远发展"的战略思路。成长最快的苏州分公司，从跟当地合伙人正式沟通到确认合作并租下办公室，只用了3天时间。而且在3个月的时间里，人员从1人到6人，单月业绩从0到50万元。这些实践，初步印证了基于坚实后台能力的"虚拟中台"对"群岛型"猎头组织而言，是快捷的可行之道。

为什么"整体打通"是猎头公司中后台支持系统综合效率最高的组织方式？

"分散下沉"与"整体打通"两种方式，在"群岛型"猎头组织的中后台构建上各有利弊。综合而言，"整体打通"可能是综合效率最高的组织方式。核心的实践与思考要点如下：

1. 把中后台人员分散，下沉到各个业务单位，有非常现实的合理性：与业务团队的物理距离更近，便于彼此深入了解、快速反应；能直接管理所有职能，业务合伙人的拥有感会更强；无须协同，就可以灵活地满足各地业务合伙人对中后台投入在认知与意愿上的差异化需求。

2. "分散下沉"的潜在弊端也比较明显：分散之后，难免会有重复建设，产生浪费的同时质量也会下降；分散之后，由于缺乏规模与更专业化的分工，中后台支持系统必然"打杂"化，较难吸引并留住优秀的人，容易进入恶性循环；中后台功能分散下沉的程度越深，业务单元"孤岛化"的趋势就会越强，尽管短期来看有助于提升业务负责人的掌控感，但大概率来说，在中长期也会落入猎头组织"易分难长"的魔咒中。

3. 均衡的"整体打通",理论上是综合效率最高的组织方式:不需要工作人员在实际地理上进行集中办公,大部分人员仍然可以分散至各地,但可通过贴近业务、"整体打通"来实现高效的运作、连接和协同。"整体打通"的核心要点是:中后台人员集中归属到支持系统,统一管理;内部整体进行横向(面向当地)与纵向(面向职能)的交叉组合分工;作为一个整体向多个业务单元提供个性化的支持服务。这样"整体打通"之后,减少了重复建设造成的浪费,专业分工不但能提升服务能力,也更有利于吸引并留住能干的人。同时,作为一个整体的中后台,会自然地发挥连接与协同各个业务单元的作用。

4. "整体打通"的实施难度在于两点:管理协同的效率以及对冲业务负责人被"分权"的感受。支持系统集中管理之后,各个业务单元之间差异化的需求并不会随之消失,这会自然提高对快速反应的协同效率的要求。正如前述"虚拟中台"中所讲,必须通过"全员中后台"的方式,按照"专才—通才—特种兵—大团队"的人员发展模式,让每个中后台人员都具备更贴近业务的能力,进而强化能够按动态需求进行项目组合的"虚拟中台"能力。在强调"经营权、收益权、所有权"三权合一的"群岛型"猎头组织中,因对整体协同效率的需求而把支持性职能,尤其是财务管理职能分离出来,实际业务的负责人自然会有被"分权"的感受。这些"感受"往往会成为实现高效协同中的暗礁,需要充分重视并采取切实可行的方式进行对冲。对冲大体可沿两条路径进行:通过足够透明的机制与人际信任的文化,来代偿"分权"之后的"安全感";对理念确实不同的业务单元,以"阳光分歧"的方式,开放地带着祝福进行分离。

以上分析,并非仅仅基于理论模型的逻辑推演,而是结合了 FMC 超过 20 年的在中后台支持系统上的实践探索经验。对"分散下沉"与

猎头之道

"整体打通"两种模式,我们都深入地尝试过,在体会了不同的优势和不同的弊端之后,得出的基本结论是:如果要打造一个同时具备高效协同效率与价值观相容的"群岛型"猎头组织,均衡的"整体打通"的中后台支持系统可能是必由之路。尽管已有较多的探索与清晰的方向,但"处理好集中管理与分散管理之间的平衡"是所有组织治理的永恒主题。在与时俱进、与"势"俱进的过程中,仍有很多值得完善、精益求精的空间。

如何设计中后台支持系统人员的"职业发展通道"?

支持系统人员的"职业发展通道",对大部分猎头公司来说,不是一个值得花时间考虑的重要问题。但对构建"基石型中后台支持系统"的"群岛型"猎头组织而言,支持人员与业务人员的"职业发展通道"同样重要。核心的实践与思考要点如下:

1. 较高的人员稳定性,是支持系统能够起到"基石"作用的前提,这个道理不言而喻。

2. 清晰而有吸引力的"职业发展通道",不仅能够稳定现有的团队,而且有助于吸引更多优秀的人才。支持系统主要面对内部客户,工作的流程性、重复性特点较强,来自外界客户及候选人的刺激不多,有一个清晰可行又有吸引力的职业发展规划,对支持系统人员的持续成长意义重大。

3. "群岛型"猎头组织中后台人员的职业发展道路大体上有两个方向:系统内的持续发展道路与系统外的开放性发展道路。

在系统内,可以沿三条通道发展:

(1) 从宽泛的"打杂"性事务支持到专业方向的发展,比如,从事务较杂的前台转型为专业性更强的财务、招聘等工作。

（2）从专业性职能工作转型为综合性支持工作，比如，从单纯负责招聘转型为集招聘、培训、员工关系于一体的当地 HRBP（人力资源业务合作伙伴，即企业派驻到各个业务或事业部的人力资源管理者）角色。

（3）从流程事务性工作发展为参与创业的合伙人，从支持系统的角度承担创业的风险并分享收益。

在系统外，也可以沿三条通道发展：

（1）从支持性工作转向猎头业务：充分利用在支持性工作中积累的对猎头业务的了解，这对支持系统人员转型是个非常好的起点。

（2）从支持猎头业务拓展到支持新业务：猎头业务有不少可以发挥想象力的延展空间，如果能高效支持充满挑战性的猎头业务，在很大程度上就能胜任其他业务的支持性工作。

（3）离开：带着支持猎头业务所获得的知识、经验和技能，去探索新的发展可能。

4. 由于较难提前超配，猎头组织中后台支持系统内部的自我持续成长能力与机制非常重要：大多数情况下，由于猎头支持性工作的前景不明，并且往往价值滞后，猎头组织较难对支持系统人员提前超配。这样，在组织高速发展的过程中，就会陷入中途换人会产生负面影响、不换人又会掉链子的尴尬……所以前瞻性地大力发展能促进支持系统人员持续成长的能力，有非常积极的意义。

5. 猎头组织支持系统人员的"职业通道"规划，往往需要基于以下三个前提：有一定的规模；能整体打通；公司有较强的发展预期。没有这三个前提，就无法形成专业分工与成长驱动力，支持系统人员的"职业通道"规划会显得苍白无力。

过去 20 多年，FMC 支持系统的同事们在上述两个方向所包含的六条道路上都有过丰富的探索。比如，支持系统的第一位同事 Jenny，从 20 多年前的全能性"打杂"支持，逐步专注人事，然后到招聘，再到非熟手的招聘，在职能范围收窄的同时，她的专业能力越来越强。再如，本文合著作者程珏（Jessy），16 年前从大型企业的财务岗位超配加入 FMC，负责 FMC 的成本核算，然后逐步成为公司的核心股东之一，负责中后台支持系统的整体营运。除此之外也有支持系统同事转业务，成为 FMC 业绩最好的合伙人之一；也有同事离开创业，借助自己在 FMC 支持系统积累的经验、技能，发展得非常顺利。

如何发挥好中后台在"基石连接、文化传承与信任复制"上的作用，构建更有生命力的"自组织"系统？

通过"经营权、收益权、所有权"三权合一，"群岛型"猎头组织较为彻底地解决了组织的激励性与稳定性问题。但如同每个硬币都有两面一样，协同的复杂程度也因此极大地增加。发挥好中后台支持系统在"基石连接、文化传承与信任复制"上的作用，对提升"群岛型"猎头组织的协同效率至关重要。相关的实践与思考要点如下：

1. "友军难容"的遗憾：据乐观估计，中国猎头行业有千亿级的市场容量。按照这个估计，99.9%的猎头公司的市场份额连 0.1% 都不到。就常识而言，每个人都明白竞争对手是在公司外部。实际的情况却是，对于外部对手的强烈竞争，大部分人能够非常坦然地接受。但如果公司内部有能够跟自己竞争的团队，或者存在有竞争关系的同事，"友军"往往会很难相处。这种自己人限制自己人的发展空间的情况，成了猎头公司业务规模持续扩大的瓶颈。

2. 猎头业务在协同需求上的双重性：就单个项目而言，如果能少些信息传递的中间协同环节，一个顾问从客户到候选人都全流程负责，做单效率会更高，客户体验也会更好。然而，在更高的维度上，协同则具有极高的价值：有客户关系的顾问，未必能提供满足客户需求的候选人，而碰到一个正在求职的高质量的候选人，单个顾问又未必有合适的客户可以推荐。如果遇到自己无力完成的好单子，能很快找到合适的顾问协作完成；遇到自己暂时没有职位可以推荐的优质候选人，能很快找到合适的顾问一起成功将其推荐出去……如此推演，如果能在尽可能大的范围内高效协同，猎头顾问就更有可能走出最优的专业成长路径：持续发展自己的专注领域，通过协同获得更多自己专注领域的资源，并把自己非专注领域的资源分享给他人并从中获益。

3. 协同成本太高才是大家不愿协同的核心原因：正常的猎头顾问大体都懂协同的价值，但猎头业务是个流程长、环节多、不确定性大的业务，持续高效的协同需要理顺在客户归属、数据共享、利益分配、结算机制等多个环节上的协同。如此累积下来，有时协同的成本甚至高于协同的收益了。当协同成本高于协同收益时，不协同才是最符合经济学规律的选择，而与协同者的心胸无关。

4. "孤岛 VS 帝国 VS 群岛""一对一 VS 一对多 VS 多对多"与"无组织 VS 被组织 VS 自组织"：在"孤岛型"猎头组织，创业者掌控核心环节，"一对一"无须协同，大体上是无组织的状态；"帝国型"猎头组织，总体上是中心对分支，是"一对多"的被组织状态；而"群岛型"猎头组织，其核心是"多对多"的关系，自组织的能力极其重要，这是提升综合协同效率的关键。自组织，简而言之，就是组织中的成员能够自发地组织起来，通过协同完成任务。（我最早接触到"自组织"这个概念是通过阅读肖兴知先生的文章，在此表示感谢。）

猎头业务，无论是客户端、候选人端还是竞争对手端，动态变化都极快，因此猎头组织内部协同的最优方案应该是，实际负责该项业务的顾问之间进行协同。这样协同，路径最短，协同的环节最少。大量顾问之间的业务协同，会自然形成组织内"多对多"的网状协同。而"多对多"的协同，最高效的方式是"自组织"而非"被组织"。就猎头业务而言，高效的"自组织"系统需要具备两个方面的条件："共享平台与共享规则"的硬连接以及"价值观相容且彼此信任"的软连接。

5. 中后台"基石连接"的硬价值：松散的猎头公司联盟之间的协同效率通常较低，核心原因在于缺乏完全共享的中后台的"基石连接"的硬价值，尤其是在客户、数据与财务结算不能打通时，无法保持持续的高效率。同时，由于是相对松散的联盟，彼此间的合作规则也较难得到强有力的执行。不同猎头业务团队之间，当涉及共同的客户或共同的候选人时，极容易产生摩擦。如果彼此之间的连接本来就较为松散，几个小的摩擦下来，就可能击垮好不容易才形成的合作。当各家相对独立的猎头公司建立在完全相同的中后台"基石"平台之上时，"分手"的成本提高了，彼此之间的客户、数据、财务结算打通了，协同的效率也就上去了。与此同时，需要共同遵守的协作规范也容易被贯彻执行了。

6. 中后台"文化传承与信任复制"的软价值：联系紧密了，协同就便捷了，同时摩擦也增多了。而"群岛型"猎头组织的人员来源更多元化，更有生命力，协同的难度也更大。因此，仅仅依赖于硬性的制度规定是不够的，还需要将价值观相容且彼此信任作为润滑剂。软的文化与硬的制度结合得好，组织的战斗力才会更强。相较于前台，猎头业务的中后台具有更高的稳定性：在组织快速成长的过程中，它天然具备了文化传承与信任复制的作用；新加入的业务团队与原有业务团队由于彼此不熟悉，直接磨合的成本较高，而通过共同信赖的中后台实现"文化传承与信任复制"，磨合的效率就会极大地提高。

在过去 20 多年的时间跨度里，FMC 在全国十个不同的城市，尽管人员发展的方式不同，但都能发展出相似的文化底蕴，同事之间都能较快地建立信任。核心原因就在于：大家共享着同一个整体打通的中后台支持系统，中后台人员也较为稳定。尽管业务前端的同事时有变化，但稳定的中后台人员很快就能在新同事中传承文化与复制信任。

简要总结

过去近 30 年，猎头行业在中国发展迅猛，在业务战法的层面上已经有相当深入透彻的研究探索。行业内已经沉淀了非常成熟的经验以及一批非常好的培训师和顾问，比如，杨莹（Echo）老师，蒋倩（Jenny）老师，高翔（Jet）老师，马雄二（Mark）老师，沈嘉（Steve）老师，陈功（Victor）老师，孟凡超（Vincent）老师，沙晓娟（Violet）老师……（排名不分先后，个人视野有限，有些暂时不太了解的老师，也可能是很棒的老师或顾问。）以前我们在业务战法的培训上主要靠自力更生，而现在，我们经常直接采购他们的服务或是向他们请教。

但在猎头公司的长期可持续发展路径上，大家都还在努力探索。尽管科锐走出了一条"教科书"级别的路径——猎头业务起家→多元化发展→上市。但对绝大部分猎头企业来说，成为"科锐第二""科锐第三"未必容易。"如果只专注于猎头业务，是否可以长期可持续地发展？"——对这个猎头创业的基本问题，很多时候我们无暇思考，或者觉得想太多也没有什么意义。

2020 年，中国第一家猎头公司纪云先生的"泰来猎头事务所"歇业。最近几年，对中国猎头行业影响很大的一批中外猎头公司由盛而衰。随着 40 岁以上猎头创业者人数的增多，对"长期可持续"这个问题的思考越来越具有现实意义。

中后台支持系统是猎头公司实现"长期可持续"的最重要的突破口之一。总体来说，中后台支持系统的作用被低估了。过去几年，当我们用"传承制"的思路渡过了"公司治理"的难关之后，发现真正制约我们发展的瓶颈，竟然是我们自以为很强的中后台能力。

当然，不同组织形态、不同规模、不同发展阶段的猎头企业，对中后台的认知与需求可能截然不同。这没有简单的高下之分，只是价值取向不同而已。

以上分享，来自我们的实践与思考。欢迎朋友们斧正辨析，共同成长！

本文合著作者

程珏（Jessy）

FMC 合伙人，加入 FMC 前，在知名大型保健品、食品及化妆品企业担任财务经理。在 FMC 搭建了一支涵盖行政、财务、市场、招聘、培训、人事、数据、研究及法务九大职能的中后台团队，带领的中后台团队于 2019 年、2020 年连续蝉联 RECC（中国）招聘联盟最佳中后台大奖。

猎头生意原理与"成长连接"的价值

对于同一事物,选择从不同的视角去看,会有不同的描述。

对猎头生意的原理,我们可以从业务发展、客户价值、组织成长等多个角度去描述。我个人更倾向于选择组织成长的角度。因为就猎头生意而言,对如何开拓猎头业务、如何增加客户价值等,已经有相对成熟的研究。但对猎头组织的成长,则有更大的探索空间。

从猎头组织成长的角度,我会把猎头生意的原理简要归结为育人、"堆人"、连接这三个核心要素。

猎头业务是靠顾问驱动的轻资产业务。有了合适的顾问,生意自然会有。获取顾问的方式,大体上就是"从外部挖"和"内部培养"两条路。从外部挖的好处是快,难度是成本高且磨合难度较大。与此相对的是,内部培养的成本较低,容易磨合但效率低。尽管两种方式各有所长,但通过"育人",使组织具备"造血"的能力,长期来看更加重要。从业 20 多年,我从未见过任何一家有规模的猎头企业靠"挖人"实现了长久的繁荣。相反,具备大规模培养新人能力的企业,生命力大多比较旺盛。当然,最好的组合方式是:通过"挖人",获取目前组织无法培养的人才或在短期内快速聚集一批人才,同时结合公司内部培育新人的机制。但由于内部培育的人员在组织中往往占比更大,因此"大规模,高效率"地培育新人的能力,是猎头企业长期健康发展的根本。

猎头生意像一个"堆人"的游戏。大体上，你只要能把人员的规模堆上去，尽管单产、利润率可能低，但利润的总量可能很高。如何"堆人"的本质，是公司的治理机制，即如何在越来越多的人之间，理顺可能越来越复杂的利益、感受、空间等综合关系，从而促使大家更高效地一起工作。

猎头业务是天然容易分裂的业务。能把人员规模堆到几百人、上千人，甚至数千人，非常不容易。猎头"堆人"有点像在沙滩上堆沙。公司业绩从0到500万元，再到1 000万元，可能发展很快。超过500万元、1 000万元之后，往往团队就开始分裂了，业绩也堆不上去了。越来越多的猎头企业逐步转型至平台化公司，本质上，是换一种方式来"堆人"。经营一家业绩达5 000万元的公司可能难度很大，但经营5家业绩达1 000万元的公司则相对容易，也能达成类似的效果。

无论是把公司发展成一家人员达几百、上千甚至数千的公司帝国，还是打造成一个能聚集很多公司群岛的平台，其核心问题都是如何在更多的人之间实现有序且高效的连接。

连接纽带大体有三类：亲友等特殊关系，共同的利益，相似的价值观。夫妻、兄弟、家族成员、同学、战友、老乡、前同事等亲友关系，有较高的稳定性，但受制于天然的稀缺性；利益连接突破了特殊关系的稀缺性瓶颈，但具有天然的不稳定性；价值观连接不受亲友关系的稀缺性限制，同时极大地缓解了利益连接的不稳定性，虽说有长期功效，但见效较慢。

猎头业务涉及的流程、环节、变量很复杂，复杂到"互联网＋大数据＋AI"都暂时无法颠覆。但猎头生意的原理却可以简要地归结为育人、"堆人"、连接这三个核心要素。

把成长作为连接纽带具有非常特别的意义。因为成长不但是每个个体的长期需求,同时与育人、"堆人"、连接这三个核心要素有天然的交集。更进一步,成长可以把"亲友、利益、价值观"这三个连接纽带有机融合并提升到更高的层面。

成长是解决一切问题的良药,我们不但可以通过成长来提升能力,赚到更多的钱,也可以通过成长来提升自己面对不确定性和应对焦虑的能力。更进一步,我们也可以通过学习、成长,让自己在面对生老病死时更加平静……所以,想深一层,成年人最重要的责任其实是成长。

成长的过程,除了自然是"育人"的过程外,也是很重要的"堆人"机制中的连接器。"堆人"的过程离不开上司对下属的指导、带领,以促进下属的成长。这个教学相长的过程,如果有意识地去巩固,自然会成为优质的连接纽带。

利益或资源通常会越分越少,而成长则会越分享越多,而且能够持续激发彼此,让我们结识更多的良师益友,形成稳固的高质量的人际关系。同时,在一起成长的过程中,人与人之间的价值观也会彼此磨合,进而扩大交集、提升兼容性。

成长连接既然如此美好,为何在现实的企业实践中却少有耳闻?我觉得可能是由于以下几个原因:

1. 把成长误解成培训:成长的内涵,远超过培训提升技能。它更需要一群人彼此打开心扉,深度交流,彼此"陪跑",最终从能力、理念、认知、方法论等多个维度互为环境、相互促进,让彼此成为更好的人。很显然,很多时候,作为公司福利的培训很难起到成长连接的作用。

2. 次优选择:由于职场是个利益交错的场所,分享成长、成长连接有时难免会被异化或被误解为组织及上司操控人的工具，容易受到员工的抵触。很多人与组织，往往会这样认为：成长是个人的事情，总体上跟组织没有什么关系；把组织的功能简单定位为一起认真做事，按约定的规则分钱，这样反而简单。但想深一层，职场是成年人花时间、精力最多的地方，如果在利益关系中还能发展真诚的友谊，在按劳取酬的公司规则中融合一起成长的彼此关爱，确实是比单纯地只看利益、只讲规则更难。但世间之事，往往越难的事，越有价值！

3. 管理误区：设定一个宏大的目标，激发团队一起前行，似乎已经成了一种管理"常识"。比如很多很小的公司，都把上市或成为世界级的企业作为凝聚团队的目标。其实大部分员工在公司只是个"过客"，这些看似宏大的目标对他们来说，未必真的那么打动人心。把员工当个"过客"来认真对待：你在这里能收获哪些真正的成长，以便成为你下一段旅程中更好的台阶？这样的视角，虽然可能给猎头老板和员工带来尴尬，但如果能实现有效的"过客"管理，也许对双方的长期发展会更有建设性。

4. 滞后效应：成长需要一个过程，人与组织需要有很大的耐心才能看到效果。随着竞争越来越激烈、节奏越来越快、心态越来越浮躁，加上人与组织都有停留在舒适区里的惯性……大家越来越不适应深度思考，极少的人与组织能认清成长连接的价值，并在现实中演绎出来。

把成长作为组织成员间重要的连接纽带，听起来很美好。因此从理论上讲，反对的人估计不多。但打心底里认为这件事可做、能成的人会比较少，而愿意付诸行动去践行并因此而收获满满的人可能就更少了。尽管现实暂且如此，但未来未必仍然如此。未来，能充分挖掘成长连接价值的猎头公司可能前行得更远，同时员工的幸福感也会更高！

猎头成单原理与最优猎头模式

我们可以从很多不同的角度来解读猎头顾问是如何成单的！

我把我最喜欢的角度命名为"猎头成单的弹道交集原理"：猎头成单的原理如同一颗导弹去拦截另外一颗导弹，需要两者的弹道产生交集，才能击中。客户的招聘需求与候选人对机会的需求是一个不断变化的动态过程，猎头顾问只有在合适的时点上，让客户与候选人动态变化的需求轨迹形成交集，才能成单。

我之所以喜欢这个角度，是因为我发现，从"弹道交集"这个角度出发，我们能够精准快速地理解猎头业务模式、猎头组织形态、猎头顾问能力以及猎头行业痛点的内在逻辑。同时基于这个原理，我们也很容易推导出理论上最优的猎头模式。

用弹道交集原理解读猎头业务模式

猎头业务是一项多元包容的业务。我们既可以从客户端入手，也可以从候选人端入手：客户需要什么样的候选人，猎头就去找什么样的人选；也可以主动出击，猎头顾问有什么样的人选，就主动推荐给合适的潜在客户；还可以选择 KA（大客户）模式，或者 PS（主动专注）模式，抑或是 KA＋PS 模式。猎头业务可以做得很"高贵"，一单收费上千万元；也可以做得很"草根"，一单收费1万元，甚至几千元。这个行业容得下年单产100万美元以上的"五大"猎头、精英团队，也容得下年单产10来万元而人数有几千人的大团队。资历很深、年龄60岁以上的大公司高管可以做猎头顾问，应届生甚至实习生也可以从事猎头工作……猎头行业的上限可以很高，下限可以很低。这个行业有时让人觉得不需要什么模式，因为任何模式都行得通，都能赚到钱。

尽管猎头行业让我们有点把不准脉，但如果把握住"弹道精准度"及"主导弹道"这两个基本维度，我们就很容易化繁为简地理解各种不同的模式。比如，经验丰富、资历很深的顾问能够更精准地把握客户及候选人的弹道轨迹，甚至可以施加影响来改变弹道轨迹，所以走精准高端路线。而刚入行的"草根"顾问可能只知道弹道的大概方向，比如某个大公司需要AI算法人才，虽然说不上精准，但由于很努力，对一个职位推荐100~200个候选人，最后也可能解决问题。对客户或候选人来说，至于哪条弹道是主导弹道，完全可以灵活处理：人才市场供大于求时，以客户为主导弹道，选用客户驱动的模式；相反，目标候选人供不应求时，以候选人为主导弹道，选用候选人驱动的模式。

结合弹道精准度与主导弹道两个维度，我们就能理解为何各种模式都有其合理性。因为形成弹道交集的各个要素之间存在"彼此代偿"的作用，比如前面提到的新手"草根"顾问，功力可能不够，但可以用勤奋来弥补。所以，从猎头创业的角度看，猎头生意没有什么高低贵贱，只是由于每个创业者的资源、资历、能力不同，大家的定位不同而已。

若能深度理解形成"弹道交集"是多重因素相互作用的最终结果，以及各种因素之间的"彼此代偿"作用，就不会简单地被所谓的"模式"束缚,进而能够实事求是、因地制宜、因人制宜地发展自己的竞争优势,并进行动态调整来改变和提升。

用弹道交集原理解读猎头组织形态

猎头业务的组织方式大体上遵循 CSFILL 原则。CSFILL 是以下六个元素的英文单词首字母:客户(Client),技能(Skill),职能(Function),行业(Industry),地域(Location),级别(Level)。绝大部分猎头组织都是按照以上六条线来进行分工协同的:按不同行业来划分,按不同地域来组合,按照重要客户来分工,按技能(如专注于 AI 算法)或职能(如 HR、财务等)来专项组合,按级别(如年薪 50 万元以上或以下)来分高中低端……或者是按以上几个要素的不同组合来进行组织。无论哪种方式,其基本原理都是熟悉某个特定领域内的客户及候选人。熟悉的最终作用都是方便把握二者动态变化的"弹道",进而促成交集。

从这个意义来看,衡量猎头组织有效性的核心标准之一应该是促成弹道交集的效率。

猎头公司很容易分裂,其实跟弹道交集也有很大的关系。当猎头顾问或小团队在特定的领域同时熟悉客户与候选人之后,猎头公司在扩大二者的弹道交集和促进成单的具体事务上的帮助会越来越少。同时,有一定规模的猎头公司往往分工较细。这对扩展业务边界欲望较强的人来说,反而是一种束缚。加上在通过群体努力达成的结果中,每个人都容易放大自己的贡献比例,觉得自己所得的钱分少了,吃亏了。所以,当能够主导客户及候选人资源的核心顾问主观地认为组织对促成弹道交集的帮助不大,甚至可能是一种妨碍时,猎头公司自然会不断地分裂。

从弹道交集角度理解猎头顾问的核心能力

按照"弹道交集"的成单原理，猎头顾问的核心能力可以被界定为三个方面：掌握客户需求动态变化轨迹的能力，掌握候选人需求动态变化轨迹的能力，匹配候选人与客户这两条动态变化轨迹的能力。

这样的界定，很好地解释了猎头顾问业绩不好的种种原因。比如，很多客户资源很好的顾问业绩不好，很多熟悉候选人的顾问业绩不好，有些对客户及候选人都比较熟悉的顾问也是业绩平平。这是因为只有三个要素同时齐备，才能持续高产地成单。最后我们会发现，所有高绩效顾问都殊途同归：熟悉目标客户群体，熟悉目标候选人群体，动态精准匹配，促成交易。

从以上分析中，我们可以这样进一步理解：长远来看，猎头顾问的职业"护城河"是特定领域中猎头顾问所积累的见识与人脉的宽度、深度与高度。因为见识与人脉的数量与质量会持续地决定猎头顾问促成"弹道交集"的能力。

尽管我们前面讲过，从猎头创业的角度看，需求巨大并且更容易实现流程化、标准化的低端猎头业务似乎前途更光明，但对一个猎头顾问而言，精准度低下，无法有效构筑自己的"护城河"，路多半会越走越窄。因为从弹道交集的角度看，你只能多"堆人"、多"发射子弹"、拼体力、拼概率、拼运气……多半没有什么前途。正所谓猎头生意无贵贱，猎头顾问有高低。

从弹道交集原理出发，对猎头行业痛点的理解会更深

从我个人在猎头行业 20 多年的实践、观察、思考来看，我发现这个行业对很多公司及个人来说，有三座很难翻越的大山，我把它们称为猎头行业的三座大山。顺着弹道交集原理，我们可以对这些行业痛点有更深的理解：

从人员发展的角度：工龄长，资历浅。理论上来讲，猎头顾问可以是个越"老"越值钱的职业。但现实的情况却有可能是做了十年的猎头工作，并未持续积累有助于促进弹道交集的见识与人脉，很多时候，只是把入行两三年的经验重复了几遍而已。

从内部协同的角度：友军难容。据乐观估计，中国猎头行业可能成长到千亿级的市场容量。按照这个估计，99.9% 的猎头公司的市场份额连 0.1% 都不到。就常识而言，每个人都明白竞争对手是在公司外部。实际情况却是，对于外部对手的强烈竞争，大部分人能够非常坦然地接受。但如果公司内部有能够跟自己竞争的团队，或者存在有竞争关系的同事，"友军"往往会很难相处，较难彼此借力、跨团队促成更多的弹道交集。这种自己人限制自己人的发展空间的情况，成了猎头公司业务规模持续扩大的瓶颈。

从组织成长的角度：易分难长。如前所述，同时熟悉客户及候选人两条轨迹的成熟顾问，由于种种原因，容易从现有的猎头公司中分裂出去。新公司启动的门槛很低，也许刚开始容易赚点快钱，却很难持续成长。绝大部分情况往往是，成熟顾问离开原公司创业后，发现原公司令自己痛心疾首的问题，在自己创办的新公司里同样存在，并且同样解决不了，因此新公司很难实现持续发展。

最优猎头模式

从弹道交集这个视角出发，比较容易弄明白猎头业务模式、猎头组织形态、猎头顾问成长、猎头行业痛点等问题的内在逻辑。在此基础上，我们可以进一步推导出理论上最优的猎头模式。我把这种模式命名为"群岛平台与借力成长"模式。这个名字有点拗口，但解决的痛点都很实在。接下来，我简要解析一下这个模式的要点。

群岛

猎头公司不断分裂的内在动力很难改变。每一次分裂，公司都会经历一次阵痛，如同堆沙，堆到一定高度后自然会坍塌。有一定历史、一定规模的猎头公司，都不同程度地经历了这样的塌方或者分裂。既然这种趋势改变不了，不如顺势而为，有序地让实际经营猎头业务的人在经营权、收益权、所有权上都处于主导地位，以此彻底解决组织稳定及激励问题。单独的巨型沙堆很难堆上去，不妨换种方式，堆成多个"群岛型"沙堆，也能达到类似的效果。尽管"做大、做强"看起来更符合所谓的"主流"价值观，但经营一家体面的、小的却赚钱的猎头公司，有可能离幸福生活更近。想深一层，公司的最终目的不就应该是支持公司里的人幸福地生活吗？

平台

小而美的公司固然好，但可持续性与成长扩展性不足。猎头行业是个很适合创业的行业，门槛不高，但门槛都在门里头。有过创业经历的猎头朋友可能都有类似的体验：创业公司麻雀虽小，但五脏俱全，包括工商注册、制定公司章程、租办公场地、装修、购买办分家具、建立公司网站、系统、数据库、广告宣传、财务收款等在内的事项都需要亲力亲为；招人难、留人更难。创业过程中有很多道门槛，很大一部分试错成本只能自己去承担。总之，如果缺乏一个稳定可靠的中后台，猎头创业往往就只沦为开一家公司方便自己做单、开发票。如果创业者在经营权、收益权、所有权上获得主导地位的同时，还有一个强大、稳定且开放的中后台搭建人员作为创业伙伴，以便自己从猎头业务的支持性事务中解放出来，就更容易实现精准快捷的创业：快速启动、迅速成功。

借力

大多数时候，猎头顾问能获得的机会都是单边机会：有切实的客户需求，但没有合适的候选人可以推荐；有很好的候选人，但没有合适的客户可以推荐。只有客户与候选人的动态需求轨迹形成交集，才能成单。你不能满足的需求，你的某个竞争对手总能满足，所以单边机会很容易错过。猎头顾问的很多时间、精力不可避免地会花费在单边机会上。尽管对将来会有积累效应，但对当下无疑是非常遗憾的，因为这属于不产生业绩的机会浪费！如果能够在多方协同的平台上高效精准地找到可信任的合作伙伴，相互借力，在更大的范围内兑现这些单边机会，工作起来就会更有成效，幸福感也会更高。

成长

孤岛型猎头创业者尽管可以掌控一切，但持续成长的养分不足。尽管现在猎头行业学习交流的机会越来越多，但凭借公众号文章或参加会议、培训，成长的养分依然比较稀薄。在"群岛＋平台"模式下，每个创业者在业务上能够拥有全行业、全地域的成长空间，同时享有在足够强大之后自主分离的自由，又能基于共同的平台跟其他创业者深度连接，在业务上高效精准地相互借力，成为彼此成长的环境和土壤，这样持续实现成长的创业模式才能更健康持久。持续成长很重要，毕竟，成长是解决一切问题的良药。想深一层，成年人最重要的任务不是承担种种责任，而是成长。因为对成年人来说，你即便躺在那里，责任也会主动来找你，而成长却需要相互激发、主动寻求。

"群岛平台与借力成长"模式的场景范例

资深顾问 A 先生从业十年，身经百战后决定独立创业，期望专注于大数据、AI 方向深度发展。创业之初，A 先生向过去 10 年积累的客户及候选人广而告之，期望朋友们支持他创业。不少朋友积极响应，提供了不少招聘需求，但大数据、AI 方向的职位并不是很多。A 先生开始纠结：只选自己感兴趣的大数据与 AI 方向的职位，数量上并不充足，其他机会浪费了不说，原来的客户关系也没能有效维护；考虑到创业的艰难，先确保生存或者先维护住客户关系，尽可能多地接下这些客户单子，又难免会做杂了、不专业，走不长远；想跟同样创业的其他朋友协同，互通有无，但协同成本又太高……

如果存在前述的理想模式，A 先生的难题也许跟更容易解决：基于相同的平台深度连接后，公司协同合作的成本很低。"群岛型"猎头公司自发组织合作，能做的职位自己做，自己做不了的职位能很快找到兄弟公司协同，不但维护了客户关系，而且如果兄弟公司做成了，自己还能有收益。随着彼此之间合作的增多，其他单位对 A 先生在大数据、AI 方向职位上的猎头能力越来越有信心，大家把越来越多类似的职位需求交给A先生，A先生也越来越专业和高效。A先生的成功吸引了更多类似的猎头顾问加入。随着协同范围的扩大，对于有价值的客户需要，A先生也总能找到可靠的同行一起服务；对于优质候选人，A先生也能很快找到合适的客户公司成功推荐……大规模、稳妥且高效的协同，让客户和候选人的动态需求轨迹越来越容易产生交集。

协同效率："群岛"模式的营运难度

"群岛平台与借力成长"模式（以下简称"群岛"模式）的营运关键在于协同效率。与传统的"公司帝国"在集中控股基础上的授权不同，在"群岛"模式下，创业者在经营权、收益权、所有权上处于主导地位。这就较为彻底地解决了组织稳定及激励问题，但缺乏行政指令作为最后的协同手段。所以"群岛"模式必须向高效的"自组织"协同方式演进：在有共同平台的基础上，实现数据共享、资源相通、利益分配、冲突处理、财务结算等多个维度上的深度连接，以实际能把握客户需求和候选人需求轨迹的顾问为单位，选择是否协同、与谁协同以及如何协同，在尽可能降低"被组织"的成本与负面感受的同时，高效精准地实现网状协同。

复制信任："群岛"模式的底层难度

在"群岛"模式下，从理论上来说，协同的规模越大，越容易更高效地通过相互借力兑现单边机会。

在持续扩大规模的过程中，在存在竞争关系、相对独立的多家猎头公司之间实现数据共享、资源相通、利益分配、冲突处理、财务结算等多个维度上的连接,已经很难了。但利用现有的 IT 技术及机制设计,大致能一项一项地克服。最底层的问题在于,如何在越来越多相对独立、互不熟悉的猎头公司之间建立信任!在"群岛"模式下,简单依赖技术与制度,对猎头业务这样的多环节、长流程、较难标准化、复杂性极高的业务而言,如果彼此缺乏信任,是很难有效协调、运作顺畅的。

"复制信任"必须根植于规章制度下的文化。以"友谊文化、成长文化、成年人文化、开放文化"为底层元素的组合文化会极大地促进"信任复制"。友谊是协同最好的润滑剂。资源可能越分享越少,而成长却会越分享越多。在强调责任的成年人文化中,彼此包容更容易实现。而开放则会促进交集思维、阳光分歧,能自然减少组织的内耗。

知易行难,但值得试错前行!

"群岛"模式,是我基于 20 多年的实践、观察、思考,从理论上推演出的"最优"猎头模式。对客户、候选人、猎头顾问、猎头创业者而言,这种模式能让彼此在良好的合作感受中增加多方的价值,确实美好!

就猎头行业的组织现状而言,主流是集中控股的"帝国"型组织以及中小创业者的"孤岛"型组织。深度融合的"群岛"型组织,暂时还不是主流。但我认为,如果能解决好进入及退出机制、协同效率与成长养分这些问题,"群岛"型猎头组织的生命力与猎头顾问的幸福感,极有可能高于"帝国"型以及"孤岛"型猎头组织。

美好的事物往往知易行难!要接近理论上的"最优"猎头模式,还需要很多的试错与修正,包括技术上的、机制上的、文化上的……越难的事情,往往越有价值。虽然知易行难,但值得试错前行!

"咨询-PS-单边机会"与猎头业务模式突破的猜想

　　猎头与管理咨询天然有着很深的关系。很多时候,解决管理问题最好的方法就是找到合适的人并将其安放到相应的位置上。

　　管理咨询公司深谙此道。很多知名的猎头公司都脱胎于知名的管理咨询公司,系出同源。早期的猎头都以咨询顾问的方式工作,核心特征是:对客户的深度了解(了解的程度往往不亚于咨询顾问)+严谨的方法论(尽可能穷尽市场可能性,找出最合适的候选人)。其收费方式自然也沿袭了管理咨询服务的模式。

　　有咨询服务传统的高端猎头的收费方式基本都是预付费。所以采用预付费模式的客户确定会支付服务费,无论猎头顾问是否为其找到合适的候选人。这就好比请律师打官司,无论输赢,律师费总是要付的。

　　猎头作为一种招聘方式,与其他招聘方式最根本的区别不在于招聘职位的高低,而在于招聘者是否采取主动联系潜在候选人的方式求才。所以从广义上看,主动搜寻人才、主动询问候选人是否对潜在雇主感兴趣,进而邀约面试的方式,都可以算作猎头。

　　随着对招聘方式认知的演进,猎头这种招聘方式不但应用在头部职位,而且逐步大量应用在企业中高层管理及专业技术人员等"胸部与腰部"职位的招聘上。对于"胸部与腰部"职位的招聘,大多数情况下，企业无须咨询就很了解需要什么样的人才，问题的焦点转而集中在以下两个方面：

一方面，随着猎头招聘应用范围的扩大，采用预付费（而非有结果才付费）模式的成本太高。如何在有效使用猎头服务的同时，降低猎头招聘的成本？

另一方面，传统的高端猎头，很多时候签订的都是具有排他性的"独家委托"合同——猎头顾问可以相对从容地、按部就班地搜寻目标候选人。但对时间紧、招聘量大的"胸部与腰部"职位，如何在规定的时间内找到足够多的合适人选，就成了关键问题。

猎头业务容易让人感觉门槛低、赚钱易，猎头供应商的数量因此快速增长。据说，英国大伦敦地区就有上万家猎头公司，而在中国肯定也是几万家的数量级。随着猎头供应商的增加，猎头业务的收费模式逐步从预付费转变为按结果收费。没有结果，就没有佣金。这意味着猎头公司的人力成本存在严重的浪费。

从预付费到按结果收费，对猎头顾问而言，无疑是痛苦的，但对客户却是非常有价值的：降低了自身的成本风险，而且因为同时委托多家猎头公司提供猎头服务，还可以从它们的竞争中获得速度更快、质量更高的服务。

面对这样的变化，延续传统管理咨询的方法来经营猎头业务，路肯定会越来越难走。

很显然，猎头服务的业务模式需要调整改进。改进的总体方向是：从 RS（反应式搜寻）模式到 PS（主动专注）模式。RS 模式的本质是客户需要什么人选，就根据客户的要求进行搜寻。这在预付费模式下是合理可行的。PS 模式的本质是通过精准定位来达成领域专注，进而熟悉与该领域相关的候选人及客户群体，积极主动地撮合客户与候选人。有同行朋友评论说，RS 模式是"客户要啥（人才），猎头就去找啥（人才）"，而 PS 模式则是"猎头有啥（人才），就去卖啥（人才）"。虽然这种表述不全面，但讲到了一些核心要点：在有结果才付费的模式下，猎头通过"专注"来提升资源的重复利用率，通过"主动"来积极撮合客户与候选人，从而降低资源和成本的浪费。

从咨询到 PS 模式，尽管猎头的专业程度看起来降低了，但客户感受到的综合性价比却提升了。基于客户价值的内在驱动力，猎头业务模式总体上正从咨询（深度关系、按需搜寻）朝着 PS 模式（专注积累、主动撮合）的路径演进。在过去很多年里，咨询类顶级猎头公司的发展相对缓慢，以 PS 模式为基本特征的专注型猎头公司却发展迅猛。这在一定程度上印证了 PS 模式将是主流的发展趋势。

PS 模式使猎头业务的营运效率得到了极大的提升，但这肯定不会是猎头业务模式的终极形态。因为猎头业务营运过程中的最大浪费可能是"单边机会"的浪费。

由于按结果收费、一个职位同时委托多家猎头公司、大量中层岗位也使用猎头服务，猎头获得业务机会的难度看似极大地降低了，但大多数时候，猎头顾问获得的都是"单边机会"：有切实的客户需求，但没有合适的候选人可以推荐；有很好的候选人，但没有合适的客户可以推荐。只有客户与候选人的动态需求轨迹形成交集，才能成单。你不能满足的需求，你的竞争对手总能满足。因此这种单边机会的窗口期通常很短，很容易错过。猎头顾问的很多时间、精力不可避免地会花费在大量的单边机会上。尽管对将来会有积累效应，但对当下无疑是非常遗憾的，因为这属于不产生业绩的机会浪费！

我观察到的中高端猎头收费，处于 5 万～15 万元这个区间的比较多。按平均每单收费 10 万元来计算，猎头顾问如果每月成功推荐一个人，就会是年度业绩达 120 万元的顾问。即使打五折，年度业绩也可以达到 60 万元。这个业绩在很多猎头公司，都算中游水平了。很多猎头顾问每月跟进的客户委托不少于 10 个，每月接触的有真实跳槽动机、资历素质较好的候选人也不少于 10 人，但能确保每月都能成单的猎头顾问不会超过 10%。以上数据分析虽然不够严谨，但我们仍然可以得出这样的推论：如果能有效降低"单边机会"的浪费，猎头顾问的效率与业绩将有可能大大提高！

很显然，兑现"单边机会"的出路在于高效协同。而且从理论上讲，能够协同的范围越大，单边机会兑现的概率越高。

协同对任何组织而言都是最根本的问题。在猎头行业，协同的难度尤其大。猎头组织内部往往"友军难容"。分裂之后，新成立的猎头公司也较难持续成长。尽管客观上存在互通有无的协同需求，但独立的猎头公司之间其实很难形成持续高效的协同。

对猎头行业的这些痛点，一些有远见的人与机构早已看到，并在不断探索。探索的基本方向是：通过平台的方式实现跨顾问、跨团队、跨地域、跨公司的协同。

从协同互动的方向来看，平台类型大体可以分为两类："一对多"平台与"多对多"平台。"一对多"平台主要由平台经营方单方向地向平台参与方提供资源与支持；"多对多"平台主要由平台的参与方之间相互提供资源与支持。目前市场上主流的猎头平台大都是"一对多"平台，但从高质量地扩大协同范围的角度看，"多对多"平台可能是更好的方式。从"一对多"到"多对多"，协同的复杂程度会倍增——多个彼此没有隶属关系的主体之间，以自组织的方式高效协同，需要在数据分享、流程协同、财务结算等多个维度彻底打通。这对客户和候选人资源两头在外、多环节、非标准、长流程的猎头业务而言，尤其充满挑战，其中最核心的挑战在于如何借助文化传统在不断扩大的人群中"复制信任"。

　　管理咨询、PS 模式和平台协力（协同借力）从不同的维度为客户及猎头顾问提供了价值。三种思路与模式之间不存在泾渭分明的互斥，最终能在这三者之间形成有效交集的模式才最有生命力。尽管中国猎头行业已有近 30 年的历史，也已经有了很多模式，但要想促进管理咨询、PS 模式、平台协力三种模式形成交集，还需要很多探索。无论在哪个时代，人才都是"刚需"。有"刚需"的市场，加上尚待探索的模式，猎头行业还有很多东西值得期待！

面向未来的猎头平台应该是什么样的？

中国的房地产市场巨大。据估计，每年的房产交易中，前50个城市的房产交易中介费收入总量在1 000亿元～2 000亿元之间。猎头作为人才中介，收入规模与此相当，据估计也在1 000亿元以上。尽管数据未必那么精准，但考虑到人口趋势及房地产过去几十年的充分开发，以及人才越来越受重视，有人预测，人才中介（尤其是猎头）有可能成为规模最大的中介行业。这在一定程度上，是可靠的判断。

我曾经总结过猎头行业的三座"大山"。猎头组织的"易分难长"是其中的一座。千亿级的中国猎头市场发展了近30年，没有市场份额接近1%的十亿级猎头公司，连市场份额0.1%、业绩过亿的猎头公司都屈指可数。

单个猎头公司容易分裂，分裂之后大概率较难持续成长。猎头公司创业容易，但活得长久、活得畅快很难。从猎头公司"易分难长"的角度看，猎头组织的平台化毫无疑问是一个确定的未来发展方向，因为平台顺应了"易分"的内在动力，解决了"难长"的诸多问题。这样，我们就很有必要探讨一下：面向未来的猎头平台应该是什么样的？它应该具备的核心特征是什么？

"多对多""强连接""自组织"：在我看来，这是面向未来的猎头平台最应具备的三大特征。尽管预测未来是有风险的，但对未来的预判总能照亮我们脚下的路。我们有可能看错，但值得往前看。下面，我就这个判断的假设与前提，以及这三个特征的内涵谈一谈我的看法。

判断和预测的假设与前提

1. 招聘会是长期持续增长的"刚需"：人才尤其是关键人才的作用会越来越重要。同时，不确定性高、变化较快的社会环境，会加速人才的流动。

2. 猎头公司"易分裂"的动力难以改变：猎头生意的核心资源（关于客户与候选人的知识以及与他们的关系），与顾问而非公司结合得更紧密，生意跟着顾问走。在通过群体努力达成的结果中，每个人都会放大自己的贡献，进而觉得自己吃亏了。这个人性使然的"吃亏定律"很难改变。猎头支持服务的社会化程度越高，猎头公司的数据库、品牌、基础设施甚至资金对猎头顾问的绑定能力就越弱。有结果才付费的业务模式使新创猎头公司的获客门槛越来越低，有利于与更多的客户产生连接。有经验的顾问从原公司带出高质量的客户及候选人等资源，低成本运作，前期往往获益快且收益丰厚……

3. 猎头组织稳定的第一性原理：在中高端猎头业务中，如果改变不了生意跟着顾问走的现实以及人性使然的"吃亏定律"，那么有序地让实际经营业务的人在业务的经营权、收益权、所有权上获得主导地位，可能是猎头公司组织稳定的终极出路。

4. "孤岛"型猎头组织"成长难"的尴尬很难化解：创业公司麻雀虽小，但五脏俱全；基础设施重复建设，不仅费时费力，而且效率低下；组织太小很难吸引到、发展好、留得住优秀的人；由于处于孤岛状态，能滋养创业者的成长养分可能会越来越少。

5. 降低窗口期极短的"单边机会"浪费是猎头业务效率提升的关键突破口：有切实的客户需求，缺候选人；有优质的候选人，缺客户；你满足不了的客户需求，竞争对手很快能满足；你找不到合适客户推荐的优质候选人，竞争对手总能很快将其推荐出去……猎头顾问的大部分时间，不可避免地浪费在窗口期极短的单边机会上。

6. 猎头需要协同，却很难协同：对于同一家猎头公司的顾问来说，"友军难容"往往是常态。对于不同的猎头公司来说，由于协同成本太高，很难形成持续高效的协同。

7. 高效的猎头协同需要从"大数据，泛协同"到"深度数据，精准协同"：对于中高端猎头业务而言，"大数据＋人工智能＋松散的猎头公司联盟协同"看起来很吸引人，但实际效果可能不好。因为真正能提升中高端猎头业务的协同是基于深度数据（分散的个体知识与经验）的精准协同。

8. 猎头创业的终局迷茫：猎头顾问职业发展的终极出路大多会是不同形式的创业。选择创业的猎头顾问，最终都会面临这样的困惑：公司的结局一定是上市或卖掉吗？如果上不了市，也卖不掉，公司的出路在哪里？

如果以上的假设与前提成立，"平台化"会是确定性极高的猎头组织发展趋势。平台的本质是连接两个或以上不同群体的服务载体。平台的这个本质特点应用好了，有助于顺应猎头公司"易分裂"的内在动力，同时避免"难成长"的尴尬与困扰。

搭建平台的思路不同，平台的特点自然不同。能够面向未来、解决好猎头组织"易分难长"矛盾的猎头平台，主要特征在于三点："多对多""强连接"与"自组织"。下面简要分享我对这三个特征的看法。

"多对多"

从组织方式的角度看，猎头平台本质上可以分为两类："一对多"平台与"多对多"平台。"一对多"平台主要由平台经营方单向地向参与方提供资源与支持，协同互动上主要为经营方与参与方双向互动，参与方之间的网状互动较少。与此相对，"多对多"平台主要由平台的参与方相互提供资源及支持，经营方与参与方双向互动，参与方之间的网状互动较多。

"一对多"的平台模式，有"硬"资源的显性价值，参与方比较容易被组织起来，平台成长的瓶颈在于"持续提供资源"。而"多对多"的平台模式，立足于价值认同，促进彼此信任，进而提升协同效率并互为成长养分，平台成长的瓶颈在于"复制信任"。长远来看，我认为"多对多"平台比"一对多"平台更有生命力。其核心原因在于，"劣币驱逐良币"与"良币驱逐劣币"的趋势上的差异。"一对多"平台的基石是以资源为主的短期利益。随着顾问的成长、获取资源的能力增强，好的顾问通常会离开平台而导致负向循环。"多对多"平台的基石是价值认同上的高效协同与充足的成长养分。它更容易吸引优秀顾问加入，并让他们对平台产生黏性，进而形成正向循环。

"多对多"平台最重要的作用是通过"去中心化"较好地适应猎头组织"易分裂"的特点。"多对多"的猎头平台，可以进一步分为以下四种类型：

联盟型"多对多"平台

联盟型"多对多"平台主要面向相对独立的猎头公司。联盟这种方式，极大地适应了猎头组织易分裂的特点。但由于其组织方式通常较为松散，作为猎头公司之间联谊交流的平台比较有效，作为业务协作平台则难度较大。猎头是个流程长、环节多、不确定性大的业务，真正持续有效的合作不仅仅是要在客户资源与候选人资源上互通有无，更多的还需要在业务系统、公司品牌、财务机制、人员磨合等诸多维度上进行协同。从业务协同的角度看，联盟型"多对多"平台的协同效率通常太低，很难持续下去。

帝国型"多对多"平台

帝国型"多对多"平台的本质特点是，总部通过控股权的方式达成对各个业务单元的控制。帝国型猎头组织可以是趋向于"中央集权"的"一对多"模式，也可以是趋向于"去中心化"的"多对多"模式。从理论上讲，帝国型的"多对多"模式就猎头业务本身而言，可能是两端都能兼顾的模式：以控股权为基础，容易打通业务运作所需的系统、品牌、财务、人员等多个维度的连接；在业务管理上，"去中心化"自然会形成各个业务单元的自主网状协同。这种模式的难度在于，对控股猎头组织持续提供资源的能力要求较高，否则很难对冲猎头公司"易分裂"的内在动力。对于有独特资源优势的猎头组织而言，帝国型"多对多"平台是个不错的选择。但大部分猎头公司其实不具备这样的资源整合能力。

群岛型"多对多"平台

群岛型"多对多"平台面向的是自主权相对较高的猎头业务单元。平台可能通过股权关系与各个业务单元形成稳定的连接，但通常没有控股关系。在这样的模式下，实际业务负责人有可能在经营权、收益权、所有权上处于主导地位，可以较为彻底地解决组织稳定与激励的问题。同时，与平台之间的强连接，如通过股权关系产生连接等，有利于在系统、数据、财务、品牌、人员发展等多个维度打通，以提升业务协同的效率。这种模式对客户、数据、资金等特定资源的依赖度相对较低，更有"普适性"，但对增强成员之间的连接、发展共同价值观的要求相对较高。

要素型"多对多"平台

要素型"多对多"平台的商业本质在于，以盈利的方式去发现并满足各种需求。猎头能够既有深度、也有广度地连接支付能力较强的人与组织。一方面，商业需求天然地存在于这些人与组织中。另一方面，满足这些商业需求的能力也存在于这些人与组织中。从理论上讲，猎头的这种连接价值可以有一些商业上的想象空间。把猎头的这种价值作为一种商业要素，通过"多对多"的协同方式来变现，可能会是一种有趣且有意义的尝试。

基于对以上四种"多对多"猎头平台的分析，我们基本可以得出推论：从猎头业务营运的角度看，"多对多"协同的效果取决于多个维度的"强连接"。

"强连接"

平台模式能较好地适应猎头公司"易分裂"的特点，拓宽了各个成员的成长空间。但能否"多对多"地高效协同，使彼此之间成为互为资源的接收者与提供者，则取决于多个维度的连接。总体来看，连接越强，协同的效率通常越高。这些连接主要有以下几个维度：

客户资源连接

促进平台上的兄弟单位借助彼此的合作快速获得新客户。猎头行业的现状通常是：同一家客户公司往往会使用多家不同的猎头供应商。而同一家猎头公司内部往往会"友军难容"，客户资源共享较难。平台如果能够规则性地促进各个业务单位之间相互开放、彼此借力，则不但有利于各个业务单位快速获得新客户，同时也有利于合力服务好某家客户。

候选人资源连接

在猎头行业，多家猎头公司的数据来源重合度较高，尤其是基于互联网搜索来的数据都颇为相似。分散处理候选人资源，难免会存在重复建设。如果把数据系统打通，减少重复建设，就能最大化地连接候选人资源，提升候选人资源的复用率。

业务营运连接

单边机会，精准协同，分配机制与财务结算。猎头顾问每天面对的机会大多是单边机会："有客户，缺候选人"，或者"有候选人，缺客户"。打通客户、候选人资源，多对多协同，有助于兑现更多的单边机会。能有效协同的范围越大，单边机会兑现的概率越高。随着协同范围的扩大，基于对平台上各个成员的深度了解而精准地找到协同对象会越来越重要。当顾问有需要协同的单边机会时，不用告知所有成员，而是快速精准地知道对于这个具体的客户或候选人，平台上的哪几位顾问最有可能跟自己协同即可。只有协同越精准有效，协同才会越多。

前面描述的协同，必须建立在彼此认同的分配机制及高效的财务结算机制上。分配机制的核心在于，清晰界定好业务流程中的各个价值节点，并且分配好合理的权重。这个环节处理起来相对容易。与之相比，财务结算机制的复杂程度则高出许多。"多对多"协同下的财务结果往往会"我中有你，你中有我"，即某个业务单位的账户上，可能包含多个其他业务单位的营收。同理，某个业务单位的营业收入，由于"多对多"协同的结果，可能存在于其他多个业务单位的账户中。随着平台规模的扩大，这种网状交织的状况会越来越多。同时，由于候选人未通过保证期而可能涉及的退款或重新免费提供服务等情况，以及大范围协同中不熟悉的人之间是否能彼此信任等问题的存在，分散的财务结算很难应对这些复杂的挑战。综合考虑结算中的复杂问题，各个成员能够让共同信任的平台方集中处理财务事务，可能是效率最高的结算机制。

中后台连接

猎头创业公司的规模普遍不大，超过 20 人就算是有一些规模了。麻雀虽小，五脏俱全，小公司同样涉及工商注册、办公室租赁与装修、购置办公家具、公司行政、人事招聘、IT 系统、算工资、发奖金等事务。小团队往往缺少高效的中后台团队的支持，而在这些必需的杂务上牵扯的精力可能比预期的高出很多，进而拖慢业务进程。平台上的各个业务单元打通中后台，有利于让业务团队更专注于业务，也有利于让各个业务单元自然地建立起更多的连接。打通之后的中后台因其扩大的规模效应，也更有利于吸引并留住优秀的中后台人才，让他们逐步从"打杂"的角色转变为稳定平台的"基石"。

成长连接

"孤岛"型的猎头团队,虽然拥有极大的空间与自由度,但它们持续成长的营养浓度可能不够。"多对多"的猎头平台有必要机制化地促进成员之间的深度交流、相互学习,有意识地把一起成长变成连接各个业务单元的重要纽带。分享资源,有可能越分享越少。而分享成长,则会越分享越多。

平台营运者的角色连接

平台营运者与平台上各个业务单元的关系大体分为三类:控股股东,小股东,服务供应商。相对来说,控股股东在"多对多"的协同中,处理"去中心化"的难度较大。平台经营者作为服务供应商时,由于利益连接的稳定程度不够高,视野容易变得短浅。理论上说,在"多对多"的协同中,平台经营者以小股东的角色起到连接作用,会更容易平衡各项利弊,既能形成稳定的"强连接",也能让平台上的各个业务单元拥有并保持足够的空间与自由度。但这样的定位,对于平台经营者的综合协同能力要求较高。

"自组织"

"多对多"与"强连接"表面上看起来有些自相矛盾:"多对多"的协同往往是"去中心化"的,而"强连接"又难免有较多"中心化"的色彩。能够让矛盾的两极相得益彰的关键在于,"多对多"平台上的各个业务单元之间的"自组织"能力。

"自组织",简而言之,就是组织中的成员,在没有外部指令的情况下，能够基于某种原则，自发地组织起来，通过协同来完成任务。

比如，两个相对独立的猎头业务单元之间的协同，大体上有两种路径：一种是 A 公司（有需求的）猎头顾问→A 公司合伙人→平台协同→B 公司合伙人→B 公司（参与协同的）猎头顾问；另一种是 A 公司（有需求的）猎头顾问→B 公司（参与协同的）猎头顾问。前一种路径，A 顾问与 B 顾问之间的协同是"被组织"；后一种路径，A 顾问与 B 顾问之间的协同是"自组织"。

猎头业务，无论是客户端、候选人端，还是竞争对手端，动态的变化都极快。因此，猎头组织内部协同的最佳案例应该是实际负责该项业务的顾问之间的精准协同。这样协同，路径最短，协同的环节最少。大量顾问之间的业务协同，会自然形成组织内"多对多"的网状协同。在多个彼此没有行政隶属关系的业务单位之间进行"多对多"的业务协同，效率最高、成本最低的方式无疑是"自组织"，而非"被组织"。

就猎头业务而言，高效的"自组织"系统需要具备两个方面的条件："共享资源与平台"的"强连接"以及"价值观相容且彼此信任"的"软连接"。对"强连接"的元素，我们在前面有较多的探讨。而"价值观相容"的重要性可谓老生常谈，但很容易成为被忽略的常识。同样的行为，在不同的价值观里可能有很多种不同的解读。比如，在欧洲开杂货店的中国人，工作时间通常很长，在中国人看来，这是勤劳的美德，而欧洲人却有可能将其解读为对赚钱的贪婪。不同的解读，会影响人与人之间的信任。而信任又会进一步影响彼此之间合作的意愿与交易的成本。所以从这个角度看，"多对多"猎头平台的"自组织"能力最终会取决于这个平台在相互不太熟悉的群体之间"复制信任"的能力。

在"多对多"猎头平台上促进价值观相容及彼此信任，有几个关键要素值得我们重视：

交集思维

价值观相容很重要。但在现实业务中，在特定的时点上，我们未必能找到价值观高度相似的人一起共事。所以我们需要交集思维，即发掘并把注意力引导到彼此间的交集而非分歧上，并在一起前行的过程中努力扩大这些交集。因此，我们在明白价值观的重要性的同时，也要有因时、因地、因人制宜的灵活。

成年人态度

"多对多"协同比"一对多"协同，往往需要更大的包容度：面对平台上不同人的工作风格、工作态度、努力程度等，抱持成年人态度，对于彼此间的有效连接会是重要的纽带。成年人态度的核心是：承担责任的同时享受与责任相当的自由。

友谊文化

友谊生信任，信任促协同，协同出业绩，现实的业绩利益又会促进友谊……把人际友谊的重要性提升到平台文化的高度，长期来看会非常有助于"多对多"猎头平台自组织能力的提升。

开放精神

"多对多"猎头平台的组织设计必须是开放性的。因为在动态前行的过程中，有时成员之间的分歧会超过共识。在交集思维失效的情况下，应该以开放的精神、阳光分歧的态度，健康地进行建设性分离。这样的开放分离比勉强的封闭求同，更容易促进组织的长期、健康发展。成熟的开放精神应该是：来，欢迎；走，欢送；回，迎接！

核心观点总结

上述分析的核心观点，可以总结为以下几点：

1. 平台化是猎头组织发展较为明确的方向。因为平台有助于解决猎头公司"易分裂，难成长"的痼疾。

2. 长期来看，"多对多"的猎头平台比"一对多"的猎头平台更有生命力。

3. "多对多"猎头平台的难度在于协同的复杂性。

4. 做好"多对多"协同，需要把分权与集权两个极端都做好。让实际营运业务的人有序地获得经营权、收益权、所有权的主导地位，以解决猎头组织的稳定与激励问题。同时能建设好多个维度的强连接，提升协同效率。

5. 自组织的能力是"多对多"平台提升合作意愿、降低交易成本的必由之路。

6. "多对多"猎头平台最根本的挑战在于：在多个彼此不太熟悉，也没有隶属关系的业务单位之间"复制信任"的能力。

以上关于面向未来的猎头平台的见解，有些是我自己多年实践的沉淀，有些是我对过去20多年猎头行业及多家猎头公司浮沉起落的观察与思考，有些是基于我个人价值观的选择。无论如何，本文算是非常真实、坦诚地展现了我对猎头业务模式探索的路径，回应了猎头行业发展的三大痛点：如何顺应猎头业务易分难长的特点？如何避免孤岛化猎头创业的窘境？如何更好地激发猎头业务促进美好生活的潜力？期望本文对读者朋友们有所启发！

结束语

人生下半场的认知与起点

我想过很多方式来纪念 50 岁生日，但最终决定用文字记录自己 50 年来的体验、感悟以及对人生下半场的期待——让我更了解自己，以便更好地与自己相处；也让对我感兴趣的人更了解我，以便我更好地与外界相处。

我出生于川黔交界某小镇的一个教师家庭。小时候，在农村的外婆照顾我较多。从初中开始，很有远见的父亲把我送到了离家很远的学校住读，这在当时的小镇是罕见的。后来，我们全家搬去县城，我考上了当时重庆最好的中学，后来又到北京读了很好的大学。20 世纪 90 年代初，我来到生机勃勃的广州，在政府部门、企业任过职，还经历了多项创业尝试。1997 年，一个非常偶然的机会让我进入了猎头行业。两年多后，我开始创业，一直持续至今。其间，我还经历了去国外读书、事业发展的起起伏伏、婚姻的失败与重建……但就工作而言，20 多年来，我始终专注在同一个行业、同一件事上。

这 50 年，我在中国的农村、小镇、小县城、北上广深等一线城市以及欧美城市生活体验过。因猎头工作的缘故，我也见识过不同的行业、不同的工作，听过很多不同的人生故事。在个人成长上，我体验过百般滋味和高峰低谷，算是经历丰富。就工作而言，我在同一个行业经营同一家公司 20 多年后，还能很有激情，并且清晰地知道未来多年内这家公司还可以怎样一步一步地持续成长，也算得上专注了。

人生上半场，我经历了丰富，也体验了专注。人生下半场，我对未来还充满期待！何其幸哉！这其中，有些是我努力的结果，有些得益于同事、家人、朋友的帮助，对此我满怀感恩。

我人生前 50 年最深刻的体验是：认知的深度和广度，往往决定了我们的选择、行为和结果。很多东西，我大体上是看书学会的，比如，游泳、打桌球、打保龄球等。认真看书、原理清晰后，我在这些项目上获得了突破性进展。在极大程度上，做猎头，也是 20 多年前通过我在亚马逊平台上买来的教材学会的。甚至，我曾尝试戒烟但多年未果，后来，在非常认真地看了一本戒烟的书后，我居然毫不痛苦地戒掉了……很多从未做过的事情，我只要能在大脑里像放电影一样清晰放映，我就能大概率地在现实中做到。

所以，在这篇 50 岁的生日纪念文章中，我最想整理记录的是对我影响最深的几个认知。这些认知陪伴且指导了我的前半生，值得我认真梳理并记录如下：

认知一：很多人有充分的理由不喜欢我

我很努力地表达我对这个世界的善意，也交到了很多真诚的朋友。但也越来越认识到，很多人可能并不喜欢我，甚至反感我，而且他们有充分的理由持这样的态度。我可能给了他们这样的感受：

1. 好为人师且啰唆。太爱分享自己的价值观与心得，连我的小儿子也会抱怨说："爸爸，你说的这个话听得我耳朵都起茧子了！"更别提多年的同事和同行了。尽管我明白，成年人最重要的自律之一，是克制自己纠正别人的欲望,但很多时候我确实没能忍住。

2. 太一本正经,以至于有些人觉得我不那么真实。我曾被人调侃说:"你看起来忠厚老实,说不定一肚子坏水。"

3. 凡事太认真,不那么有趣。我收到过的最具有高度概括性的评价是:你这个人,可敬,可信,但不可亲。这句话出自我太太。

4. 太过理性,不关注情绪和感受。尽管明白事实与逻辑很多时候战胜不了情绪和感受,但还是忍不住想把道理给别人讲明白,以至于大家觉得我的情商忽高忽低。

认知二:心悦诚服地接受世界的多元化,懂得包容是最好的出路

人生上半场,因为相信只要我真心实意地对人好,他人终究也会喜欢我的,但长期努力而无果,让我甚为郁闷。当年岁渐长、阅历更丰富之后,我逐渐明白世界是多元的。由于背景、角度、看法的不同,各人对同一个事实的解读往往差异极大。每个人都会以自我为中心的视角看待世界,但世界的多元化却不因个人以自我为中心而改变。很多时候,我和他人同处于一个空间,但我们并不同处于一个世界。

对这一点的理解越深,我就越能坦然地接受这样一个事实:无论你多么充满"善意",别人也有充足的理由不喜欢你。当我心悦诚服地接受这个事实之后,我就能理解,甚至包容别人对我的反感与蔑视。由此,我自己会更轻松些,别人的负面评价带给我的不良感受不知不觉间便降低了。

我与我太太曾经在行事风格上有极大的不同。后来我从 Lumina Learning 的人格测试中发现,我由纪律驱动,注重整体系统;而她却

由灵感驱动、灵活应变。当理解了这是差异而非对错后,我就调整自己,享受她的优势所带来的好处,我的难受程度降低了,同时也激发了她自愿来学习我的长处。

认知三:与他人相处的方式:成年人的责任与自由,交集思维,阳光分歧

在我看来,成年人的态度是:承担与自由相当的责任。成年人的态度,会极大地提升我们在这个多元世界里有效包容而不是无奈地接受的能力。当我们自己以成年人的态度行事,同时积极带动周围跟我们相关的人也以成年人的态度行事之后,会发觉尽管大家的差异可能较大,却能相处得很好。

交集思维:不断地发掘出与他人共赢并相互依赖的交集,并把大家的关注点更多地放到这些交集上,持续提升交集思维的能力。这能极大地提升我们的包容能力,并优化我们在包容过程中的感受。

阳光分歧:由于世界的多元和环境与人的持续动态变化,有时彼此的分歧会大过交集。明白了这一点,我们就容易心悦诚服地接受这样的分歧。坦然地接受分歧,我们就容易以阳光、透明、坦诚的方式来面对分歧,同时也更容易激发相关的人这样行事。综合来看,在处理分歧上,阳光、坦诚具有很大的建设性。

认知四:与自己相处的方式:不断拓宽的舒适区,越来越清晰的边界,看重自己的价值但又足够谦卑

有些事我们必须改变,以便更好地适应世界。有些事我们无法改

变，必须学会接纳并心悦诚服地适应。要区分这两者，需要有探索的勇气和不断沉淀的智慧。在探索过程中，我们的舒适区会持续拓宽，需要敬畏的边界也会不断清晰。我们在积极进取中也能豁达地接受现实中的无奈。如此，我们就能在进一步看重个人价值的同时，也保持足够的谦卑。而谦卑的心，则会让我们更加开放地吸收新的养分。积极且能看清边界，自信且谦卑，我们就能与自己和谐相处。

认知五：三种关系决定人生的幸福：与他人的关系，与自己的关系，与信仰的关系

我们的人生追求大体上可以高度抽象地概括为主观感受上的幸福。在物资极度匮乏时，物质水平与幸福的关联程度极高。但在衣、食、住、行等需求得到基本满足后，我们的幸福感往往容易迷失。处理好以下三种关系，会极大地提升我们的幸福感。

与他人的关系：竞争、比较、冲突、接纳、友谊、关爱、嘲讽、仇恨、冷漠……我们的喜怒哀乐往往是与他人互动的结果。据说哈佛大学曾经做过一个跨度达70年的关于幸福的研究，最后得出的结论是"幸福与否，取决于人与人之间的关系"。

与自己的关系：与他人的关系本质上是与自己的关系的外部延展。很多时候，我们太执着于与外部的关系，扭曲自己，往往费力不讨好。对于他人，我们可以影响，但无法掌控。我们真正能掌控的只有我们自己。所以，当我们跟自己相处好了，与外部的关系往往也会得到改善。

与信仰的关系：事业、财富上的成功，未必能让人摆脱焦虑感与不安全感，而"减少焦虑，增加安全感"是提升幸福感的核心元素。

人的焦虑感与不安全感,往往源于与他人的比较、不确定性以及选择中的失去这三大焦虑源。不从根本入手,无论你在事业与财富上多么成功,都无法超越焦虑。唯有找到你内心深处的那份信仰,才能从根本上解决。与信仰的关系更紧密,能让我们在面对纷繁复杂的世界时,多些淡定,少些焦虑,更有安全感,因而也更幸福。

认知六:成长是一切问题的解药,成年人最重要的任务是成长

我们可以学习如何面对死亡,从而减少对死亡的恐惧。如果连面对死亡这样的事都可以学习,面对焦虑,面对金钱、知识、能力、资讯不足等人生挑战,自然也是可以通过学习克服或改善的。从这个意义上看,成长是一切问题的解药。

通常,我们会认为成年人最重要的任务是承担种种责任。但想深一层,即便你躺在那儿,成年人的种种责任,如工作业绩的责任、为人父母的责任、为人儿女的责任,也会找上门。这份苦你躲都躲不掉,而成长的苦则需要我们主动去品尝。因为外界可以要求孩子成长,却较难要求成年人成长。

成年人往往付出了不懈的努力、较长的时间与较大的代价,才形成相对稳定的"地图",即对世界的认知、价值观、方法论等,容易一厢情愿地期望外部世界与我们的"地图"相符。成年人有时甚至会花费比修订"地图"多得多的精力去捍卫过时的"地图"。拿着过时的"地图"去旅行,往往是成年巨婴的重要特征之一。而现实中的无奈,也会让我们"被逼"随波逐流,我们以为这样随波逐流会使我们更轻松、更幸福,但最终收获更多的却有可能是迷茫与懊悔。据说,盖洛

普有个著名的对于临死前后悔之事的调查，排在第一位的就是年轻时在成长上没有用尽全力。

每个人对成长的定义可能不同，我的版本是：成长是不断认清和接近现实与理想的过程。我们可以将其理解为：以双轨闭环的方式，不断更新我们的成长地图，不断校准和巩固，并接近我们的理想。

人生下半场的新起点
——以成年人的态度，把友谊与成长
转化成赏心悦目的成功创业

"成年人文化＋友谊文化＋成长文化＋开放文化"，与组织创新的结合也许有助于我们把创业，尤其是猎头创业的旅程，变得更加赏心悦目。在年过 50、跨入人生下半场之际，我内心的这份愿景与使命感越来越清晰、强烈。

这样的愿景与使命感，并非我一时的突发奇想，而是经历了多年成功与失败的探索。

FMC 成立 10 周年时，我曾写过《我的 FMC 梦想》一文。对于这个承载梦想的公司家园，我是这样描述的：

> 有一处开放的房屋，房屋里有很多人，大家对这处房屋的意义看法颇为不同。有些人觉得这里很好，想永远留下；有些人只是想把这所房屋当作起点，去探索房屋周围广阔的世界；有些人在跋涉中，经过这里，只是想进来休息一下，然后再远行；有些人觉得这里挺好，但外面的世界也深深地吸引着他/她，他们想出去走走，过些日子再回来……于是这

所房屋成了很多人不同意义上的家园：永久定居的家，娘家，亲戚家，朋友家……虽然大家想法各异，但大家都爱它，都期望这个家园能变得更加美好。

回望过去10年，我们一直是沿着这个朴素而美好的愿景一路摸索前行的，有欢歌，有痛苦，有成功，有失败……在FMC成立20年之际，我们对承载如此愿景的组织方式越来越清晰。过去的一年里，尽管受疫情困扰，我们依然按照既定节奏加快了前行的步伐：在一年的时间里，从北京、上海、广州三个城市拓展到深圳、天津、成都、苏州、青岛、武汉等全国多个城市，并获得了比我们所预期的更大的成功。过去一年里，我们有近10位前同事（其中4位是合伙人）离开多年后又选择回来。作为FMC的创始人，这些探索的初步成功，更加强化了我内在的使命感。

我认真写下以上文字，纪念自己的50岁生日，也鼓励我自己，并与关爱我的家人、同事、朋友共勉。

附录 1

你所知道的猎头可能都做错了

孟凡超

2010 年，我以 263 万元的业绩创造了多年猎头生涯的最佳业绩纪录。2011 年我更加努力，期望能够超越自己，跨上 300 万元的台阶。但业绩却出乎意料地急转直下，最终以 130 万元落憾。这样的大起大落让我倍感煎熬，也促使我去思考这样一个问题：到底哪里出了错？

带着困惑也要继续前行。在这个过程中，我开始关注米高蒲志、华德士、首要资源（Lloyd Morgan）等外资猎头公司里候选人驱动的"新"模式。我发现它们有很不一样的方法论。

它们的顾问往往业绩更高，而且业绩增长更加稳定持续。带着求索的心理，我于 2012 年加入首要资源，花了近半年时间实际体验了这个"新"模式。这段体验让我感受良多，自此对传统的客户驱动的业务模式有了进一步的反思。

之前有幸与 Charles（FMC 猎头公司创始人陈勇先生）及 Carter（华德士中国区前董事总经理杨璇波先生）就猎头业务模式进行了多次深入探讨，让我受益匪浅。

附录1 你所知道的猎头可能都做错了

Charles是中国猎头界少有的在实践与思考总结上都很有建树的创业者，他的一篇文章《当猎头公司的老板可能是天下最郁闷的事》激发了很多猎头同行的思考。同时，他所带领的FMC可能是目前业界发展得最健康的合伙制猎头公司之一。Carter创办的猎头公司与在伦敦上市的英国猎头公司华德士合资后，他担任新公司中国区董事总经理，带领公司业务转型。在他任职的4年多时间里，业绩增长了9倍，树立了一个从传统的客户导向模式向候选人驱动模式转型的成功典范。

与两位前辈的沟通，使我以往的思考与求索逐渐融会贯通。我突然意识到：自己以前与大多数猎头一样，在业务模式上犯了"张冠李戴"的错误。这些错误让我们身心疲惫且效率低下，让本可令人愉快的猎头生活变得低值且令人郁闷。

经过一段时间的沉淀，我整理了一些感悟，与大家分享、共勉。

中国猎头们大多拜错了师

浏览一下中国猎头公司的网站，90%以上的公司大体会这样描述自己工作流程中的几个关键节点：了解客户需求→确定搜寻方向及搜寻的目标公司→候选人搜寻→候选人面试、评估、筛选→推荐候选人→在招聘流程中向客户提供协助，如背景调查、薪酬谈判等→候选人上班后，按照合同规定的支付条款收取服务费。

这个流程非常科学严谨，但大多数按照这个流程操作的顾问却苦不堪言：在客户提出的委托中，绝大部分是费了力但做不成的。原因很多，比如，其他猎头公司找到了合适的候选人，客户内部有人推荐了，候选人自己投了简历，客户把招聘职位取消了……

对每个客户委托,顾问们都要在多维竞争中百米冲刺,然后相继突然倒下。有时好不容易成了一单,候选人又意外地违约了,又或者候选人好不容易上班了,猎头还没有收到款,但没过试用期,候选人又辞职了……猎头顾问在颗粒无收的同时,往往还可能被客户抱怨服务不够专业。真是很悲凉!

何故?大部分情况是因为我们一开始就拜错了师,犯了"张冠李戴"的错误。

猎头招聘的本质在于,招聘者采取主动联系潜在候选人的方式求才,而非通过广告等方式吸引应聘者,然后从中选才。依据这样的逻辑,猎头业务大体分为两种类型:一种是预付费搜寻,另一种是有结果才付费的招聘中介服务模式。

猎头是个外来概念,中国的猎头先驱们大体上从20世纪90年代开始学习这样的招聘方式。猎头先驱们学习模仿的对象往往都是国外的顶级猎头公司,学习它们的方法论、搜寻模式、工作流程、客户报告……这些经验在过去近30年里代代相传,直到现在还有很多公司努力向它们学习。

在这样的不断学习中,越来越多的公司的工作流程貌似与专业的"名门"类似了。而市场上的现实却是,绝大部分猎头顾问获得的客户委托都是有结果才付费的。有结果才付费,把风险转移给猎头供应商,对客户来说是现实的价值。"预付费的委托减少,有结果才付费的委托增多"将毫无疑问地成为招聘市场的重要趋势之一。

拿着有结果才付费的委托,却提供预付费式的搜寻服务,这样的结果大致上只能是这样的:即使顾问付出很多也不能保证有收益,顾问当然不一定会每单都全力以赴;客户自然也会抱怨顾问没有提供他们所宣称的专业服务。猎头顾问与客户之间的信任度往往越来越低。究其根源，其实是因为我们一开始就拜错了师。

Carter：所谓新模式的核心，其实就是把候选人当人看！

在谈及猎头业务模式的发展趋势时，Carter曾风趣地指出："所谓新模式的核心，其实就是把候选人当人看！"这句看似玩笑的话却一针见血地指出了大多数猎头顾问在业务操作上的症结。

预付费搜寻模式的基本逻辑在于：猎头顾问帮助客户搜寻并接触市场上所有潜在的候选人，确保客户得到的是所有可能性中的最优选择。在预付费搜寻模式下，猎头顾问只要付出了劳动，客户就应该付钱。猎头顾问遵循"客户导向"，根据客户的个性化要求进行深入的市场搜寻是理所当然的。对客户而言，对一些少量的关键职位采用这样的方式也是必要的。但对绝大部分职位而言，覆盖市场上所有可能性的搜寻方法，既不可能，也无必要。

在有结果才收费的条件下，客户要求猎头顾问按照本公司个性化的需求进行市场搜寻，其实对猎头顾问是不公平的。然而市场竞争太激烈，绝大多数猎头公司为了取悦客户而获得生存机会，只能接受这样的"不平等"条款。由于猎头顾问按照客户需求进行搜寻的劳动没有任何收益保障，对猎头顾问来说，最优的选择就是把候选人简单地看作商品，浅"谈"辄止，快速且大量地接触很多候选人，从中筛选出几个有可能成单的候选人，并"粗暴"地放弃暂时无法成单的候选人。

在这样的格局下，猎头顾问、客户、候选人三方的感受都很差。顾问们的感受是：猎头像个拼运气及概率的体力活。为客户搜寻并联系了很多候选人，如果没有成功，这些努力基本上不会被认同。候选人与猎头打交道的感受也很差：需要时，猎头来找你；不需要时，把你晾到一边，甚至对于被客户放弃的候选人，猎头顾问们连个反馈都没有。客户则觉得猎头顾问们的反应速度不够快，候选人推荐得不精准，职业修养上也很不专业。

Carter 所讲的"把候选人当人看"的实质是：猎头们服务好候选人这个群体，往往可以更好地服务客户。而在这个过程中，猎头顾问自身的感受也会更好。

在谈到华德士的业务模式时，Carter 认为如果仅仅是把模式改为所谓的候选人驱动，其实并非真正理解了这个模式的精髓。因为实现这个模式的良好运作，首先是一个系统工程，需要从顾问的甄选、薪酬系统、KPI 考核系统、公司文化等诸多方面综合发力；其次，这个模式的焦点是将蜻蜓点水式的搜寻变为在专业领域的深耕；最后，"把候选人当人看"，重视对候选人的服务，并非以降低对客户的服务为代价，而是顾问通过对客户与候选人更为平衡的关注来更好地服务客户。

Charles：PS 模式可能是绝大多数猎头公司业务转型的必由之路

在 Charles 看来，猎头成单的原理如同爱国者导弹拦截飞毛腿导弹。客户的招聘需求与候选人对机会的需求是一个不断变化的动态过程，猎头顾问只有在合适的时点上让客户与候选人动态变化的需求轨迹形成交集才能成单。

循着这个比方，Charles 把猎头顾问的核心能力界定为三个方面：

掌握客户动态变化的需求的能力，掌握候选人动态变化的需求的能力，匹配候选人与客户动态变化的需求的能力。从这个标尺来看，所有高绩效顾问都殊途同归：熟悉目标客户群体，熟悉目标候选人群体，同时能精准地匹配双方动态变化的需求。

这样的界定，很好地解释了猎头顾问业绩不好的种种原因。比如，很多客户资源很好的顾问业绩不好，很多熟悉候选人群体的顾问业绩不好，有些对客户及候选人群体都比较熟悉的顾问也业绩平平。这是因为只有三个要素同时齐备，才能成单。

很多猎头公司都是"用预付费的搜寻模式去做有结果才能收费的业务"。这样"张冠李戴"必然导致猎头顾问越来越低效且感觉郁闷。从这个角度看，沿用这种业务模式的猎头公司迟早都会面临业务模式的转型，以"张冠张戴，李冠李戴"的方式走出困境。

如何才能"以有结果才收费的方法去做有结果才付费的单"？

Charles 认为 PS（Proactive Specialization，主动专注）模式可能是绝大多数猎头公司业务转型的必由之路。Specialization（专注）是指猎头顾问按照职能（Function）、行业（Industry）、地域（Location）、级别（Level）等多个维度对自己发展的领域进行精准定位，而非"只要客户有需求就什么人都去搜寻"。Proactive（主动）是指"从等待客户有需求时向顾问下单，转变为预判客户的需求并向客户要单"。

在 Charles 看来，只有专注，猎头顾问才能真正熟悉目标客户及目标候选人这两个群体。只有主动，猎头顾问才能高效精准地匹配客户与候选人动态变化的需求，抓住市场上瞬息万变的机会。

与 Carter 类似，Charles 更愿意仅仅把候选人驱动看作猎头顾问主动发掘客户需求的重要手段之一，而不是业务模式的本质。因为向客户主动推荐有现实求职需求的优质候选人,往往更容易撬动并激发客户的招聘需求。这样,匹配客户和候选人动态需求的难度就大大降低了。

在我看来,两位前辈都抓住了问题的本质。尽管用于描述个人观点的文字不一样,却有异曲同工之妙。

猎头业务模式发展的一些重要趋势

据了解,国内市场上的绝大多数猎头公司提供的都是有结果才收费的服务。由于竞争激烈以及招到人才是最实际的客户价值,愿意预付费用的客户会越来越少,成单后才愿意付费的客户会越来越多。在这样的市场环境下,根据我对不同模式的观察、实际体验与思考,我相信,猎头业务的具体操作会发生如下变化:以 FILL [职能(Function)、行业(Industry)、地域(Location)、级别(Level)] 的四个维度精准定位顾问所服务的候选人。猎头业务模式发展的一些重要趋势如表 A—1 至表 A—11 所示。其中,表 A—1 展示了猎头公司/顾问的现状及发展趋势。表 A—2 至表 A—3 展示了有关专注的两种发展趋势,表 A—4 至表 A—6 展示了有关主动的三种发展趋势,表 A—7 至表 A—11 展示了主动专注(PS)的五种结果。

表 A—1 猎头公司/顾问的现状及发展趋势

大多数猎头公司/顾问的现状	发展趋势
客户导向的反应式搜寻模式(Client—driven Reactive Search)	以主动(Proactive)与专注(Specialization)为特征的"新"业务模式

附录 1　你所知道的猎头可能都做错了

表 A-2　专注 1：精准定位服务的候选人群体

方向宽泛 (General Direction)	精准定位 (Specific Positioning)	核心变化
根据客户所处的行业设定宽泛的专注方向，如快速消费品顾问、IT顾问、医药顾问等，较少按照候选人的不同维度去定位顾问的发展方向，几乎没有系统的候选人服务	根据FILL［职能（Function），行业（Industry），级别（Level），地域（Location）］这四个维度，精准定位顾问所服务的候选人群体	从猎头顾问对宽泛的目标市场的感性了解，到对精准定位的目标市场的深度理解
全方位职能（Full Function）	**职能专注（Focus Function）**	**核心变化**
接受客户的不同职能的委托	专注于单个职能或紧密关联的多个职能	从关注客户的行业相似性，到关注候选人的职能通用性 从重复利用率低的候选人搜寻，到重复利用率高的候选人积累

表 A-3　专注 2：根据候选人通用性定位的客户群体

大客户（KA）依赖模式	均衡客户模式	核心变化
专注于为少数几个大客户提供全职能的服务	依据候选人的通用性把大客户、普通客户、零散客户高效地组合起来	从顾问业绩受控于大客户需求及关系，到顾问业绩来源于更加均衡与稳定的客户组合

389

表 A—4　主动 1：猎头顾问的角色定位转变

全能搜寻专家 (Search Generalist)	专注领域招聘专家 (Specialist Recruiter)	核心变化
为满足客户的需求，顾问努力去搜寻客户所需的任何职位的候选人	顾问只向客户提供自己专注领域内的服务	从客户要什么人才找什么人才，到顾问有什么人才推什么人才 从什么业务都做，到有选择性地做
猎人型猎头（Head Hunter）	农民型猎头（Head Farmer）	核心变化
强调根据客户的需要，进行反应式搜寻	强调预判客户的潜在需求，主动对目标候选人进行深入了解与资源积累	从漫山遍野打猎，到深耕细作 从在海里打鱼，到在池塘里养鱼
星探与客户公司代理人 (Talent Scout & Client Agent)	客户与候选人的中间人 (Matchmaker & Broker)	核心变化
先有客户的需求，然后再按需搜寻；只代表客户，唯客户马首是瞻	既可以按客户的需求搜寻潜在的候选人，也可以帮助候选人按其职业兴趣主动搜寻潜在的客户雇主；同时代表候选人与客户，多方合作共赢	从一边倒，到两边"讨好" 从忙于找人，到忙于安排"相亲"：帮"女方"要彩礼，帮"男方"要嫁妆
B2B 服务提供者 (B2B Service Provider)	B2B 和 B2C 服务提供者 (B2B & B2C Service Provider)	核心变化
猎头公司/顾问的服务对象在本质上只有支付服务费的客户	猎头公司/顾问通过均衡地服务客户及候选人，最终更好地服务支付服务费的客户	从唯利是图的人才贩子，到关注客户/候选人长期关系的职业发展及招聘专家

表 A-5　主动 2：猎头顾问的工作方式转变

顾问独立做单 (Individual Delivery Consultant)	团队合作招聘 (Team Playing Recruiter)	核心变化
猎头公司/顾问的服务对象在本质上只有支付服务费的客户	由于每个顾问都有各自的专注方向，往往由多个顾问组成的团队才能服务好客户	从单打独斗，到团队作战
结果导向（Result Oriented）	结果导向＋过程导向 (Result Oriented＋Process Oriented)	核心变化
在按客户需求进行全职能的反应式搜寻模式下，结果导向往往是顾问最优的选择，因为深度积累往往会变成贬值很快的库存	在 PS 模式下，同时关注结果与过程是顾问最优的选择，因为主动专注之后，积累更容易变成销售结果，而非简单地增加库存	从看结果，到通过看过程来看结果
方法论与搜寻期 (Search Methodology & Lead Time)	现成的资源与即时推荐 (Ready Resources & Instant Recommendation)	核心变化
在客户导向的传统搜寻模式下，猎头顾问的专业素养，在很大程度上表现为搜寻的方法及需要多少天的搜寻期。在这种模式下，猎头顾问需要 1～2 周的搜寻期很正常	在 PS 模式下，顾问的专业素养表现为拥有多少现成的资源，并能对客户的需求进行即时回应。在这种模式下，顾问在 24 小时甚至半小时内为客户提供几个合适候选人成为基本要求。因为在客户提出需求之前，顾问已经有了预判并进行了相应的准备	从我能做，到我有候选人

表 A－6　主动 3：猎头顾问的核心能力转变

找到候选人的搜寻能力（Sourcing）	把握动态机会的销售能力（Matching）	核心变化
在客户导向的传统搜寻模式下,猎头顾问的核心能力表现在搜寻上,即从客户大致明确的需求出发找到候选人的能力。顾问往往把 50% 以上的时间都花在找人上了	在 PS 模式下,顾问的核心能力表现在销售上:因专注而容易对目标客户及候选人群体形成深度了解,这样大大缩减了顾问在搜寻上花费的时间,可以将更多的时间用于积极主动地把控客户及候选人动态变化的需求,进行双向销售	从搜寻顾问,到销售顾问

表 A－7　PS 的结果 1：顾问的绩效

起伏较大的（低）绩效〔Fluctuating (low) Performance〕	相对稳定的（高）绩效〔Sustainable (high) Performance〕	核心变化
绩效受大客户的影响而波动较大,同时由于候选人的复用度不高,浪费较严重,较难达成高绩效。"百万顾问"已经算是相当高产的顾问了	由于客户构成均衡,业绩会更加稳定。随着候选人复用度的提升,浪费降低,业绩随之提高。业绩 80 万元算是及格,业绩达 150 万元以上才是好顾问。只要足够努力,200 万元基本是个可及的目标,业绩达 300 万元以上才是真正的高产顾问	从令人郁闷的低效,到令人充满激情的高效

表 A－8　PS 的结果 2：猎头顾问的职业发展

持续挣扎的人才搜寻者 (Struggling Talent Finder)	能持续发展的招聘与职业顾问 (Professional Recruitment & Career Consultant with Sustainable Development)	核心变化
由于搜寻范围宽泛，猎头顾问很难真正积累某个具体方向上的深入见解。同时，宽泛搜寻导致的浪费，使猎头顾问随着年资增长持续积累职业优势变得困难。在很多情况下，年长顾问的综合找人能力往往不如年轻顾问	由于专注，猎头顾问容易在特定方向上有效地积累深度见识与人脉。随着这样的积累，他们会越老越值钱，越做越轻松	从不断地重新起步，到逐步积累职业优势

表 A－9　PS 的结果 3：猎头顾问的工作与生活质量

艰难的工作与生活平衡 (Shaky Work & Life Balance)	工作与生活一体化并在工作中享受友谊 (Work & Life Integration and Work to Enjoy Friendship)	核心变化
在对客户需求进行反应式搜寻的模式下，猎头顾问往往只能把候选人当商品看，大量但很浅层地接触很多候选人。这些接触往往是针对某个具体客户的具体需要，而非为了与候选人建立长期关系。这部分枯燥单调的工作很有必要，但却很难让人乐在其中	在强调主动专注的 PS 模式下，与清晰定位的目标候选人群体建立深入的长期关系是顾问的重要工作内容。当我们"把候选人当人看"时，就很容易在工作中交到很多朋友，我们就有可能享受这样的互动	从无奈地接受工作中的不如意，为生活而工作，到享受工作的精彩，融生活于工作

表 A-10　PS 的结果 4：客户的满意度

很难取悦的客户 （Hard-to-please Client）	时有抱怨但需求被满足的客户 (Complaining but Satisfied Client)	核心变化
在对客户需求进行反应式搜寻的模式下，一般而言，在没有任何收益保障的情况下，无论顾问投入多少时间去搜寻候选人，只要没有结果，客户多半不会感激顾问。无论顾问的搜寻速度多么快，也快不过有"库存"的 PS 顾问，往往是费了很多时间精力，到头来一场空	尽管客户会不断抱怨 PS 顾问没能提供全职能服务，有时客户委托的顾问太多，使得顾问不愿花时间给他找人。但由于 PS 顾问往往能更快速、更精准地提供客户所需的候选人并拥有对相关市场的深入见解，客户往往满意度更高	从不被认同的徒劳，到有成就感地不断成长

表 A-11　PS 的结果 5：猎头公司的组织健康状况

被关键顾问绑架的猎头公司 (Kidnapped by Key Consultants)	相互依赖型团队 （Inter-dependent Team）	核心变化
在全职能搜寻中，猎头公司的客户往往把持在几个关键顾问手上，客户跟着顾问走。关键顾问离职往往意味着业务的丢失。猎头公司在与关键顾问的博弈中，往往会无奈地牺牲组织的长期健康来留住现实的生意	在职能专注模式下，往往需要多个顾问相互依赖，彼此配合地服务好一个客户，猎头公司对单个顾问的依赖度有所降低。组织与业务更容易健康稳定地发展	从依赖少数关键顾问，到依靠专业的顾问团队

从低效的苦行僧猎头到高效的快乐猎头

猎头顾问数量增多，猎头顾问持续流入客户端从事招聘工作，领英、微博等社交媒体使找人难度降低……这些因素加速了客户转向有结果才付费的模式。同时，客户为节省招聘成本，原来由猎头公司做的大部分业务转为自己做，而只会把自己无法完成的高难度招聘任务交给猎头，从而对猎头顾问的专业水准要求越来越高。

在这样的大背景下，反应式搜寻的传统猎头因效率低下而倍感苦楚，职业之路越走越窄。而强调主动专注的 PS 模式，将是高效且令人愉快的猎头必由之路。

人类行为的驱动力大体上源于趋利与避害。如果你感觉自己的猎头工作低效且令人沉闷，那么恭喜你，这将成为你寻求改变的基本动力，你可以因被迫踏上改变之路而获得成长。如果你在传统的反应式搜寻模式中依然高效且快乐，当然也恭喜你，因为你有足够的时间来了解并适应这样的改变。同时也提醒你留意这种从 RS 模式到 PS 模式逐渐加速的改变趋势。

作为痛苦过也体验过业务模式转型的顾问，期望我的个人经历、思考与分享，能够帮到更多的猎头顾问及猎头公司。

本文作者简介

孟凡超（Vincent）

知名的猎头培训及咨询机构"凡超咨询"创始人，实战派落地猎头培训及咨询专家。拥有 15 年猎头行业经验，足迹遍及国内外 30 多个城市。拥有 500 家国内外知名猎头企业辅导经验，5 000 家多元化猎头企业调研诊断经验，1 万名猎头企业合伙人辅导经验，影响了 10 万名猎头从业者。猎头行业经典著作《大猎论道——真实世界的猎头艺术》合著者之一。

附录 2

测测你的猎头功力

文/陈功　图/木木

最近有很多猎头公司的老板问我:"我们最近遇到很大的业务压力,你说是不是转变模式才有出路?"

针对这个问题,让我们先从下面这张流程图开始说起,如图 B-1 所示。

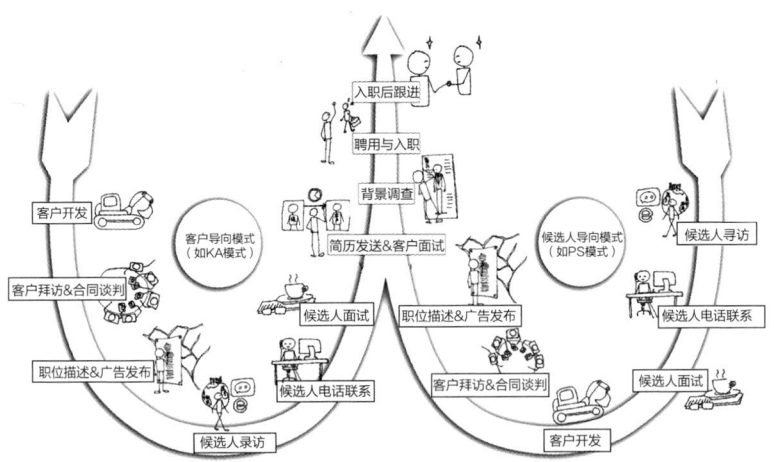

图 B-1　客户导向模式和候选人导向模式下的猎头业务流程

注:KA(Key Account)模式是指大客户模式,PS(Proactive Specialization)模式是指主动专注模式。

大家是否发现，以 KA 模式为代表的客户导向模式和以 PS 模式为代表的候选人导向模式，具有以下两个共同点和一个典型区别？

共同点 1：10 个环节相同。

共同点 2：指向的结果一致。

典型区别：主要区别为，是将候选人还是客户作为业务的主要切入点。

我自己经历过这两种模式，也通过主动专注的培训及咨询接触过大量不同的客户和顾问。我将个人心得分享如下：

1. 模式固然重要，但根据自身所处的不同阶段、不同行业，找到适合的才是最好的。

2. 每个模式都存在合理性和优缺点，或许不是非此即彼，而是两者有机结合才是王道。

3. 不同的模式之间至少有 85% 以上的环节和技能是相通的。与其学形，不如练神。增强内功（业务技能）是提升核心竞争力的不二法门。

内功才是核心竞争力

其实，从猎头存在的第一天起，猎头工作就是围绕"人"展开的，重要的是回归"人"这个核心概念。无论你现在用什么模式，或者将来想转型为什么模式，修炼自己的内功（即与"人"打交道的能力）都是至关重要的。就好比无论你学习什么门派的武功，少林或是武当，马步还是要扎，体能还是要练，以免练拳不练功，到老一场空。

说到修炼内功，因为专做猎头培训的关系，经常有猎头朋友问我这样的问题：Victor，你有没有什么"必杀技"让我们能够快速提升功力？我有时只能笑笑，这让我怎么回答呢？其实大家都理解，世界上没有什么灵丹妙药可以让人一下子飞升到另一个境界，一步登天。即使你是一颗好种子，也需要充分的时间和阳光、雨露，才能长成一棵真正的参天大树。在我看来，做猎头和从事其他行业一样，修炼内功其实是没有所谓的"捷径"的。如果要真说有，那就是科学的方法＋勤奋地练习。勤奋地练习无须多言，下面着重谈谈科学的方法。

科学的方法——羽毛球的故事

说到科学的方法，我想起了自己的一段经历。我是个羽毛球爱好者，虽说没有受过科学指导，但从小学到现在差不多打了20年的羽毛球，在小圈子中一直能"称王称霸"，也算是"三脚猫中的超级猫"了。有一天我接触到了更大的羽毛球圈子，很多球友一开始不是我的对手，但我发现如果有谁开始遵照老师的系统方法练习握拍、走位和手势，很快就能对我造成极大的挑战，但我还是仗着资格老不服气。直到有一天，我被一个球龄只有1年但是按照正规套路训练了大半年的球友打败，此时我心里的酸楚滋味大家可以想象。

这件事对我的触动很大，也引发了我对猎头培训的思考。我发现在平时的培训中，很多猎头顾问是"自然生长"型，学习热情很高，特别喜欢那些所谓的"干货"，学完就能用的那种。当然，这种学习很有必要。但实际上，猎头职业是一场马拉松，而不是百米冲刺。除了那些招式以外，我们的基本功和标准化动作是不是到位，决定着我们能够走多远。我发现，很多人虽然做了多年的猎头，但因为缺乏科学的方法，很容易遇到以下问题：

1. 业绩上不去，每年都维持在一个不令人满意的水平；

2. 业绩不稳定，每个季度或每个月的业绩浮动太大；

3. 认为换个模式业绩就会好，但结果不尽如人意；

4. 过早遭遇能力瓶颈，卡在某个环节无法打通；

5. 将过多的时间用在搜索工作上，但还是总抱怨合适的人不知在天涯何处；

6. 找到的候选人都很有个性，使得成单率偏低且掉单率偏高。

结果就是，就像我打羽毛球的故事那样，很多顾问很容易被从业一两年的猎头新人全面赶超。

就像"选择比努力重要"，方法也比苦干更重要。如果大家希望每年在职业发展上有明显的进步，光靠"自然生长"是不够的，还需要科学的方法——猎头的标准化业务流程来助自己一臂之力。

为什么要学习猎头的标准化业务流程？

就像我们每年需要体检一样，我们的猎头工作也需要"体检"。比如，我怎么知道我是否在用科学的方法做单呢？

大家可能注意到了，表B-1中的十个环节（候选人寻访、候选人电话联系、候选人面试、客户开发、客户拜访与合同谈判、职位描述与广告发布、简历发送与客户面试、背景调查、聘用与入职、入职后跟进）相互依存、缺一不可，像是一条生态链。每个环节的细节都会影响整个大局，包括签约率、推荐面试率、成单率、回款率等。

这次我应邀，首次把这十个环节按照流程列出技术要点，供大家自测，以便大家更了解自己目前在不同业务环节的水平，发现盲点，提升潜能。

事先声明，猎头公司百花齐放，不可能有一个完全统一的标准。

我分享的也仅仅是基于自身经验的一些总结，不可能涵盖方方面面，也不一定适合所有猎头顾问。

不过这些要点本身就是优化的业务流程，可以在一定程度上支持大家进行内部培训、进阶考评，帮助自己的公司或团队完善"生态培训体系"。不足之处恳请指正，希望凭借大家的力量，让更多的猎头顾问或公司少走弯路。

表 B-1　十个猎头测评环节

环节1：候选人寻访	技能要点	是/否
候选人寻访	了解行业地图 A~Z？ 已经列出目标或竞争公司？ 了解客户的通用标准和特殊标准？ 了解你的候选人是谁，比如所在地域、薪酬水平、上下游？ 已清晰地搜寻地图，比如线上线下的各种混合渠道？ 对数据库中历年的相似简历做过筛选？ 对于什么是好的简历有相对固定的标准？ 能熟练掌握在线搜索、关键字搜索等技能？ 询问过同事的资源？	
环节2：候选人电话联系	技能要点	是/否
电话联系前	阅读了候选人简历？ 查阅了数据库记录？ 明确了电话联系的目的？	

续表

电话联系中	微笑？ 声音饱满有张力？ 清晰介绍公司和自己？ 询问对方是否有空？ 保持语句简明扼要，维持候选人的兴趣度？ 避免口头禅？ 有进一步的行动方案，比如下午4点整准时再联系？ 收集到候选人的基本信息，包括薪资情况？ 明确候选人的求职意向，即使其没有看上这个机会，也了解相应的原因？ 在电话沟通的最后总结沟通的内容，并确认双方的理解无误？	
电话联系后	发送短信并以对方姓名开头？ 按约回复或跟进事宜？ 无论结果如何都及时给予反馈？ 更新信息至数据库？	
环节3：候选人面试	技能要点	是/否
面试前	阅读并在简历中标注关键问题？ 预定会议室，检查面试房间？ 检查仪容仪表？ 寒暄并致谢？ 介绍公司、团队、自己？ 介绍面试安排？ 有完整的结构化面试？	

续表

		是/否
面试中	有面试胜任力？ 在上述环节之后再深入了解候选人动机并介绍职位？ 获取相应的市场信息？ 给予候选人面谈反馈和建议，并告知下一步的行动安排？ 留给候选人提问和反馈的时间？ 将面试结果输入到系统中？ 面试后及时跟进并告知候选人职位情况？ 尝试将市场信息转化为业务机会？	
环节4：客户开发	技能要点	是/否
开发前	检查过数据库中该客户的情况？ 清楚客户可能招聘的职位？ 准备相应的参考简历？ 先从熟悉的客户开始？ 准备好相应的客户名单再集中打电话？	
开发中	明确电话沟通的目的？ 礼貌、微笑进行？ 询问基本的职位情况？ 即使没有招聘需求也能了解其他情况？ 不使用"对抗性谈判"应对客户的拒绝和提出的挑战？ 有明确的下一步跟进约定？	
开发后	邮件和短信跟进？ 更新系统内信息？ 履行对客户的承诺并及时给予反馈？	
环节5：客户拜访与合同谈判	技能要点	是/否
客户拜访前	与客户提前一天确认时间，包括最终出席人员？ 准备好相应的资料？ 准备好合适的简历？ 做好客户调研？ 查阅了之前所有有关于该客户的合作记录？	

续表

客户拜访中	有寒暄并把名牌放在合适位置？ 比客户后落座？ 有无向客户正式介绍公司、团队及个人？ 前3分钟不谈职位？ 倾听并理解客户的困扰？ 围绕客户的"痛点"提出可视化方案？ 对客户提出的挑战不进行对抗性谈判？ 总结客户的要求，让双方理解一致？ 获取客户的承诺并明确下一步的行动？ 和客户审视简历并理解客户的真实需要？	
客户拜访后	写感谢信给客户的所有参与人员？ 更新系统内信息？ 履行对客户的承诺并及时给予反馈？	
合同谈判	合同从头到尾看过并理解？ 尽量使用自己公司版本的合同？ 不了解客户需求不报价？ 准备多种方案以满足客户需求？ 运用不同的谈判技巧？	
环节6：职位描述与广告发布	**技能要点**	是/否
职位描述	在职位描述前做好相应的调研和搜索，避免问与客户无关的问题？ 了解该职位产生的原因？ 清楚了解客户的相关信息？ 清楚了解该用人部门的相关信息，包括负责人、成员等？	

续表

		是/否
职位描述	清楚了解该职位的相关信息，包括预算、挑战、要求等？ 了解内部人选？ 清楚了解职位招聘流程？ 获得客户的承诺，比如多久后面试第一批候选人？	
广告发布	每次会浓缩改写客户的职位描述？ 在各种渠道发布职位信息？ 职位有无统一的格式和编码？ 广告充满吸引力，同时保护客户的信息？	
环节7：简历发送与客户面试	技能要点	是/否
简历发送	简历报告正确且完整，格式统一？ 报告中含有职位架构、薪资、离职原因/动机、推荐原因等必要信息？ 推荐邮件的标题清晰？ 有无在推荐邮件的正文中用一句话介绍候选人，让客户不用打开附件就能对候选人有个大概了解？ 会在邮件发出1小时内做电话跟进？ 通过电话沟通，让首轮面试的促成概率大于80%？	
客户面试	每次都有2~3个备选时间让双方不用反复调整？ 每次确认面试时间后与客户约定工作日历？ 面试前详细告知候选人客户的面试官情况、行车路线等？ 对候选人做礼仪、面试及其他注意事项的基本辅导？ 面试后及时获取双方的反馈并及时跟进？ 获得HR对每个候选人的评价及满意程度？ 了解跟进下一步的具体安排？	

续表

环节8：背景调查	技能要点	是/否
背景调查前	获得候选人的同意？ 让候选人事先和背景调查人沟通，确定时间？ 准备了背景调查表？ 把能填写的相关信息先填好？ 检查数据库，了解背景调查人曾经是候选人还是客户？ 重新回顾候选人简历，明确重点问题？	
背景调查中	自我介绍，询问是否有空？ 介绍打这通电话的原因？ 强调保密性？ 告知此次背景调查可能需要的时长，比如15分钟左右？ 询问调查表上或客户要求的特定问题并得到数据支持？ 敏锐地把握业务机会，询问被访者公司现状并寻求面谈、合作的机会？	
背景调查后	向被访者发送感谢信，并附上自己的联络方式？ 将背景调查结果在系统中输入或更新？ 通知候选人背景调查已完成以及下一步的行动方案？	
环节9：聘用与入职	技能要点	是/否
签约前	清楚了解候选人的真实意愿度？ 计算清楚候选人的各项薪酬福利、潜在损失？ 了解候选人的顾虑点？ 了解候选人被留在原公司的最大可能？ 得到候选人的承诺后再行动？ 不说原公司和其他公司的坏话？ 问清楚候选人真正的薪水底线和理想值？ 重申候选人当初应聘的理由？ 必要时请用人部门经理和HR出面与候选人沟通？ 始终参与并主导客户和候选人双方签约的行进过程？	

猎头之道

续表

签约中	如果同城，一定当面签约？ 当面签约时详细为候选人解释每项条款？ 签约前再次告知候选人这份工作的风险和挑战？ 对候选人做辞职辅导？	
签约后	候选人和原公司每轮谈话后都给你打电话进行协商？ 跟进候选人的离职流程？ 和候选人见面并表示祝贺？ 尽快帮助候选人明确最后工作日？ 候选人上班前一天双方电话确认？	
环节10：入职后跟进	技能要点	是/否
入职1个月内	入职第一天有电话沟通？ 入职一个月有电话沟通？ 向HR反馈候选人情况？ 向候选人反馈客户情况？ 如果同城，是否和候选人再次见面？	
入职3个月内	入职3个月有电话沟通？ 向HR反馈候选人情况？ 询问是否可以帮助客户建立人才梯队？	
入职6个月内	入职6个月有电话沟通？	
客户端	及时跟进回款？	

如何自测？

▼ 360度顾问可以依次测试十个环节。

▼ 如果目前你还没有成为 360 度顾问，也不妨只测试相应的一些环节。

▼ 如果你是团队负责人，也可以基于对组员的了解进行评价，或者让组员自测后分享和讨论。

自测只有很简单的三个步骤，整个过程只需 5～15 分钟：

1. 准备纸、笔、计算器。

2. 对每个技能要点选择"是"或"否"。

3. 在每个环节中，用选择"是"的题目数除以该环节的总题数，得出百分比，分子即为分数。（比如，候选人寻访环节总共有 9 个要点，我获得了 6 个"是"，那么在这个环节选择"是"的题目数占 67%，所以我的分数是 67 分。）

值得注意的是，选"是"的标准。只有当你完全可以做到或者至少在 85% 的情况下都会这样做时，本题才选"是"。

至于你所得的分数代表着什么水平，文章最后会有一些参考数据，帮助你了解你在猎头行业中的技能水平和业绩潜力。

非 360 度顾问参考标准

恭喜你，想必你已经得出了各个环节的分数。如图 B-2 所示，看一下你在每个环节的分数处于什么区间和对应的猎头水平。如果你的"候选人寻访"分数是 70 分，那么你就是"候选人寻访"环节的强人。如果你的"候选人面试"分数是 55 分，那么你就是"候选人面试"环节的新人。

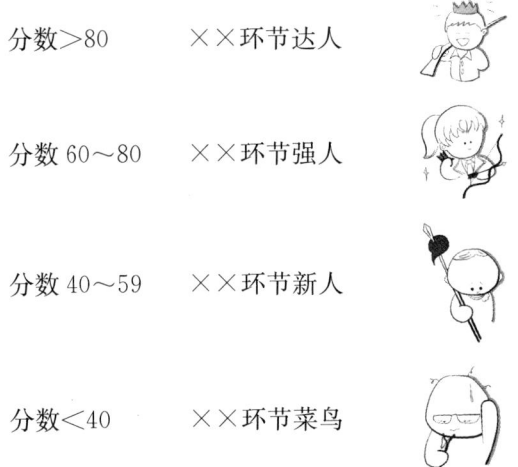

图 B-2　猎头测评各个环节的分数区间和对应的猎头水平

当然，分数高并不一定意味着测评人就是高产顾问。但是高产顾问的分数一定不低。

360 度顾问看这里

每个环节都是必不可少的，但是否每个环节的重要性都一样呢？我相信大家都会觉得有差异，但又不能列出一个标准的重要性排序，因为公司和行业的情况千差万别，对吗？

我根据自己做猎头顾问和培训猎头的经验，倾向于按候选人导向模式对不同业务环节赋予一定的权重，按图 B-3 做了简单的切分（每个环节的权重加起来是 100%）。这些权重划分可能不够精准，但请大家不妨思考一下这些权重（百分比）背后的逻辑，对你打通猎头工作的任督二脉可能会有很大的帮助。

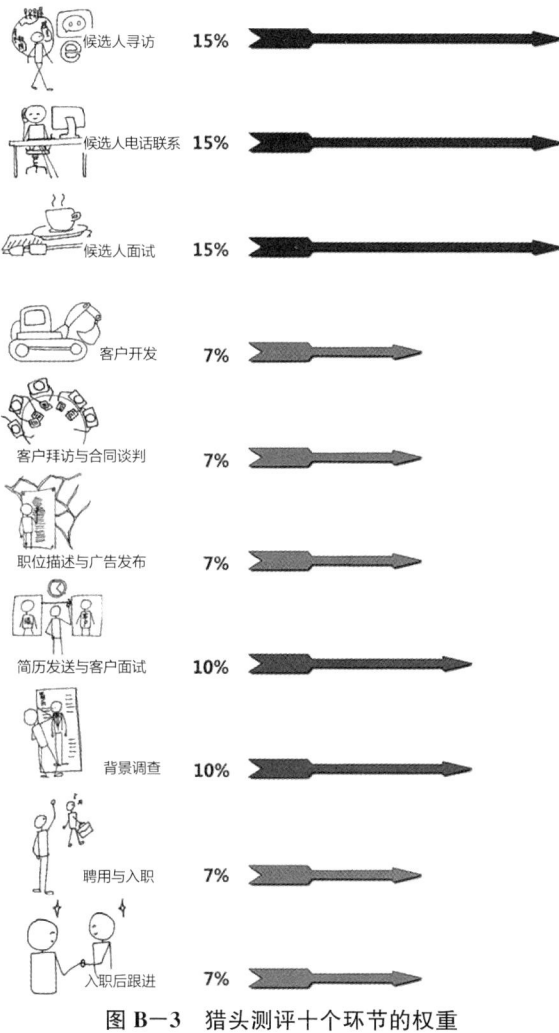

图 B-3　猎头测评十个环节的权重

同时，为了让你的测评更有效，请身为360度顾问的你再多做一步，把相应环节的分数乘以图 B-3 中的百分比，加起来的总分更精确。比如，之前"背景调查"环节的分数是 80，那么 80×10％＝8 分。依此类推，把每个分数都乘以相应的权重，然后相加，就能得出你的总成绩，满分为 100 分。

做完之后，对照图 B－4，来看看你的成绩和对应的预估业绩。

分数＞80	猎头达人	预估年度业绩 150 万元以上
分数 60～80	猎头强人	预估年度业绩 80 万～150 万元
分数 40～59	猎头新人	预估年度业绩 30 万～79 万元
分数＜40	猎头菜鸟	预估年度业绩 30 万元以下

图 B－4　测评分数和对应的预估业绩

还是那句话，测评分数不等于业绩，但是高产顾问一定能得高分数。

结语

这个自测其实是为了让大家更了解自己。当然，猎头老板和团队负责人也可以据此了解目前团队成员的情况，了解业务盲点，让大家能进一步优化，更上一层楼。这个自测分数也是公司业绩及其所在水平的佐证。

最后，希望越来越多的猎头朋友回归"人"这个根本。扎好自己的"马步"，培养自己和"人"交流的良好心态并练就深厚内功。不管你在哪里，不管你用什么模式，希望你用自己的专业度和高效率带给候选人和客户更多的满意和惊喜。也希望你为自己是一名真正的猎头而自豪、骄傲！

附录 3

常用猎头学习资源

　　我于 1997 年进入猎头行业。带我入行的老板激发了我对猎头行业的兴趣，但对于如何成为一名专业高产的顾问，他只能给我一些朴素的思路。因为在那个年代的中国市场，绝大多数的职场人都不了解猎头服务，市场上为数不多的有经验的猎头同行也基本不愿意分享自己的"独门秘诀"。在当时那样的环境里，作为猎头新人的我，很难找到交流学习的合适渠道，只能凭勇气和信心笨拙且艰难地摸索前行。

　　好在那个时候出现了亚马逊网上书店，我查到了一本名为《猎头专家的秘密》（*Secrets of the Executive Search Experts*）的猎头专著。20 多年前的跨国网购很不容易，几经周转，我总算把这本书从美国买了回来。非常幸运的是，这本书让我的猎头视野超越了我当时所处的环境，给了我很多成长营养，在一定程度上奠定了我从事猎头业务的专业基础。

　　这本书带给我的收获让我感恩至今。这份感恩，促成了我愿意开放地跟同行交流分享。2013 年，在猎聘的支持下，我创办了《大猎论道》这个行业交流专栏，并花费大量的时间、精力来完成这本《猎头之道》。期望我做过的探索与思考，收获的经验与教训，能成为支持他人前行的路标。

20多年过去了,猎头行业的学习模式很大程度上仍然是"师父带徒弟"的模式。但并非每一个徒弟都那么幸运,能够不断地有专业能力很强且毫无保留的师父来教自己。因此,对真正想要持续成长的猎头顾问而言,学会从直接上司和目前公司之外的环境中汲取营养,就成了一种非常重要的能力。所以,除了我自己努力分享之外,我也很乐意把我所知道的猎头学习资源整理出来与大家共享。期望能给愿意学习的猎头朋友提供更多的渠道来汲取成长的养分。

这些学习资源大体包括三部分:一是猎头培训和学习机构;二是网络资源,如网站、公众号、App 等;三是培训师、咨询顾问、教练。以下学习资源均按拼音首字母排序。这只是我所知道的一些猎头学习资源,并非基于行业评价的资源列表。相信有很多我所不知道的学习资源也非常值得关注。读者朋友如有发现,也可以分享给我。待本书再版时,一并更新。

陈功(Victor)

陈功先生不仅是爱猎(iHunter)企业管理咨询(上海)有限公司的创始人,还是猎头行业非常有影响力的培训师、团队教练、作家。他已累计向数十万位猎头顾问提供了培训、教练服务,是人才协会常年特邀导师。著有畅销书《百万顾问新人特训营》《赢:无处不用的谈判术》。创作了金牌版权课《BD 黄金术》《交付黄金术》。

陈功先生创办的公众号"陈功猎头学院",致力于提升猎头人士的幸福指数。

《大猎论道》专栏

这个基于猎聘的猎头行业专栏，是猎头行业最知名的行业专栏之一，创立于 2013 年。本人曾担任该专栏的第一任主编。现任主编是 CGL 创始人庄华（Pierre）先生。有数十位中国知名猎头企业的创始人及资深人士为这个专栏写过很多有影响力的文章。这些文章先后汇集成两本专著《大猎论道——真实世界的猎头艺术》与《大猎论道 2——变革下的用人之道》。

《大猎论道》专栏网址：https://h.liepin.com/dlld/。

《大猎论道》专栏公众号：大猎论道。

凡超咨询（FC Solutions）

凡超咨询，即上海凡超文化传播有限公司，由猎头行业知名的培训与咨询专家孟凡超（Vincent）先生创办于 2012 年。致力于为猎头企业提供高品质的业务培训课程、管理培训课程和管理咨询项目，帮助猎头企业打造顶尖顾问及制胜团队，进而增加营收、创造利润，已成为猎头领域最受信赖的培训及咨询机构。

凡超咨询经过多年的发展，已研发 100 多门猎头口碑课程及 10 多项猎头企业精品咨询产品，对焦猎头企业业务及管理中的各种痛点。凡超咨询不定期将高品质内训课推广为精品公开课，塑造了极高的市场口碑，覆盖 100 000 多名猎头小伙伴。

凡超咨询公众号：凡超文化传播。

谷露软件

作为猎头行业知名的科技服务商,谷露软件不仅致力于为猎头公司提供好用的系统产品,也一直通过高质量的知识分享帮助猎头顾问沉淀业务。它不仅提供技巧与方法论的精华汇总,更有丰富的前沿资讯与"大咖"洞见助你保持灵敏的行业嗅觉。同时还会定期牵线优秀的猎头企业创始人、合伙人、资深顾问,举办线上线下的活动与培训课程,分享他们压箱底的干货。

关注谷露软件公众号,可以查看所有历史精彩文章,获得电子书、行业报告的免费下载链接,还可以报名参与近期的直播、沙龙。

公众号:谷露软件。

蒋倩(Jenny)

蒋倩女士是一个多角色的自由职业者,讲真话的职场咨询培训师。她拥有以下多种身份标签:

猎头培训师:猎头界的"珍妮姐",线上公益节目《猎头成长30天又N天》在喜马拉雅平台累计有超过30万次的播放量,线上课程在千聊平台有约2万人次学习;线下走访业内各类猎头企业并提供有关猎头企业培训体系搭建的咨询服务和猎头顾问的技能培训服务。

职业咨询师:国际生涯发展协会(NCDA)国际顾问生涯规划师,"在行"职场话题超高分行家,给大约300名职业经理人做过一对一咨询辅导。

职场自媒体人:微信公众号和视频号"珍妮姐说"、哔哩哔哩"猎头职场—珍妮姐说"、抖音"猎头职场@珍妮姐说"的主理人。

业余作家：著有《跳槽就是相亲》《百万猎头从入门到精通》；三茅人力资源网专栏作者，《大学生就业杂志》特邀作者。

老猎头：2007 年入行，曾是国内人力资源第一股科锐国际的老兵，资深百万猎头。

杰特思哲咨询

苏州杰特思哲企业管理有限公司是专注于招聘领域的垂直咨询公司，由招聘领域资深咨询师高翔（Jet）先生创办。

高翔先生是上海人才服务行业协会专家库成员，人力资源服务业咨询师；有 8 年以上的中高端猎头招聘工作经验，拥有 3 年以上的中国人力资源服务业咨询辅导经验；成功辅导了万科集团、百威英博、平安集团、宜信金融、腾讯（腾佳）人力资源、北京外企（FESCO）、外企德科（FESCO Adecco）等企业级客户的招聘中心（如 SSC、CoE、TA 中心）和人力资源服务机构客户。

高翔先生的邮箱：jet.gao@jsconsultant.cn。

公众号：杰特思哲咨询公众号。

库尔特与职海领航

库尔特是职海领航的创始人、《非你莫属》人力资源专家，曾帮助百余家中外企业搭建和优化组织架构。2011 年起，他带领职海领航团队，通过线上直播和线下授课的方式，帮助数万名人力资源和猎头从业者掌握相关专业知识、提升思维理念。2016 年起，他受邀录制天津卫视职场综艺《非你莫属》节目，担任人力资源专家。幽默风趣与犀利的风格为他赢得众多选手和观众的好评。

职海领航持续助力中国猎头从业者的成长与发展，面向中国猎头领域专业人士搭建行业赋能平台，致力于孵化和培育本土猎头企业，带动行业改造升级，为猎头企业发展提供战略咨询、组织优化、管理培训、品牌打造等全方位服务，帮助猎头企业全方位提升，激发市场活力和品牌影响力。

网站：http://www.mutualhunter.com。

马雄二与猎上学园

猎上学园集合了人力资源行业优秀的创业者、管理者，一起开发更先进的课程，供猎头、招聘人士学习，从而解决招聘的痛点问题。帮助猎头顾问尽快达成客户招聘工作目标，助力客户尽快获取更合适的人才并实现更快速的发展。猎上学园致力于为行业培养高质量的招聘人才，助力国家"人尽其才"。

马雄二先生是猎上学园校长、猎上网联合创始人、MRI全球TOP 50猎头顾问、万宝盛华（Manpower）首位华人金融猎头、万宝盛华和MRI China的金融团队创建人。他主创的猎上学园大满贯系列课程已有10万＋猎头用户付费收听。他主讲的课程有"精益猎头""猎头话术大全""猎头面试降龙十八掌"等。

猎上学园公众号：猎上网马雄二。

"猎头顾问成长与创业思考"公众号

"猎头顾问成长与创业思考"是我本人创办的公众号。这个公众号的核心定位如下所述：

1. 聚焦猎头顾问的成长与创业；
2. 分享经得起时间考验的经典思考；
3. 助力猎头从业者过上可持续的幸福生活。

本公众号的文章由原创与精选文章构成，在内容选择上，注重猎头顾问成长与创业的基本问题。文章不一定是最新的，但大多是值得反复阅读的深度文章。

非常欢迎同行朋友到此公众号平台分享你所阅读过的与猎头相关的高质量文章，并写下你的推荐语。

我的邮箱：charleschen.1970@qq.com。

RECC（中国）招聘联盟

RECC（中国）招聘联盟（Recruitment & Employment Confederation of China）简称 RECC，是国内公认的专注于招聘及猎头领域的第三方权威机构，是招聘行业极具影响力的品牌媒体平台、招聘技能学习平台、招聘资源连接平台。

RECC 自成立以来一直秉持"专注，专业，共享，共赢"的原则，联合国内外优秀的资源和专家，专注于为招聘服务机构和从业者的发展提供各种专业支持和服务，帮助猎头及整个招聘行业加速发展。

经过十年的服务沉淀，RECC 平台目前已经服务和连接过万家猎头企业，覆盖全国 70 多个城市。

RECC 的主要服务包括以下三个维度：

1. "学习成长"：为猎头从业者和创业者提供线上线下的学习机会。

2. "品牌打造":帮助猎头企业打造特色品牌,提升知名度。

3. "资源连接":帮助猎头顾问连接自身发展所需的客户、供应商、专家等各种资源。

尚宏丽(Sophie)

尚宏丽女士是国际教练联合会(ICF)认证 NLP 教练、组织教练、商业团队教练、高管教练。曾作为核心管理成员,助力知名英国猎头公司华德士(Robert Walters)在五年内实现业绩的十倍增长。

她致力于帮助创始人、CEO 通过"搭建完善的体系""实现系统落地""三层领导力建设",形成具有组织特色的可持续健康发展。

尚宏丽女士的邮箱:ss0415@outlook.com。

沈嘉(Steve)与赋猎咨询(Empower Hunter)

沈嘉先生有 15 年的一线带队实操经验。他在英国上市人力资源公司华德士管理的团队是该公司亚太区最佳表现团队之一。他本人也是华德士中国顾问中唯一一个独立业绩突破千万元、连续单月业绩过百万元的资深顾问。

在开启猎头顾问生涯前,他曾以 IT 战略顾问和管理者的身份,任职于 IT 咨询公司和四大管理咨询公司。2006 年,他入职万宝盛华上海总部。2008 年,他成功创业。公司第一年的营业额突破千万元。

通过走访海内外知名猎头企业,结合当下中国招聘市场挑战,他设计了猎头企业从业者"PMO 三体"胜任力模型,力推"交易中心+交付中心"招聘模式,通过"外 KA""内 PS"搭建强大的中后台,建立数据驱动型猎头企业经营理论，陪伴客户实现连续三年年增长 100%。

他写过代码、做过咨询，擅长借鉴行业外的成功管理经验并深度结合团队成长基因，赋能猎头企业，提升行业效率。

公众号：HuntNext。

商未弘（Anita）

商未弘女士是经验丰富的猎头企业组织教练、团队教练和高管教练。她有 25 年以上的职场生涯经验，其中 16 年就职于全球 500 强企业。后来，她在民营企业奋斗近 10 年，曾任中国顶尖医药行业猎头公司道翔（DOX）的 CEO，通过优化流程系统、培养人才，带领团队连年创造出行业内的业绩增长奇迹，并培养了一支稳定专业的顾问团队。她现在专注于为 CEO 和领导者提供组织教练、高管教练的培训服务，助力组织成长。

她的资质认证：法吉系统认证团队教练，高管教练，组织教练；中科院心理所心理资本课程认证；Lumina Select 认证。

她的优势领域：梳理企业定位战略，组织绩效和人才发展策略；激发团队和个人潜力，提升能力，促进业绩增长；业务经验分享，建立和优化业务流程，提升组织效能。

商未弘女士的微信号：anita5005。

商未弘女士的邮箱：anita_shang@sina.com。

王忆民与 Lumina Learning

王忆民先生，上海晟仕企业管理咨询有限公司创始人和 CEO，英国

Lumina Learning 中国独家代理，联劝"一众"公益基金联合创始人。

他从 2002 年起从事人才招聘和人才发展工作，曾在全球顶尖的高管搜寻公司史宾沙（Spencer Stuart）和罗盛咨询（Russell Reynolds）任职，是史宾沙全球 300 多位顾问中唯一持中国护照的顾问。2015 年，他从英国引入 Lumina Learning 体系，专注于认证咨询师的招募、培养、转型、赋能社群，为组织提供领导力发展、高管教练、人才招聘等服务；为个人提供个人成长、职业发展等服务。

在 Lumina Learning 的六个产品中，Lumina Select 和 Lumina Spark 对中高端猎头招聘业务有很高的价值。Lumina Select 可以深度探索候选人的关键胜任力潜能，提高猎头招聘精准度和客户满意度；Lumina Spark 不仅可以用在猎头招聘过程的每个环节，还可以用在猎头公司内部的团队协作、领导力发展等领域。

网站：https://www.luminalearning.com。

王忆民先生的邮箱：yiminwang@luminalearning.com。

邢志明（Frank）与"老邢笔记"公众号

邢志明先生，招聘服务领域连续创业者，THANK 星球创始人。曾任科锐国际 RPO/管理咨询/校园业务/政府业务负责人。获北京市朝阳区政府"高端商务人才"称号。《北京市人力资源服务业蓝皮书》特约作者，北京市人力资源服务等级评定专家组成员。

"老邢笔记"从 2014 年起发布，从不同视角记录邢志明先生（自称"老邢"）在不同时期对"招聘服务"的率真表达：社会宏观理解如《中国猎头行业趋势报告》《招聘的真相 50 讲》；个体微观理解如《备忘录：回答一位毕业生进京找工作的若干困惑》《答北大 NLP 硕士若干职业提问》;有关如何理解一家服务型公司、如何理解人工智能行业的有趣视角,如《服务型企业管理微日记:找什么样的合伙人》《对话:和 AI 公司谈技术就错了,要谈量产》。

很多朋友关注"老邢笔记"是因为这里有干货实例,如《人才 Mapping 实战策略》完整视频、《深度调研:阿里算法关键人才报告》等。这个公众号完全以"老邢"的个人独特视角和深度实践去理解中国招聘服务领域,是一种极具代表性的表达方式。

杨莹(Echo)

杨莹女士是 RECC 招聘研习院的联合发起人、企业教练、培训师、资深猎头。

她 2004 年进入猎头行业,曾任科锐国际管理顾问、科锐国际招聘管理学院金牌讲师、CGP 行业副总监。积累了 1 万多个中高管评估及生涯规划辅导案例。就企业招聘管理、团队领导力、生涯规划等主题举办企业内训及公开课,累计学员已超过 1 万人。

她现任国际教练联合会(ICF)会员教练、英国皇家管理工会(IPMA)国际职业培训师、国际生涯发展协会(NCDA)认证国际生涯规划师,是生命教育书《对话生命》的作者之一。

公众号:做自己的生涯设计师。

知乎:杨莹 艾蔻说。

抖音:杨莹 艾蔻说。

致　谢

过去 8 个多月，我在紧张工作的同时完成了这本书的写作，感觉比高考还忙，体会到了极度的辛苦，也体验到了极大的快乐，甚为感恩，甚感幸运！这本书能够呈现给大家，还要感谢很多人的支持与鼓励：

感谢为本书作序的戴科彬先生！2013 年，你邀请我主持猎聘的《大猎论道》栏目，激发了我对猎头思考的总结和写作的兴趣。

感谢好友陈坤志先生为本书作序！跟你的两次合作，让我体会到了作为猎头顾问的成就感，激励了我继续在猎头之道上前行。

感谢潘丽华女士为本书作序！过去 17 年，有你这样的战友一起前行，让我倍受鼓舞。在这本书的写作过程中，你对《易被忽略的常识：有关猎头成长与学习方法论的感悟》一文提供了很多建设性意见，使内容质量在原来的基础上得到了提高。

感谢为本书写推荐语的 59 位同行、客户、候选人及同事！有你们过去 20 多年的支持与鼓励，我才能在猎头之道上前行至今。

感谢中国人民大学出版社的曹沁颖女士和罗钦！跟你们一起出版这本书的经历，让我深刻体会到了开放与谦卑的意义：一开始，关于这本书，我在各个维度上已经有非常清晰的想法，只是计划找一家合

致　谢

适的出版社出版就好了。但在出版过程中，你们颇为"折腾"地让我把全书的结构调整了两次。我感觉良好的初稿，被你们建议删除、调整了11篇之多。书的封面设计风格，甚至书名，都不是我原来的"本意"……这些调整，确实让我难受过一阵。刚开始，只是出于礼貌地听你们的建议。后来发现，当我能开放、谦卑地把这些意见听进去的时候，这本书呈现出了超过我预期的美好！非常感谢你们，让我收获出书之外的人生成长。跟你们一起工作的体验，太棒了！

感谢多位同行对《猎头创业的常见误区》一文贡献了很有价值的见解！他们是：刘汪洋（Jackie，斯科与冰鉴人才创始人），高翔（Jet，杰特思哲咨询创始人），李月英（Lizzy，精领汇创始人），陈亮（Kevin，MGA创始人），施润春（Kevin，谷露软件创始人），张皓凡（Kevin，招蜜创始人），马雄二（Mark，猎上网联合创始人，猎上学园校长），闵小伟（格尔咨询创始人），沈嘉（Steve，赋猎咨询管理合伙人），沙晓娟［Violet，满安仕（中国）联合创始人和首席咨询顾问］。

感谢FMC的同事及前同事！感谢你们22年来，一路相伴。感谢你们在我忙于写作的几个月里，尽可能地给我提供适合写作的时间和空间。尤其感谢我的同事廖艳琳、邢丽华、陈咏、黄飑，你们在配图、文字调整与校对上的支持，让本书生色不少。

最后，感谢我的家人：太太何小静，大儿子宇凡，小儿子天悦！感谢你们的爱。在我写作的这几个月里，陪伴你们的时间较少。感谢你们的支持与理解。我爱你们！

陈勇

2021年7月17日于广州

图书在版编目（CIP）数据

猎头之道：成长创业与事业长青 / 陈勇著. --北京：中国人民大学出版社，2021.8
ISBN 978-7-300-29465-0

Ⅰ.①猎… Ⅱ.①陈… Ⅲ.①人力资源管理 Ⅳ.①F243

中国版本图书馆 CIP 数据核字（2021）第 110734 号

猎头之道
成长创业与事业长青

陈勇　著

Lietou zhi Dao

出版发行	中国人民大学出版社		
社　　址	北京中关村大街 31 号	邮政编码	100080
电　　话	010-62511242（总编室）	010-62511770（质管部）	
	010-82501766（邮购部）	010-62514148（门市部）	
	010-62515195（发行公司）	010-62515275（盗版举报）	
网　　址	http://www.crup.com.cn		
经　　销	新华书店		
印　　刷	德富泰（唐山）印务有限公司		
规　　格	148 mm×210 mm　32 开本	版　次	2021 年 8 月第 1 版
印　　张	13.5　插页 2	印　次	2021 年 10 月第 2 次印刷
字　　数	324 000	定　价	89.00 元

版权所有　侵权必究　　印装差错　负责调换